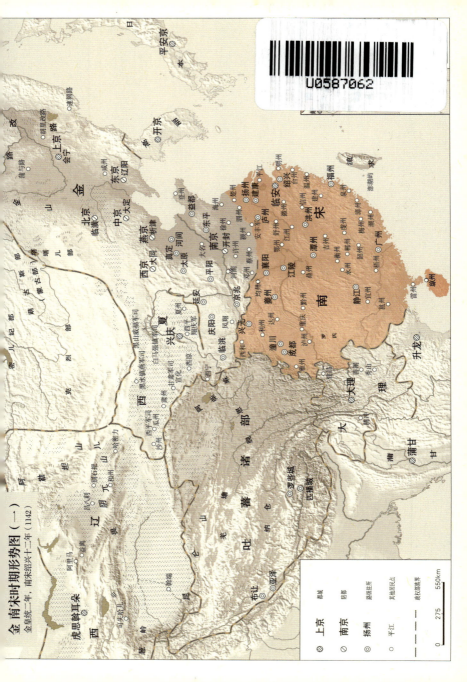

金 南宋时期形势图（一）

金皇统二年，南宋绍兴十二年（1142）

图例

◎ 上京	都城	
◎ 南京	陪都	
◎ 扬州	路治所在	
○ 平江	其他居民点	
	或长期稳界	

0　275　550km

想象另一种可能

理
想
国
imaginist

A History of China

07

讲谈社·中国的历史

中国思想与宗教的奔流：宋朝

图一

图一　汝窑天蓝釉鹅颈瓷瓶 北宋——通高 19.6
厘米，口径 5.8 厘米，颈部及腹部剔刻有折纸莲
花，器表施天蓝釉，布满开片。（河南省文物研
究所藏）

07

讲谈社·中国的历史

中国思想与宗教的奔流

宋朝

〔日〕小岛 毅 著　何晓毅 译

广西师范大学出版社

·桂林·

推荐序

第一次看到讲谈社（日本东京）出版的这一套《中国的历史》丛书，是 2005 年底在日本京都的书店中。从卷帙内容到封面装帧都鲜明醒目，当时即感觉爱不释手。或许由于自己也治宋史吧，对于东京大学小岛毅教授这部《中国思想与宗教的奔流：宋朝》有着特别的兴趣。

这些年来，史学大众化的努力取得了不凡的成绩，面向大众的历史读物逐渐插满了书店的格架。从"戏说"到"正说"，炫眼的标题琳琅满目；从文人到学者，都为吸引普通读者展示出自己的才华。在可谓林立的史学读物之中，《中国思想与宗教的奔流：宋朝》一书，以其严肃的学术性、贴切的脉络感和风趣幽默的笔触，得以脱颖而出。这是一部予人新颖印象的历史著述，是一部构思立意脱俗、写法不落俗套、可以雅俗共赏的通俗读物。

本书内容的展开方式别具一格。通过流畅自然的起承转合及娓娓叙说，引导读者沉浸在鲜活的历史场景之中；与此同时，作者又时而抽身出来，照顾着今人与古人的不同感受，旁白般地提示着值得停顿的空间、值得"反刍"的点滴和值得思考的天地。其中有反思，有调侃，也有对于词汇语义及其变迁的清理（作者称之为"较真"）。如导言和结语中所说，本书原来是面向日本国内读者的，某种程度上是在解析"日本的文化密码"，对于中文圈内的研究内容反映不足；但有赖于作者与译者的共同努力，中文读者也会对本书内容感觉相当亲切。渗透在字里行间的，是作者作为史家的沉稳、机敏与睿智。本书对于史事叙述者立场之警觉，对于材料取舍原则之敏感，对于过度黑白两分的研究判别方式之戒惕，处处予人以启发。

"唐宋变革"是通贯全书的一条主线，讲"宋朝的诞生"，选择从安史之乱开始讲述，正体现出作者的这一用心。书中凡提及唐宋时代处，几乎都与"唐宋变革"这一母题相关。作者吸纳融通了多年来的学界成果，从而丰富了这一框架本身所涵括的内容。与之相映照的，另有一潜在脉络，就是作者对于日本传统文化自何而来的关心。这是本书立意处的重要特点，虽非独立的议题，却时时闪烁可见。

对照本书目录，细心的读者不难看出，在导言开篇之后，全书渐次展开的十章，大体上可以分为三个板块：开端的四章，依照历史的时序，概述了公元九世纪末到十三世纪政治史的基本历程。继而进入本书最为核心的内容，以三章的篇幅，讨论这一时段中"思想与宗教的奔流"：作者分别从思想和宗教的变迁、士大夫群体和社会精神、科学和技术革新等角度阐释了"奔流"的意涵。接下来的两章，介绍两宋的文化潮流、普通民众的日常生活，通过延伸性的观察，让人们体味到"思想与宗教"养育蕴蓄的氛围环境与承载体。第十章则是宋代历史的结束，也是全书概观式的收束。

本书内容涉及政治史、经济史、社会史、学术史、艺术史等纷纭丰富的议题，体现着日本学界具有代表性的中坚力量对于宋代历史的"再认识"。在思想史家小岛毅教授的笔下，"朱子学"成为本书的关键语汇，甚至是"叙述的中心"。作者将宋代以来的儒学称为"新兴儒教"，但并不泛泛地将"教"归入"宗教"范畴之中，而是在"思想"与"宗教"的交汇面上予以讨论，这样就有了书名将二者并列的表述方式。赵宋一朝的历史，存在许多耐人寻味的现象，有着非常开阔的思考天地，显然可能有多种写法；本书作者选取其中影响突出的方面，主要自思想文化史的角度观察问题，叙述的主脉和着意落墨处，都在这里。

说到思想文化史，宋代在中国历史上的相关意义早被学术界敏锐洞悉。如果我们以开放、理性的态度去观察，则不难发现这一时期在中国数千年思想文化史序列中特有的重要位置。严复先生早就指出，宋代对于近代中国人民族性和世界观的形成，有重大的影响；陈寅恪先生也曾高度评价赵宋之世在华夏民族文化演进过程中的"造极"地位。整体上看，宋代处于重要的转型期，它面临着来自周边与内部的诸多新问题、新挑战，不是中国古代国势强劲的时期；但它在物质文明、精神文明方面的突出成就，在制度方面的独到建树，它对于人类文明发展的贡献与牵动，使其无愧为历史上文明昌盛的辉煌阶段。

宋代在重重压力下立国，是政策相对务实、注重制约的时期；也是士大夫政治之下，致力于建设恒久典范的时代。对规范的追求，对秩序的重视，对儒家经典的再阐释再造就，是这一时代惹眼的境界与亮色；而生机盎然的社会经济，植根现实的道德伦理，淡泊自然的理趣雅致，则构成为这一时代的底色和基调，在走向平民化、世俗化、人文化的持续过程中酝酿发酵。就宋朝自身而言，其疆域面积远不及汉唐，而其统治所达到的纵深层面，却是前朝难以比拟的；就宋代文化的影响而言，其空间辐射面远远超越其统治区域，其长久效应也远远超越十一至十三世纪这三百年。此后，中国历史上再没有出现过严重分裂割据的局面。当时人的生活方式、思想观念，在一个相对流动的社会中被潜移默化地整合着，"文化的新潮流"渗入民众的日常惯习，以至于今人还会感觉到宋代留给我们的些许印痕。

认识宋代的历史，要将视野充分放宽。研究者所面对的，不仅是一个王朝，而是一个历史阶段。在辽宋夏金乃至东亚的背景中寻求更为通达的观照，是值得致力的方向。2005 年本书日文版即将问世之际，小岛毅教授主持的"东亚的海域交流与日本传统文化的形成——以宁波为焦点的跨学科研究"开始启动。该课题构成为自"东亚海域交流"与"日本传统文化"互动角度探讨东亚历史文化遗产的出发平台。学界正殷切期待着新认识、新成果的不断面世。无数认识与再认识的碰撞、累积，将使我们对于该时期的历史有更为清晰而确切的理解。

最后要说的是，书中有些表述，与我们通常的认识不尽相同，也有个别史事尚须校核。但通篇看来，瑕不掩瑜，值得予以郑重的推荐。

邓小南

北京大学中国古代史研究中心

2011 年 10 月 20 日

目　录

附 录 357

前　言

令人崇敬的宋代陶瓷　　　接到本书稿约时，我正在美国哈佛大学做访问学者。几天后，重访久违的波士顿美术馆时，我再次与宋代陶瓷展品面对面。定州窑、汝州窑、吉州窑、建州窑等烧制的每一件瓷器，无疑都经过无数坎坷的命运，现在静静地陈列在地球背面的美术馆的陈列柜里。它们就是小杉一雄在《中国美术史——日本美术的源流》（南云堂，1986 年）一书中高度评价的"宋代陶瓷才是贯通古今东西、人类所能得到的最美的器物，我这样说恐怕没有人有异议"的绝品。它们摒弃一切装饰，彻底追求形状本身匀整美的造型手法，以及直逼天然玉石色调的人工釉料所反射的微妙光彩，无不具有一种不可思议的力量，令人忘记隔断自己与器物之间的玻璃以及玻璃所反射的影响视线的室内照明。我比过去更长久地伫立在展品前，静静地凝视着它们。

但是，小杉的说法并不一定就是普遍真理。因为可能有人有"异议"。证据是美术馆内参观者摩肩接踵，但是到这个展室的人却寥寥无几。偶尔有人进来，却可能是被琳琅满目的中国陶瓷（从朴素的新石器时代陶器到极尽华美之能事的清朝作坊制品）给吓倒，匆忙退出。

哈佛大学有一位跟我一样做访问学者的从中国来的宋代思想史专家，我们熟悉后，有一次我对他说宋代陶瓷之美，并征求他的意见，但是连他都表示不能苟同（正确地说他的回答是"不懂"）。确实如此，波士顿美术馆专门设有唐三彩和元代以后景德镇瓷器展室，但是却把这些宋朝的逸品，作为中国陶瓷史普通的一页，与四千年前的生活陶器以及二百年前的粗俗制品同列展示。

对于宋代陶瓷的崇敬和热爱，难道仅仅就是小杉和我这种出于特殊文化背景的人所特有的感情吗？这种感情用"日本人"来概括是很危险的（证据是众多日本旅行者同样是穿堂而过）。但是至少可以说，对于融入一般称之为日本文化密码内的，借用法国社会学家皮埃尔·布迪厄（Pierre Bourdieu）的说法叫作"被身体化的嗜好"的那种共有的部分，宋代陶瓷对于我自己来说是一个很亲近的存在。比如说如果要在所有展品中选一件最好的茶具，那么我肯定就是在宋代陶瓷中选择。日本的"恬静、古雅（WABISABI）"，不可能从唐三彩中产生。当然，喝茶这个行为本身，在中国也是宋代才开始流传并形成习惯的。

以佛教为媒介的日中交流 日本佛教临济宗祖师荣西（1141—1215，1168、1187 年渡宋）著有《吃茶养生记》一书。这是一本根据自己在宋朝的生活经验，给日本的同胞介绍喝茶养生健康法的著作，说白了就是一个从发达国家回国的留学生向大家介绍自己体验过的在世界中心最新流行的减肥方法。

受以前论调的影响，现在恐怕很多人还有误解。其实遣唐使制度的废止并不意味着日中交流的中断，两国之间人物不但照旧往来，甚至更为频繁。保元之乱[1]（1156）的首谋者，"恶左府"藤原赖长（1120—1156）是一个有名的读书人。他在日记《台记》中记录了自己读过的书单和想购买的书单。从那些书单就能看出他对中国文化旺盛的求知欲。

遣唐使制度废止后，天台宗的僧侣们作为事实上的国使，代表日本访问中国。他们访问的主要是唐朝末期以后长江下游事实上的独立王国吴越国。吴越之地有天台山，所以对他们来说访问此地等于是圣地巡礼。吴越被宋吞并后，宋朝的宫廷开封成为他们的访问目的地。最初的使节是奝然（938—1016，983 年渡宋。他不是天台宗而是东大寺的学僧）。奝然的访问受到宋朝廷的高度重视，宫廷做了详细记录并保存。你可以打开《宋史·日本国传》看看，整篇几乎全是关于奝然的记载和奝然介绍的有关日本的情况。

在日本佛教史上，奝然也做出了非常重要的贡献。宋朝允许他带回刚印刷出版的大藏经。在宋朝来看，这无疑是向还没有文明开化的夷狄之国炫耀刚发明出来的最新技术的一个好机会。

造纸、火药、指南针是中国的三大发明。后二者（抛开在西方历史上的重要性不提）对中国自身来说到底具有什么重要意义，我是持怀疑的态度的。但是造纸毫无疑问是象征中国文化的发明。造纸虽然是汉代发明的，但是创造出书籍被众多读者个人收藏，必要时随时可以拿出来阅读或参照这个读书环境的，还是印刷技术的发明。这也是印刷技术与上述三个发明并称"四大发明"的理由所在。印刷技术发明应是在唐代或者更早的隋代，但是开始非营利目的印刷大藏经等大部头书籍以及商业出版一般书籍，却是宋代。最澄（767—822，804 年渡唐）、空海（774—835，804 年渡唐）当年想带回经典的抄本，可是奝然却只需收受或者购买印刷物即可。

《参天台五台山记》作者成寻（1011—1081，1072 年渡宋）访问宋朝的时候，是奝然访宋九十年后。到他这个时候，购买书籍更为简便。他的日记最后记录着让提前回国的弟子带回的书籍目录，令人印象深刻。

他访问宋朝的时候，正是王安石变法热火朝天的时候。他在日记中记载着这样一个故事：一年前开始的干旱，令神宗皇帝深感忧虑。神宗请在开封的成寻祈雨。成寻胸有成竹地说："我以日本国名誉保证，三日之内一定降雨。"果然第三天降下大雨。但是这个故事在中国的史料中却不能得到确认。

皇帝身边的人问成寻："日本还有没有像你这样祈雨的名人？"成寻举出先人空海的名字。"如何祈雨？"成寻回答说："他是真言密教，我是天台宗，所以很抱歉我也不知道。"成寻可能是想自吹日本佛法众多。成寻认为随心所欲操纵天气的技术是佛法的本质部分。但是我却认为他有一个重大的误解：中国的宋代和日本的平安时代在物理意义上确实几乎处于同一时期，但是所处的历史时代却是相异的。佛教自身在中国已经产生了巨大的变化。

成寻在宋朝的那个时期，中国的佛教思想已经进入到禅的时代。成寻觉得自己用降雨的神通力令中国的皇帝心服口服，弘扬了日本的国威。但是那只不过是他这个长年担任关白赖通[2]的护持僧[3]的自我感觉而已。他所做的一切，在当时的中国人看来只是一个祈祷师、巫师所做的事情（用现代文直译的话，应该是"人工降雨技术人员"吧）。中国人并没有把他当作一个学者或者宗教人士看待。证据是，他在日记中得意洋洋记载自己在开封如何被重用，可是却没有任何同当时王安石执政时的中枢人物有某种交往的记载，只有一条与旧法代表人物文彦博见了一面的记载。他交往的，只是佛教团体内部的人物和皇帝身边的使役而已。中国传统文化的载体，也就是当时的士大夫，根本没有把成寻当作一个什么人物。

中国历史的分水岭
——唐宋变革

令当时的士大夫们醉心的佛教是禅宗。现在英语中日语发音 zen 比汉语发音 chan 更为通用，这是明治以后日本人拼命宣传的结果。禅宗似乎成为日本文化不可或缺的要素。当然，禅宗是在中国产生的。成寻渡宋一百年后，荣西、道元等众多留学僧到宋朝学习，同时也有很多宋朝高僧越洋过海到日本传教，在京都、镰仓等地创建寺院。北条时赖（1227—1263）以后的执权[4]们更是采用僧侣做政治顾问。荣西还有一部名著叫《兴禅护国论》。宋朝士大夫们也为了不使自己的个人信仰问题与治国为政者行为发生冲突，从而接近禅宗。

禅宗所谓"不立文字，以心传心"，与从来以尽量为将来多留经典、书籍为目标的天台宗文化相当不同。也许正因为大藏经印刷出版、进入了任何文献都很容易入手的时代，所以才出现了对利用书籍学习知识这种行为的反省。从写本时代进入印刷时代后，任何人在任何地方都可以简单地利用书籍学习知识。那么就出现了另一个问题，即人本身的、内面的、"心"的问题。唐代奠定了发展基础的禅宗思想，在宋代开花结果。而且，道教和儒教也在相当程度上受其影响，分别出现了内丹思想和心性论。这些都与宋代陶瓷所具有的那种宗教的氛围和高尚的精神性相通。宋代，确实是一个思想与宗教大奔流的时代。

不论陶瓷、书籍，还是宗教，唐代以前与宋代以后都相当不同。内藤湖南（1866—1934）认为这个时期是中国历史的分水岭，所以他在历史学研究中一直热心提倡"唐宋变革论"。但是，其后因为马克思主义主导了学院主义史学界，所以这个观点多被放在社会经济史上讨论，内藤湖南本来意图的文明史、精神史上的研究却没有被充分展开。那么，唐代文化与宋代文化到底有何不同呢？简而言之，热衷于精妙摹画人、马形象的唐三彩与一味追求茶碗的单纯美和抽象美的宋瓷的不同，到底是从何而来的呢？

本书将以宋代思想文化为中心进行论述。为此，有必要首先声明，本书与很多相关书籍有相当程度的不同。对于认为历史就是分析和阐释生产关系以及阶级斗争情况的读者，或者将历史误解为只不过就是罗列和死记硬背人名以及事件和年代的读者来说，本书可能会是一部非常难懂的书。但是，如果能耐心通读一遍，我相信你肯定会多少了解一些这个时代的人们烦恼什么，思考什么，而其烦恼和思考的结果，对其后几百年的日本文化又产生了何种影响等问题。

好吧，让我们拉开帷幕吧。开场戏将从宋王朝诞生二百年前的唐玄宗时代开始。

第一章

宋朝的诞生

从安禄山到黄巢

渔阳鼙鼓动地来，
惊破霓裳羽衣曲。
九重城阙烟尘生，
千乘万骑西南行。

　　　　——白居易《长恨歌》节选

安史之乱　　　　　天宝十四载（755）十一月，兼任北部边境几个节度使的安禄山（707—757）以"诛杀奸臣杨国忠"为名，从领地幽州（今北京）起兵，十二月就攻陷洛阳。这对歌舞升平的玄宗政权来说，无疑是晴天霹雳。翌年六月，玄宗对防卫首都长安失去信心，带领手下仓皇向西南方向的四川逃亡。逃至长安郊外的马嵬驿，就发生了上边引用的诗歌中所描写的近卫军的反乱，杨国忠一族皆被诛杀。连杨国忠的堂妹、带来一族繁荣的杨贵妃也未能幸免。失去宠妃的玄宗皇帝心灰意冷，继续向西逃亡，太子则与玄宗分道而行，七月十二日在长安北边的灵武（今宁夏回族自治区银川市附近）即位，史称肃宗。

安禄山不久就被自己的儿子谋杀，部下史思明遂掌握乱军实权。此即为后世称之为安史之乱的发端。唐军在至德二载（757）夺回长安，后与乱军围绕洛阳一进一退，直至玄宗和肃宗父子二人相继驾崩，代宗即位后的宝应二年（763），才终于平息了这次反乱。

这次叛乱对于唐王朝的打击极为沉重。唐王朝虽然之后还延续了一百四十年，时间长短与王朝建立到安史之乱基本相同，但是我们从"大唐帝国"或者"花都长安"等词语中所能联想到的，基本上都是唐代前半期的全盛时代。唐代后半期，虽然改革者接二连三粉墨登场，企图再建根基已经动摇了的帝国，他们也确实取得了不少垂死挣扎的成果，但是并没有做到帝国的完全再建，这个时期只是一个巨大恐龙逐渐走向衰亡的过程。

这个过程本套丛书第六卷（《绚烂的世界帝国》）有详细描述，本书省略不提。这里只简单介绍一下当时所施行的政策中被随后的朝代所继承的部分。

首先应该举出的是两税法。建中元年（780），宰相杨炎建议实行新的税制改革，放弃了基于均田制的租庸调体系，也就是人头税的支配理念，在承认土地私有的基础上，实行以户和土地资产为主的家计单位课税，对税制进行了空前的大转换。同时，改革当时入决定岁出的制度，采用了完全相反的以预算岁出额决定岁入课税额的方式，实现了国家财政的健全化。这些措施和改革，被评价为从王朝体制向财政国家的质变。

官僚机构也相应得到改编和强化。但是因为没有基于某种理念进行立法，而是根据需要适当追加组织和职务，结果使得官僚机构变成一个非常臃肿复杂并充满矛盾的组织。玄宗命令编撰的《大唐六典》中的机构图，成了一纸谈论当年理想的古文书。

其次是藩镇跋扈。安禄山本人就是一个为了北部防御、从军事到民政全权掌握地方权力的节度使，他把公权力演变成个人的私权力，进而铤而走险，举兵叛乱。唐王朝在镇压安史之乱的过程中，在内地也设立了藩镇，赋予类似总督的节度使、观察使巨大权力，期待他们能有效推进军事征用，促进民生安定。在叛乱镇压末期，为分解叛军，采取了允许叛军将军投降，保证其势力范围，并由其继续统治的措施。由此，全国各地都设立了藩镇。

两税法规定，所收税的三分之二留地方消费，三分之一上缴中央政府。但是有些藩镇拒绝上缴，连节度使的继承和任命都由该地军队自己决定，朝廷的统治失去权威。其中安禄山的部下投降后，被任命为节度使，统治河北三镇，实际上成了独立王国。河北三镇为幽州卢龙军节度使、镇州（今河北正定）成德军节度使、魏州（今大名市）魏博军节度使。

最后，是科举官僚的抬头。官吏的登用实行笔试始于隋代，一般认为这就是科举制度的开始。但是科举制度发挥实质性作用还在唐朝后期。随着国家体制的转变，需要的人才特征也不同。科举制度选拔和提供了具有应对这些变化能力的优秀官僚。从再建中央集权体制的立场上开展同藩镇对抗的，大都是这些科举官僚。

另外，还有很多科举考试失意后成为藩镇幕僚十分活跃的人。韩愈虽然中了科举进士科，但是没有被当时贵族把持的吏部所重用，结果只好给几个藩镇效命。诸如此类优秀人才效力于节度使的情况，对于中央政府来说，无疑是利敌行为，而且也是巨大损失。企图重整旗鼓、强化王权的皇帝们一直梦想把税收、军权、人才重新集中到中央政府。

韩愈、白居易效忠的宪宗皇帝在一定程度上取得了成功。但是盘踞在宫廷的宦官们以皇帝亲信自居，无视法律，要弄权势，再加上官僚内部的派别争斗，所以并没有能够重新确立朝廷的权威。就在大唐帝国的内脏逐渐被病魔腐蚀的危机时期，发生了使病情急剧恶化的重大事件，这就是黄巢之乱。

黄巢之乱

乾符二年（875）六月，呼应前年以来在山东一带活动的王仙芝，黄巢举族起义。王仙芝和黄巢都曾染手走私食盐，他们与为增加税收打击走私的唐朝政府一直存在冲突。当时正好华北一带发生旱灾和虫害，许多灾民背井离乡，流落各地。黄巢纠合流浪贫民和无赖之徒，组成大型盗贼团，自称冲天大将军，转战各地，主要抢夺财富集中的城市。

黄巢本人据传数度应试科举均遭失败，但也应该是一个具有一定古典素养的人物。起义当初，他们为掠夺财富转战各地，像蝗虫一样，吃尽一个城市再转向另一个城市。唐朝廷当然试图镇压，但是因为黄巢军没有设立根据地，采取打游击的战术，所以要捕捉和歼灭他们非常困难。

乾符六年（879）初，经由浙江、福建进入广东后，黄巢对朝廷提出，如果任命自己为节度使，就缴械投降，听命朝廷。黄巢企图成为藩镇军队，名正言顺掠夺财富。由此可见，他们并不是要解放农民的起义军。说白了，这只不过是一群失去社会信任，因自身能力不足不被社会所承认的对社会不满分子，毫无计划没有理念地揭竿而起而已。他们也一直在寻找能被社会承认，能恢复安定生活的机会。

可是，朝廷却只给他提示了一个更低的官职。不但黄巢本人对此不满，连跟他打闹的狐朋狗党也都觉得生活不保。黄巢遂下决心放弃招降，于同年九月攻占广州城，对广州进行了彻底的破坏和掠夺，因为广州作为南海贸易的据点集中了大量财富。史书记载有超过十万人被杀。不过这个"广州大屠杀"的牺牲人数并没有明确的根据，只不过是被害者如此记忆和记录而已。

1 黄巢军进军路线（参照砺波护《冯道》中公文库版做成）

在广州把能掠夺的都掠夺一空后，实在受不了南方暑气的黄巢集团，开始向北方转移。途中虽然绕了一些远路，可是翌年十一月竟兵临洛阳，其令人惊异的进军速度，使得行动迟缓的大唐朝廷惊慌失措，无力防战。很快洛阳失守，一个月后，竟连长安也拱手相让。

黄巢集团自渡江进入江北后开始出现变化兆头。他们放弃掠夺，黄巢自称天补均平大将军，开始收买民心，主张建立有别于大唐的理想国家。进攻目标直指洛阳、长安等大唐中枢城市，也与原来回避同唐军正面冲突时期完全两样。在几乎没遇到什么抵抗就占领了洛阳和长安后，黄巢进入皇宫，登上皇帝宝座，改国号为齐，定年号为金统。国号来自他的出身地山东，年号表示自己是继承大唐的金德王朝。

汉代以后出现的五德终始说，把改朝换代理论化。这个学说以解释森罗万象的五行思想为基础，认为各个王朝都有相对于五行的五种"德"中的某一个德，王朝更替时"德"也按一定的顺序变换。其顺序采用前汉末年的相生说，按木→火→土→金→水→木循环。汉为火德，篡夺前汉王权的王莽，篡夺后汉王权的曹丕，都自称自己的王朝是土德。灭了曹魏的晋是金德，南朝时取代东晋的宋是水德。北朝系统的唐，继承晋（金）→北魏（水）→北周（木）→隋（火），算是土德。

这些王朝交替一般都要上演一番"禅让"的仪礼。说明天命更新是经过前朝皇帝承认的，前朝皇帝是主动让给新王帝位的。不论王莽还是曹丕，虽然实际上都有暴力的胁迫，但是表面上都表现为汉皇帝禅让三次，三次都辞退，最后实在无法才即位。

大唐帝国的后继者

但是黄巢即位并不是禅让。黄巢占领长安、入主宫殿时僖宗皇帝已经蒙尘四川。黄巢自己登上皇帝宝座，取象征金德的年号，向内外宣布自己是大唐帝国的正统继承者。"唐"的正式国号是"大唐"，本书为了与自称"唐"的别的王朝区别，效仿先学的称呼，把这个我们都很熟悉的世界帝国按其正式国号，称之为"大唐帝国"。其实，黄巢的"齐"本来也是"大齐"。"大日本帝国"、"大韩民国"，都是效仿了中国的这种称呼的国名。

齐朝是自任大臣、将军的黄巢集团干部们与没有来得及逃离长安的大唐帝国中下级官僚组成的混合政府。当年的天补均平大将军的称号也不知道扔到哪儿去了，黄巢集团不费吹灰之力占领长安后，就寄生在虽然衰败但是并不失昔日繁华的荣光上。躲避在长安周边的大唐贵族们，被以各种借口逮捕杀害，目的显然就是掠夺他们的财产。

这期间黄巢集团因为有了固定的根据地，反倒被藩镇势力包围，经济状态日渐窘迫。金统三年（882），也就是大唐中和二年，驻屯在长安东部一百公里处的同州的朱温叛变，使得长安也陷入难保的境地。朱温本人因此立功，被大唐帝国皇帝赐名"全忠"，并被任命为节度使。但是谁能想到号称"完全忠诚"的这个家伙，后来能超过安禄山、黄巢，给了大唐帝国最后的致命一击。历史就是这么具有讽刺意味。

大唐帝国一边还有归顺大唐、被赐予皇室"李"姓的沙陀族武将李国昌之子李克用的军队。他率领全身黑衣号称"鸦军"的强悍部队，大败齐军。逃出长安的黄巢，重操旧业，像蝗虫一样在河南各地逃窜掠夺，最后在故乡附近的泰山脚下自杀身亡。朱全忠和李克用因平叛有功崭露头角，至叛乱平定后遂形成两雄争霸的局面。

朱全忠抬头

逐鹿中原　　　　　朱全忠本来出身宋州（今河南省商丘市）。父亲是一个教四书五经的乡村教师。弟兄三人中，老大继承了父亲的性格成为受人尊敬的人，但是老二老三却是无赖，黄巢起兵后马上就加入了乱军。老二在攻打广东的战斗中战死，朱全忠（当时名温）跟随黄巢，进占长安。后朱全忠被任命为攻打同州的司令官，占领后被任命驻守该地，在齐朝也算一个人物。但是后来他跟黄巢的心腹产生隔阂，遂投降大唐，被任命为宣武军节度使。其驻屯地汴州（今河南省开封市）为大运河要冲，相当于南方物资经洛阳运往长安的中继基地。他应当很早就看出故乡附近的这个城市的重要性。在成为这里的节度使后，朱全忠势力急速增长。

另一方面，他的对手李克用时任河东军节度使驻守太原（今山西省太原）。太原虽然是一个训练勇敢的骑兵军团的绝好地方，无奈在经济上并不富有。两者之间的经济实力之差，决定了逐鹿中原的两者的命运。

朱全忠可能很早就看出这个沙陀部的人将来会给自己捣乱，所以在李克用追讨黄巢路经汴州的时候，白天设宴款待，晚上却派兵突袭，企图暗杀李克用。李克用死里逃生，遂与朱全忠结下不共戴天之仇。

但是还是朱全忠老奸巨猾，在政治上高出李克用一筹。他不但在长安朝廷走后门把汴州搞到手，而且在黄巢死后论功行赏时，更被任命为同中书门下平章事，相当于宰相。当然他只要了这个名，并没有放手汴州地盘。他同时还被封为沛郡侯，后荣升沛郡王。当时虽然李克用向朝廷告了暗杀事件的状，可是因为朱全忠暗中搞了手脚，李克用反倒背上反乱朝廷的黑锅被追讨。从此，河南军阀朱全忠与山西军阀李克用兵戈相见二十年，但是却也胜负未决。

　　光化三年（900），发生了昭宗皇帝酒醉杀死近臣和仕女的事件。宦官刘季述说"这样的皇上如何能治理天下"，遂下决心废皇帝，立皇太子。刘季述派遣养子刘希度前往汴州拜见朱全忠，原意把大唐政权交给朱全忠，希望得到朱全忠对自己行动的同意和支持。但是朱全忠却为要不要趁机霸占中央犹豫不决。朱全忠近臣中还有人建议诛杀叛贼刘季述。就在朱全忠犹豫不决观望形势的时候，刘季述一派失势，昭宗复位。

　　与刘季述对立的宰相崔胤希望借用朱全忠的力量，把号令朝廷的宦官一扫而光。朱全忠接到崔胤的求援后出兵长安。宦官韩全诲吓得屁滚尿流，即刻挟昭宗皇帝逃到长安西一百公里处的凤翔（今陕西省宝鸡市附近），求当地军阀李茂贞庇护。可是结局是韩全诲被李茂贞杀掉，头颅被献给了朱全忠，成了李茂贞求和的礼物。昭宗复归长安，崔胤在朱全忠的支持和指使下，立刻把宦官七百人处刑。

宦官在唐代后期挟皇帝号令天下，带来了各种各样的巨大弊害，但同时作为皇帝的左膀右臂却也发挥了稳固皇权的作用。失去宦官的皇帝完全成了一个光杆司令。

有此肃清的功绩，朱全忠荣升梁王，地位更加稳固。终于有一天他借口在长安打马球时摔死了侄子朱友伦，把在朝廷的合作者崔胤也给杀了。如此一来，偌大一个大唐帝国，连一个朱全忠的对手都没有了。

篡夺皇位

天复四年（904），朱全忠要挟昭宗迁都到自己的势力范围洛阳，把长安住民也一并强制搬迁。近卫军早已被解散，随从昭宗行幸的只剩下侍从的少年们。朱全忠连他们都不放过，迁移途中栽赃他们谋反，把他们也都杀了。就这样，昭宗周围全都成了梁王朱全忠的心腹。

到达洛阳后，朱全忠为了表示祝贺改元为天祐。晋王李克用、岐王李茂贞、楚王赵匡凝、蜀王王建、吴王杨行密等各地军阀一齐反水，旗帜鲜明要打倒朱全忠。朱全忠害怕一直不中自己意的昭宗被这些势力利用，遂指使部下暗杀了昭宗，立大唐最后的皇帝哀帝即位。这时朱全忠已经下定了篡位的决心。

但是哀帝并没有按他的意志行动。哀帝想在洛阳南郊实施祭祀天帝的郊祭，朱全忠大怒："想求上天保佑大唐吗？"遂指使部下杀死皇太后，蓄意制造丧事，使得哀帝不能实行郊祭。

天祐四年（907）正月，篡夺皇位到了最后阶段。身处洛阳的哀帝派高官到汴州去告诉朱全忠说，不久将实行禅让，说完该官员便对朱全忠行臣下之礼，跳臣服之舞。哀帝随即发布了二月实行禅让的圣旨，并派宰相前往汴州劝朱全忠即位。当然这时朱全忠按惯例固辞不就。

到了二月，洛阳宫廷的大臣们上奏哀帝请求让位，然后遵照皇帝旨意成群结伙一齐到汴州，请求朱全忠即位。追随朱全忠的地方藩镇也相继上奏要求朱全忠即位。到了三月，第三次请求即位的使节团刚从洛阳出发前往汴州，这边哀帝就迫不及待地从洛阳发出了让位的圣旨。朱全忠表示"真意想不到"，还装模作样推辞不就。但是他自己的梁王宫廷的官僚们和从洛阳来的大唐帝国的文武百官一齐哀求，最后终于举行了即位仪式。改国号为大梁，年号为开平，定都城为汴州，改汴州名为东都开封府，定王朝之德为金。虽说既然是继承了土德的大唐，金德也是理所当然，但是却与朱全忠自己三十年前当将军的大齐是一样的德。

然而新皇帝的长兄听到三弟即位的消息不但没有高兴，反倒大骂："三郎，你这个混蛋！你忘了你本来是一个叛贼，多亏大唐皇恩浩荡才被提拔成大臣？因为你这个忘恩负义的家伙，我们朱家肯定要断子绝孙！"

果然，梁朝仅十六年就灭亡了。朱全忠也像当年的安禄山一样，被自己的亲生儿子杀死。而这些仅是他即位五年后的事。

华北王权的兴亡

五代十国时代　于是这般，高祖李渊以来延续数百年的堂堂大唐王朝，被一个从叛军投降来的暴发户断了香火。朱全忠终于坐上了梦寐以求的皇帝宝座，他把自己的名字也从只适合做臣下的"全忠"改成冠冕堂皇的"晃"。不过，中国皇帝的真名因为存在避讳制度，日常生活完全不被使用，所以这个名字也几乎没有在公开场合使用过。以下，五代皇帝改名者虽多，但是因为过于烦琐，我们还是使用他们做臣下时的通用名。

时隔二百九十年再次上演的一出禅让闹剧结束后，朱全忠这下应该成为名副其实君临中国的皇帝了吧？但是事情并没有那么简单，他威风所及的，其实仅仅局限在华北地区的一部分而已。

首先最大的死对头李克用就不买他的账，不承认什么禅让。李克用连迁都洛阳都认为是朱全忠的叛逆行为，所以一直就没有承认什么改元天祐，太原照旧使用原来的年号天复。梁朝建立后，如果承认朱全忠政权就应该使用改元后的开平年号，但是李克用却突发奇想，一改一直使用的天复，开始使用天祐。事情就是这么复杂，在李克用这儿，天复七年突然就变成了天祐四年。他等于通过信奉实质上已经灭亡了的大唐帝国最后的年号这个

2 后梁时代的五代十国

行动，宣布了自己要和梁朝对抗到底的决心。

同样，吴国（江苏省）的杨渥也坚持使用天祐四年，表示不服从梁朝。吴国直到建立自己的年号为止，天祐一直使用到十五年。吴越国（浙江省）的钱镠在天祐四年后建立自己独自年号，向后唐朝贡后使用后唐年号，再往后一直使用五代、宋各王朝的年号。这和吴越的统治者一直被中原的皇帝授予"吴越国王"爵位有关。

从唐—梁禅让到周—宋禅让的五十三年间（907—960）被称为五代十国时代，指的是以洛阳或者开封为都城的华北中原的五个王朝以及周边的十个主要地方政权。但是十国的情况其实却各不相同。吴越以外，荆南（湖北省）、楚（湖南省）等国其实只不过是一个地方"王"，他们作为别的王朝皇帝的臣下，信奉其年号。为了生存，有时不免还要更换朝贡对象。比如长江中游小国荆南，时而服从吴国时而服从后唐，并随之多次变换年号。

相对的，也有类似吴国那样，自称皇帝、自设年号的国家。蜀王（四川省）王建与晋王李克用一样，也不承认朱全忠的天祐年号，"天复七年"（即开平元年）九月，比朱全忠迟五个月，他自己也自称皇帝，翌年正月，改元为"武成"。十年后的公元917年，南汉（广东省）也自称皇帝，开始使用独

3 后周时代的五代十国

自年号"乾亨"。闽（福建省）当初使用中原王朝年号，后来也自称皇帝，使用独自年号。

其他的还有消灭了王建蜀国（通称前蜀）的后唐将军后来自己建立的孟氏蜀国（通称后蜀）、吴国禅让成立的唐（通称南唐）、继承五代的汉（通称后汉）等许多王朝的君主都不是王，而是自称皇帝，他们都设有独自年号。所以比方说公元957年，相当于后周的显德四年、南唐保大十五年、后蜀广政二十年、北汉天会元年、南汉乾和十五年等。

不过，这种"五代十国"的说法是汉族中心观念的一种表现，

其实在这个王朝兴亡史的舞台上还有一个活跃分子不能漏掉，这就是契丹。契丹第一代皇帝耶律阿保机登上皇位设立年号在公元916年，也就是神册元年。该王朝后来仿照中原王朝名自称辽，公元957年辽朝历当称为应历七年。关于此王朝，本套丛书第八卷（《疾驰的草原征服者》）将有详论，本书只让其作配角。

此外，周边诸国南诏（云南省）、于阗（新疆维吾尔自治区），还有日本等也都有自己的年号。按现在中国的国境线看，难免要问南汉算在十国之内，而为什么南诏和于阗却不算呢？其实道理也简单，"五代十国"的说法是宋代产生的，宋代人是按他们自己当时的势力范围计算的。

总而言之，我们这里只是想从王权兴亡的观点整理一下通常用"五代乱离"表现的这个时期。我们认为，只有这样，才能把宋王朝的特征鲜明地凸显出来。

五代王朝的变迁 我们把话头再回到"开平二年"，也就是公元908年。这一年，坚决不承认梁朝的晋王李克用带着万分遗憾在太原死去（当地其实是作为天祐五年的事情记录的）。继承父亲遗志的李存勖亲自带领大军进军到黄河边，与梁军对峙。梁军也不甘示弱，皇帝朱全忠亲自出马率军迎战，阻止了李存勖的进军。随后，两者进入胶着状态。

这场战争被后世津津乐道的是因为参战的晋军中竟然有五人后来都当了皇帝。当然当时谁也没有预料到自己以后数十年间将成为争夺皇帝宝座的主人公。

首先说李存勖本人。开战当初遭到人力物力均超过晋军的梁军反击，一度处于劣势。但是后来朱全忠死去，梁朝内因后继问题发生内乱，晋军趁机大举进攻，跟梁朝结伙的有力藩镇也接二连三投降。在魏州缴获大唐国玺（历代王朝的玉玺，是皇权的象征。相当于日本皇室的三种神器）后，李存勖以祖父被赐李姓为根据，作为大唐皇帝即位，改天祐二十年为同光元年。时梁朝年号为龙德三年（923）。半年后，李存勖占领开封，从军事上彻底消灭了梁朝。自宋朝以后至今，我们都把李存勖作为新王朝的创建者，称其王朝为后唐。可是李存勖自己当时却认为复兴大唐帝国是自己的使命，自己只不过是大唐帝国的中兴之祖。这跟三国时代刘备的说法一样。

李存勖立志复兴大唐，所以各方面推行复古政策。都城迁到洛阳，恢复大唐法典，重用宦官和具有旧贵族血统的人。可是，李存勖在位仅三年，便被李嗣源指使禁军杀死。李嗣源还算承认他的功绩，赠给了他一个庄宗的庙号。

李嗣源杀死李存勖后自己登上皇帝宝座。在五代的众多皇帝中，李嗣源与后周的柴荣并称明君。他适应时代的要求，改革官僚制度，整编军队。他创设的负责财务的三司以及近卫军的主力侍卫亲军，直至北宋均被继承。近卫军在中国叫做禁军，扩大和强化禁军是五代各个皇帝的共通政策。扩军政策取得的成果之一，就是李嗣源远征四川，消灭了前蜀，扩大了版图。他

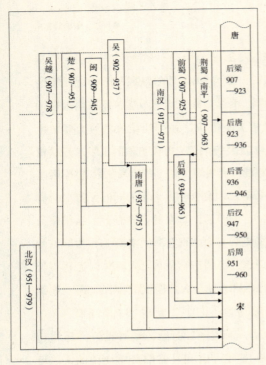

4 五代十国的兴亡

自己似乎不认识汉字，但是他任用宰相冯道印刷儒家经典，推进文化事业。死后，被赠予明宗庙号。而就在他治世的第二年、天成二年（927），赵匡胤，也就是后来的宋太祖在他治下的都城洛阳诞生。

李嗣源的儿子虽然继承了皇位，但是很快就被李嗣源的养子李从珂杀死，帝位也被篡夺。

不论李嗣源还是李从珂，与先帝只有名义上的血缘关系。用传统的观点来看，他们都是利用政变取得了政权，所以其实都等于是王朝交替。话说回来，这几个姓李的，其实与大唐皇室都没有任何干系，他们都是突厥系沙陀族人。所以这在从前的政治秩序上看是出现了不可想象的异常事态。用武力篡夺帝位后，李从珂为了强化王权，着手削弱藩镇势力。他最大的目标就是死对头、李嗣源的女婿石敬瑭。察知危险的石敬瑭在太原造反，恢复李嗣源时代的年号长兴，表示不承认李从珂的皇权。但是他自己却并没有实力进攻洛阳。为了打倒李从珂，石敬瑭向契丹皇帝求援。条件是成功后进贡大量财宝，并割让华北地区一部分土地。割让的燕云十六州，以后成了辽宋开战的远因。契丹的精锐部队势如破竹，很快就击败了唐军，石敬瑭受契丹皇帝之命即位，国号为晋，取自发祥地太原。公元 936 年，仅有十三年短命的后唐灭亡。

　　石敬瑭在位六年间，为了保住自己年号"天福"所象征的天赐帝位，一门心思与契丹维持良好关系。但是继承石敬瑭帝位的石重贵却任命强硬派做宰相，采取了与契丹对抗的政策（石重贵为石敬瑭侄子，称石敬瑭为"皇伯"。此事下一章还要言及）。契丹皇帝耶律德光亲率大军征讨。晋军竟然击退契丹，遂忘乎所以改天福年号为开运。即位第三年，而且在年度途中改元，这在史上是少见的。如此这般，晋军竟然两次都成功击退了契丹的进攻。但是第三次却终于失败，开运三年（946），开封陷落，晋朝十年短命，到此结束。皇帝石重贵被俘，被劫持到北方。因为被拉到国界之外去了，所以后朝给他的谥号就是"出帝"。耶律德光想从此就占领并统治华北，所以特意让冯道率领晋朝文武百官劝进，然后在开封照中国方式重新登基，同时改国号为辽。但是这时契丹国内皇太后一派与他的对立日趋激化，华北各地也出现抗辽反乱，眼看里外不是人，耶律德光只好打道回府，不料

5 燕云十六州略图 （根据佐伯富《宋代新文化》作成）

却在归途一命呜呼。由此，华北出现了短暂的政治真空状态。

趁机占便宜登上皇帝宝座的是刘知远，一个曾经效力于石敬瑭的武将。不过这位皇帝的登基状况也是中国历史上少见的。他即位几个月，却还照例使用以前的国号和年号。确切地说，因为他不承认出帝与辽对抗的强硬政策，所以不愿用开运年号，自称天福十二年。也就是说，在法理上，自己不是创建了新朝，而是因为皇帝被劫持，自己作为"晋朝第三代皇帝"继承皇位。后来他进出中原，改国号为汉。因为姓刘，自称汉帝国后裔，立志统治华北。他在祭祀王朝祖先的宗庙里，祭祀着汉高祖刘邦和光武帝刘秀，以使自己的帝位正当化。其实他也是沙陀族出身。国号改换后，他自称不忘旧主人石敬瑭的恩，还一直使用原来的年号。直到第二年（948）正月，才终于改年号为"乾祐"。

刘知远即位前也以太原为基地。唐、晋、汉，到此为止都是太原出身的将军建立的新王朝，显示了李克用奠基的山西军阀的雄厚实力。但是所有王朝都定都中原的洛阳或开封，使政治经济中心和军事基地分离，造成了皇权的不稳定。李从珂为了剥夺石敬瑭军权，想调换石敬瑭领地，反倒遭拒绝，并招来石敬瑭投靠契丹，以及宋朝建国后讨伐北汉久攻不克，都是因为太原有相对独立的地理条件。

刘知远即位整一年后死去，继承帝位的是刘承祐。刘承祐为了巩固皇权，有意疏远有功的大臣和将军。这与后唐李从珂、后晋石重贵的做法如出一辙。结果，他也招来驻扎魏州的将军郭威的反抗。刘承祐得知郭威有意反乱后，杀了住在开封的郭威全家。结果却落得一个自己被与郭威相通的臣下杀掉的下场。

郭威占领开封后，迫使后汉皇太后临朝听政，自己为监国，掌握了后汉实权。历经政变还照例安坐政权中枢的冯道献策郭威，建议拥立驻守太原的刘知远弟刘崇之子、正在别处做节度使的刘赟即位。没想到刘赟还没来得及赶到开封，郭威便自称要抗辽南下，亲自出征到黄河沿岸的澶州，在澶州被军队拥立，返回开封，逼迫皇太后禅让帝位。由此，周朝（后周）诞生。五代各个王朝都很短命，而以后汉为最短，从刘知远即位到灭亡，只有四年。

刘崇本以为自己的儿子能当皇帝高兴一时，没想到开封政变。他当然不能承认，所以自己也自称皇帝，继续使用乾祐年号。他认为自己是后汉的第三代皇帝，但是一般都把这个政权与后汉区别，称之为北汉。北汉持续四代三十年，十国中最后被消灭。北汉广运六年（979）投降宋军。这一年宋朝年号为太平兴国四年。

革命的逻辑

以禁军为支持基础的禅让　　　郭威用禅让的形式完成了对皇权的篡夺。这是华北地区继朱全忠以来相隔四十四年的又一出禅让剧。

后唐用武力手段消灭了后梁。而且后唐自称是作为大唐帝国皇家一族即位的，所以并不承认什么唐—梁革命。他们认为自己只是讨伐消灭了叛贼朱氏，所以并不是与梁朝换代。

接下来的后晋造了后唐皇帝的反，也用武力手段消灭了后唐。因为使用武力时得到友军契丹的帮助，因此他得对契丹皇帝行臣下之礼，石敬瑭登上皇帝宝座，也是受契丹皇帝的册封。所以也不能算是继承后唐的帝位。

刘知远最初作为后晋皇帝即位，后来定国名为汉，是因为他自称大汉帝国皇家后裔。这点与后唐相似。他也许想到当年五胡十六国之一的匈奴人刘渊自称再兴汉朝的故事也未可知。

这些山西军阀内部的皇权争夺战，与从汉到后梁的易姓革命形式不同。他们没有使用传统的接受前王朝的委让、无奈继承前王朝皇权这种表面上非常贵族式的空洞的禅让形式，而是采用了胜者否定前朝，再找更具有正统性的根据从而标榜自己正统的形式。这种形式，宣告了实力至上新时代的到来。但是，郭威却又复活了禅让形式。

他也是刘知远部下、山西军阀之一，但是革命前是驻守魏州的军队司令官。该地为北齐的都城，称为邺都，大唐后期设置魏博军节度使，是河北地区的一个军事重镇。后来宋朝作为四京之一，称作北京大名府，成为对抗辽的军事基地。在这点上，后周的建国，与后唐、后晋、后汉以太原为基地的山西军阀建立情况不同。当然刘知远也认识到太原的重要性，所以他派值得信赖的自己的亲弟弟驻守。只不过这次他的儿子却被别的地方的司令官发动的军事政变要了命。

取国名为周，是因为郭威自称自己是古代周朝王族的一个分支出身。从李存勖的后唐、到石敬瑭的后晋、刘知远的后汉，一路上溯，越找越古，到此终于找到周朝王族了。这样寻根问底，宣扬自己根红苗正，正反映了他们因为自己都不是真正的贵族出身而具有的劣等感。这一点，跟日本战国时代大名 5 们的心理状态特别相似（不过石敬瑭并没有自称是晋朝司马氏的后裔）。

郭威跟李存勖、石敬瑭、刘知远等山西出身的沙陀族不同，他是河北出身的汉族，自称周王室后裔。这个时期，因为战乱造成混居等原因，各民族有了相当程度的融合，所以汉族最重视的父系祖先，已经不能作为具有生物学上纯粹汉族 DNA 的证据了。

但是后世史书特别强调他是汉族，明显是想构造一个连续几代的蛮族王朝统治终于结束、汉族王朝终于复兴的故事。这个现象，对随后的宋朝皇家赵氏一族也可以做同样解释。宋朝创建人赵匡胤弟兄的父亲赵弘殷是河北涿州出身，据传其祖先为战国时代赵国的王族。

在郭威进开封以前，与他敌对的刘承祐已经被杀，所以郭威能无血入城，掌握权力。想即位皇帝，最理想的是前朝禅让帝位。因此郭威选择了禅让这种形式即位。但是，与以前的禅让闹剧不同，他排演了一场更为复杂的禅让剧。他首先作为禁军司令官率军出征，在外被所率军队拥立，无奈返回都城，要求皇太后禅让。当时他并不是驻守魏州的军阀，而是担任首都防卫、保护皇帝的禁军司令官。就是说这次革命的特征是，不是以一个地方驻军，而是以禁军为支持基础。郭威在澶州被禁军将校们把一面黄旗裹到身上。黄色是皇帝之色，这面黄旗估计也应该是禁军的标志，被裹到身上，表示郭威已经成了皇帝。这说明，在禅让剧上演以前，禁军在澶州已经进行了革命。有意思的是，这一出戏，被这时作为禁军将校从头至尾实际目睹的赵匡胤九年后原模原样重演了一番。

五德终始说　　禅让牵扯到王朝的"德"，就是介绍黄巢之乱时提到的五德终始说。史书记载虽不太明确，但汉、周革命时估计按五行相生说进行了德的更换。因为周、宋革命时看不到什么议论的痕迹，宋的德便被确定，可见后周确定了自己的德。从宋的火德往前推算，后周应该是木德。因此，前边的后汉应该是水德。

不过，后汉是否自己这样宣言过却并不确定。从上述王朝创建情况来看，并不一定要确定德。也许是汉、周革命时为了禅让，在汉灭亡时匆忙决定也未可知。

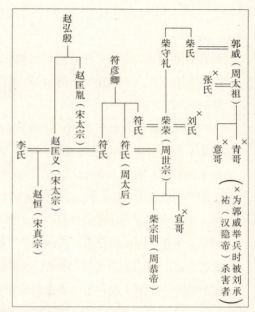

6 周宋帝室关系图

后周为木德，从五行德顺序上看，意味深长。因为众所周知大唐为土德，由此推算，大唐与后周之间只存在两个王朝（当然二加五等于七，理论上也是可能的，但是与史实不符）。这两个王朝为后晋和后汉，后唐正如前边所述，作为大唐中兴王朝，被定为土德。也就是说，在五德终始说的连锁上，抹杀了后梁的存在。

这种观点，直接影响到后来宋朝编纂的历史书集成《册府元龟》，该书把后梁分类到与十国同等的范畴。不承认后梁的正统性，是后唐的一贯主张。后周和北宋都与山西军阀政权有染，因此具有共同的历史观。我们把上述情况总结一下，就是说大唐帝国的正统性经过李克用父子的中兴，然后传给后晋、后汉、后周，最后到宋朝。

不过，另外，宋开宝七年（974）以薛居正为中心，也编纂了正史《五代史》。宋朝在自觉基本统一天下后，把华北的五个短命王朝归总一起编入正史，显示了自己绝不会成为"第六个短命王朝"的决心和自信。同时，也令人感到他们具有能把后梁作为正统王朝客观评价的宽阔胸怀。八十年后欧阳修编纂的《五代史记》也采取了同样的立场。后世为了区别两者，称前者为"薛史"或者《旧五代史》，后者为"欧史"或者《新五代史》。创建"五代"这个朝代，是宋王朝作为大唐帝国继承王朝自我意识的产物。

最后的禅让

五代第一明君柴荣　　郭威在收拾中原残局不久，在位仅三年就死去，庙号太祖。因为无后，所以指名皇后柴氏兄柴守礼的儿子柴荣继承皇位。如此这般，柴荣就登上了后周第二代皇帝的宝座。柴荣的姑姑当年看到外号叫"郭雀儿"的年轻将校郭威英姿飒爽，一见钟情，不顾家人反对执意嫁给郭威。这个故事被后世编成戏曲在中国家喻户晓，而她也确实没有看错人。因为不但自己一见钟情的男人当了皇帝，而且连自己的侄子也继承了皇位。

只是这个皇位继承用传统逻辑也是解释不了的。虽然已经出现了后唐那样不是真正父子关系，而是收养关系的父子继承的例子，但是那个时候——与汉族不同，姓对沙陀族来说具有何等意义我们暂且不论——即就是养子，也都改姓李了。可是，这个柴荣好像并没有改姓，而是以自己的柴姓即位了。这在儒家政治理论看来，只能是"易姓革命"。但是，从现存史料中看不到后周朝廷就此议论的痕迹。这说明它们几乎完全没有考虑儒家传统的名分论和王权仪礼。

柴守礼在儿子即位后还健在。先做高官，后归隐洛阳，以皇帝老子自居。作为当朝皇帝老子如果遵纪守法做一个良民那也不错，可是这个家伙虽然名字叫"守礼"，其实是一个完全不守礼的混账中年人，甚至还犯了杀人罪。连五代第一明君柴荣都为解决这个问题烦恼一时。结果是没有治罪。可是柴荣却因这个决定被后世议论纷纷。不过用现在的常识来看令人惊奇的是，各种议论中认为柴荣"能赦免亲父，到底是一代明君，是个大孝子！"的却很多。由此可窥中国传统公私观念之一斑。

自认华北正统政权的北汉趁柴荣即位不久、政权不稳，计划大规模攻打后周。它们借辽军加势，想一口气吃掉后周。后周朝廷内以宰相冯道为首的一些官僚主张固守开封。但是血气方刚的柴荣却亲自率领精锐部队出兵迎击。在山西省高平与敌遭遇，经过殊死搏斗，柴荣大胜北汉。由于大败，北汉完全失去了进攻

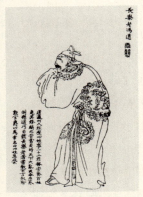

7 冯道（选自金古良撰《无双谱》）

中原的元气。后周没有了后顾之忧，可以放心推进南下政策。二十八岁的赵匡胤在这场战斗中也荣立大功，被提升为禁军新设的殿前都虞侯。

就在这一年，宰相冯道死去。自从侍奉晋王时代的李存勖以来，虽经数次军事政变和易姓革命，但是冯道却一直在各朝中央政府担任要职。冯道作为一个文化人留下了大量业绩，其中在李嗣源时实施的经书印刷事业，在学术史上、技术史上都值得大书特书。但是在宋朝欧阳修以及司马光的正统史观确立后，从后唐、后晋、辽、后汉、后周"五朝"算起，李嗣源、李从珂算成唐的异姓，柴荣算做周的异姓，一共"八姓"，合计侍奉"十一君"的冯道，被批判为不守臣下之道，没有大义。近代以来这种基于儒家思想的评价被推翻，流行的善意解释是他为了保护民众，忍辱负重，以图维护社会秩序。但是，不论后世如何评价，自称长乐翁的冯道当在地下笑闻一切。因为在当时，文官的这种生存方式是很普遍的。能在野蛮的军阀们之间游刃有余，一直保持自己的权力和地位的冯道的处世术，实可称乱世偷生的智慧结晶。

高平之战的结果对南北实力关系产生了极大的影响。到此时为止的华北诸王朝都对以太原为首的藩镇军阀以及其背后的辽不能放松警戒，有后顾之忧，所以都基本没有顾及南方的精力。

44

因此，与在继承大唐帝国名义上最大的对手南唐王朝（公元937年由吴禅让成立）虽然一直保持紧张的敌对关系，但是却没有开战的能力。柴荣排除了北方威胁后，回过头来决心与南唐对决。这个决策的起因是一个叫王朴的官僚的上奏。

王朴上奏说：现在虽然在高平打了胜仗，但是现在立刻向北进军，也不可能取得什么大的战果。还不如先平定军事实力并不太强的南方诸国。如果能把富饶的南方掌握在手中，那么就有了同北方进行持久战的经济实力。为此，应该先讨伐蜀国和南唐。

柴荣亲征南唐取得了胜利，占领了淮水以南的食盐产地。南唐之所以能够繁荣，主要靠的就是食盐的出口。所以，此后后周在经济上也成长为最强的王国。赵匡胤在这场战役中也立了战功，凯旋后，升进为殿前都点检。殿前军是柴荣创立的禁军精锐部队，都点检为其总司令官。不过，对赵匡胤来说，收获最大的，也许是在军中结识了一个叫赵普的幕僚。这个赵普以后成为侍奉宋初两代皇帝的名宰相。

亲征南唐以前，柴荣实行了镇压佛教的政策。就是所谓三武一宗之法难（北魏太武帝、北周武帝、唐武宗、后周世宗的佛教镇压）中最后的一个。但是，这并不是从教义上视其为邪教，而是整顿经济实力雄厚的佛教教团，吸收其财力充实国库。

在柴荣的英明领导下，长期以来的群雄割据局面开始出现转机。柴荣在亲征南唐取得胜利后，掉转矛头，直指北方的契丹。

盐

　　人作为一种生物学上的存在，是离不开食盐的。与日本四面环海，盐田很多，海产物丰富，食盐摄取基本不成问题不同，中国是一个大陆国家，食盐作为一种特殊产地的产物，要搬运到各地。所以历代王朝都通过征收盐税，增加国库收入。而完善这个制度的则是宋朝。

　　宋朝按盐的产地限定流通范围（行盐地制度）。黄河支流解池（解州盐池）产的盐在北部内陆地区、淮河河口盐田产的盐在江南地区流通。初期公布了榷盐法，政府自己实行专卖，后来实行了通商法，改成许可制，交由商人流通买卖。特别是为了筹集禁军所需经费，让商人把现金以及实物缴运到开封以及北部国境的禁军驻屯地，然后给它们发行盐引（盐票），商人们持盐引到盐的产地换盐，再贩卖到各地。

　　与盐的生产成本相比，国家加的税率非常高，所以走私盐挣黑钱的势力从未绝灭。与现代社会走私麻药、武器一样，走私盐的地下势力也都是组成团伙的武装组织。或者说，只能是这样的组织才有能力走私盐。黄巢、朱全忠，还有蜀国的王建、吴越的钱镠等，其实都是从这种组织起家的。

·海盐的生产（《经史证类备用本草》）

目的是收回石敬瑭认贼作父割让给契丹的河北诸州，即所谓燕云十六州。战斗很顺利，但是，天不助周。明君柴荣在征途患病，显德六年（959）六月，年方三十九岁就离开了人世。继承皇位的太子，这时才七岁。

长命王朝拉开帷幕　　于是，中国历史上最后一出禅让剧开始彩排。剧情为计划拥立禁军最大实权派赵匡胤做皇帝。宋代编纂的史书，无一例外都说赵匡胤自己在被拥戴做皇帝以前根本没有要当皇帝的意思。当然，如果不这样说，赵匡胤就成了篡权者，就失去了当皇帝的大义名分。但是，我们了解了迄今为止的五代王朝兴亡史后，就知道这出戏的主角赵匡胤如果从来没有参加彩排那是不可能的。舞台设计是名参谋亲弟弟赵匡义和幕僚赵普，但是可以想象的是，指使他们行动的，不是别人，只能是乱世英雄、年轻的禁军总司令官赵匡胤。

显德七年（960）正月元旦，辽军大举南下的紧急军情传到开封。朝廷即刻决定迎击。初三早朝，赵匡胤率领大军出征，夜宿郊外陈桥。当晚深夜，事件发生。军中不知谁开头大喊："我们没有值得敬仰的主君。我们冒死跟辽打仗打到底又能怎样？我们还不如拥立都点检当皇帝！"马上万众呼应，喊声连片。

消息即刻传到赵匡义和赵普那里。吵吵闹闹争论一番后，他们让表示坚决拥立的将军们在帐外等着，自己两人进帐叫醒赵匡胤。生来好酒的赵匡胤前晚痛饮，正在酣睡，硬是被叫醒，拥出帐外，已经有人把准备好的黄袍立刻就披到了他的身上。与九年前郭威时不同，这次是提前准备好的黄袍。他提了不危害周朝皇族和高官、不抢掠开封的条件后，接受了部下的拥戴。

初四中午，革命军返回开封。提前回朝的心腹已经做好准备，所以入城没有遇到任何抵抗。赵匡胤家族早已暗地避难到寺庙，也都平安无事。禅让时，有位翰林学士拿出早已准备好的诏书宣诏。这一连串行动，都是因为吸取了九年前的禅让剧的经验教训，所以做得极为漂亮。虽然有几个反抗的高官和将军，没有做到完全的无血革命，但是基本上都是按预定计划进行，顺利实现了王朝交替。

赵匡胤即位后，定国号为"宋"。因为他在做殿前都点检的同时，还是归德军节度使，而归德军驻屯地为春秋时代宋国故地。按说他用自己家系的"赵"也没有问题，却选用了"宋"，可能跟宋是殷朝遗民之国有一定关系。他父亲的名字就叫"弘殷（弘扬殷）"。毋庸赘言，殷朝为周朝以前的王朝。从李存勖开始的"模仿从前的伟大王朝"战术，到此登峰造极，已经上溯到殷朝了。不过在此多说一句，为了避讳"弘殷"，宋朝一直把殷称作"商"。

赵匡胤即位后立刻发布了一连串有关新王朝成立的布告。首先进行的是向天地神报告。这是历代王朝的天子基于自己是接受天命统治地上的天子这种儒教的礼仪，哪怕实际上是用军事政变夺取权力的。不过，正因为是政变篡权的，所以为了收买民心，才更必须这样做。新王朝的德为火德。

　　如此这般，持续三百一十六年的长命王朝的历史由此开始。此时为新年号建隆元年正月。以下，本书为了对宋朝的皇帝们表示敬意，不用本名，皆用他们的庙号。赵匡胤往后也全都改称太祖。

第二章

官廷的运营

走向统一的趋势

一、不伤害后周皇室和政府高官。

收揽民心
——实行文治的决心

二、不烧杀掠夺开封。

宋太祖在陈桥接受军队拥立时，向军队提出了以上两个条件，让将士们答应遵守。

这些蛮行，几十年来每次政变都会上演一番。宋太祖的要求，表明了他与过去山西军阀的权力争夺的诀别和开辟一个新时代的决心。

事实上他们严格遵守了这两个条件。首先，宋太祖封后周最后的皇帝为郑王，并保护其生命和财产的安全。《水浒传》一百零八将之一的柴进，就是作为后周皇室的子孙设定的。后周的文官们基本上都继续在宋朝当官。连禅让的诏书草案都是翰林学士提前准备好的，由此可见，太祖势力私下早已把文官们掌握在手。以后，以文人官僚为中心治理国家，成为宋朝的国策。关于这点，我们后边将详细论述。以前，不仅攻陷城池作战时，即便是九年前郭威和平禅让的时候，开封也被禁军大肆掠夺过一番。即位者允许禁军掠夺，是对禁军支持自己的一种奖赏。因此，每次政变一般市民的生命财产都会受到威胁。相对于提高禁军的士气，宋太祖更重视收揽民心。从这里也能看出宋太祖实行文治的意志。

后唐后梁禅让以后，华北王权成为军阀们争夺的目标。当上皇帝的军阀，从不敢放松对别的军阀篡夺皇位的警戒。

柴荣亲征北方的时候，看到"点检将为天子"的预言传单，立刻更迭了当时的都点检，接任都点检的就是宋太祖。而且柴荣看到长有福耳的人就杀掉，但是他身边唯一幸免的也是太祖。太祖传记记载的很多故事是否真实我们不得而知。但是至少上述记载应该是真实的。

为了把皇权顺利传递给自己的子孙，柴荣如上所述采取了很多甚至是残酷的措施。但是唯独太祖却没有成为他排除的对象，那是因为他完全信赖了太祖，或者换句话说，也许他根本就认为"这个人没有篡权的本事"。这种关系令人想起织田信长和丰臣秀吉的关系。但是，结果皇权却落到了太祖的手中。太祖就像说别人的事那样，回顾说这就叫天命。

太祖即位后，也为如何才能使自己的王朝安定烦恼一时。后来得到赵普的献策，演了一出那个有名的"杯酒释兵权"的故事。

这一天，太祖设盛宴慰劳当年跟自己出生入死的同僚，他们现在作为臣下都是朝廷的实权人物。席上，宋太祖闷闷不乐地对大家说：

"朕能当上皇帝，都是大家的功劳。但是朕当上皇帝以来，却没有一晚能高枕入睡。"

"怎么回事儿？"

"因为谁都想当皇帝呀！"

"谁敢？天命已定，谁敢犯上作乱？"

"不会吧？如果部下给你们套上黄袍，你们怎么办？"

"岂敢岂敢！那您说，我们怎么才能平安无事？"

"交回军权，朕在各地给大家盖豪华住宅，你们大家都回家颐养天年怎么样？"

于是这般，跟太祖出生入死的将军们都被解了军权，军队全被编入禁军，归入太祖信任的部下指挥。自此，宣告了安史之乱以来藩镇跋扈局面的终结。

这个记载是否真实，也没有确证。但是，确实很精彩地表现了那一段时间的内情。就像太祖那样，别人可能完全看不出他是野心家，可是如果一朝被人拥戴，披上黄袍，顺势就可篡夺皇位，其原因就是因为军队将领同军队有着非同寻常的紧密关系。五代初期，太原府军势强大，为了对抗太原军阀，历代皇帝就加强禁军建设，可是他们做梦也没想到的是，这些禁军却反过来拥戴自己的将领建立了周朝和宋朝。太祖成功地把禁军改编成皇帝直辖的军队。

宋朝建国后，南唐、吴越等以前服从后周的南方诸国，纷纷派使节到开封朝贡，对新政权表示祝福。他们都采用了建隆年号。对于不服从宋朝的政权，太祖开始进行军事镇压。听从赵普的献策，太祖首先平定南方。乾德三年（965）后蜀、开宝四年（971）南汉相继投降而灭亡。

说几句题外之言。宋太祖对于制定年号也很在意，命令要"选择从前的王朝都没有使用过的"。但是，有一天太祖在宫内用品上发现了"乾德四年"的铭文。太祖大怒，马上叫来宰相问个究竟。可是宰相却很沉着地说："那个东西本来是蜀国的吧。前蜀用过那个年号。"太祖听了很高兴："宰相还是应该用读书人啊。"确实，前蜀第二代皇帝曾经用过六年这个年号。但是令人深思的是，不但太祖竟然不知道这个事实，而且宋朝在采用乾德年号的时候也根本就没有考虑蜀国的事情。

由此我们可以看出，一是太祖对于数十年前的地方政权几乎毫无所知，二是知道这些情况的官僚们也从未把这些所谓的国家当作正经八百的皇朝看待。而且这件事也鲜明地反映出一介武夫宋太祖的无知和文人官僚的博识。所以宋太祖把自己的同类从政权中枢排除，把自己王朝的未来托付给了文人官僚。而事实是，文人官僚们确给皇朝带来新风，维持了宋朝三百年的统治。

在周围诸国相继被消灭的情况下，南唐设想放弃国号，只称"江南"，对宋朝表示恭顺，以维持自己的统治。但是太祖不可能永远放弃这块富饶的宝地。开宝七年（974），太祖命曹彬为司令官率军讨伐。并指示，攻陷都城昇州（现南京）时不得杀戮抢掠市民，一定要活捉皇家李氏一族。此时南唐虽然已经衰落，但是到底有过凌驾华北皇权的繁荣，所以曹彬征伐江南还是很费劲。曹彬不得不动员忠实于宋朝的吴越军队支援，才在第二年一月攻陷昇州，活捉后主李煜，押送至开封。后主李煜被屈辱地封为"违命侯"幽禁，后被处死。

皇位继承　开宝九年（976），基本统一南方后，太祖开始攻打北汉。但是，太祖却在这关键时刻驾崩。太祖弟弟晋王赵光义（避讳皇帝兄长名，改"匡义"为"光义"）即位，是为宋朝第二代皇帝。

关于这次继位，从宋代开始就有各种说法。太祖有已经成人的皇子们，虽然没有立皇太子，但是一般来说，肯定应该从这些皇子中选出即位者。

晋王对于宋王朝的创建贡献很大。建国后与赵普一起，作为名参谋辅佐兄长治理国家，在朝廷中具有举足轻重的地位。历任开封府尹和宰相，后被封为晋王，在朝廷席位比宰相还高。晋即那个有名的太原，在北汉还以太原为据点存在的当时，晋王虽然只不过是个名义上的王位，但是，太祖却还是把这个重要的据

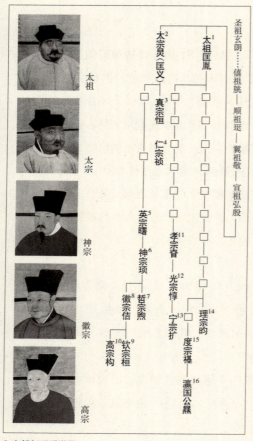

8 宋朝赵氏系谱图

点托付给自己值得信赖的亲弟弟。如此这般，与过去的五代各王朝一样，这次也是太原的王登上了皇帝宝座。

各种随笔笔记等记载着各种各样的谣传。有说太祖临终时派去叫皇子的使者却跑到晋王那里，让晋王进宫谒见太祖，太祖是在和弟弟晋王密谈中猝死的；有说其实就是晋王直接下手害死太祖的，等等。让这些谣传具有一定可信性的迹象是，晋王即位后立刻改元。

一般来说，新登基的皇帝为了表示对先帝的敬意，定好的新年号都要等即位第二年的正月元日开始实行，即逾年改元。可是，晋王却即位后急忙改元，并且是在临近年底的时候，还特意改该年为"太平兴国"。这件事被元代编纂的宋代正史《宋史》在"赞"中特别提到，并曰：如果没有在太祖驾崩之年就改元，"后世也就不会指三道四"。

年号所具有的政治含义我们在第一章已经介绍过。当时人们对于这次改元，肯定能感到是太宗要表示自己"并非单纯继承太祖统治"。其中具有某种宫廷政变的含义的可能性很高。年底包括赵普在内的各地节度使一齐到开封给太宗请安，是一个再次令他们表示忠诚的，或者是用这种形式向国内外显示政权安定的一种仪式。不管怎么说，表面上没有发生什么不安定的情况，新皇帝的统治拉开帷幕。庙号太宗。

确立各种制度

太宗理想的中央集权官僚国家

太宗接收了吴越的浙江统治权，福建军阀陈洪进也归顺了，南方完全归入宋朝统治之下。后经过激烈战斗，攻克北汉据点太原，宋朝基本统一了全国。太宗本想乘胜攻打辽，希望收复被割让的燕云十六州。但是也就在此时，辽朝新皇帝耶律隆绪（庙号圣宗）登基，国号改回契丹，明确表示自己是非汉族王朝。战况随后进入胶着状态，双方僵持不下。太宗后来实质上决定放弃收复，并试图寻找与契丹在胶着状态下共存的可能性。

9 释迦如来立像（京都·清凉寺藏）奝然回国时请人仿照台州开元寺请自印度的栴檀释迦如来像雕刻，带回日本

宋朝周边诸国在宋朝镇压华中、华南后，纷纷派使节团朝贡。西自丝绸之路的绿洲诸国，南至现在越南一带的交趾、占城国，东到朝鲜半岛的高丽，当然还有日本。不过日本并不是正式的朝贡。因此，与别的国家不同，《宋史》记录太宗治世的本纪部分没有有关日本朝贡的记载。但是《宋史·外国传》中有关日本的记载，却全是实质上的使节访问太宗以及使节所介绍的有关日本的情况的记载。这个使节，就是"导言"中介绍过的奝然。我们在"导言"中已经介绍过，日本原来一直跟吴越国打交道。吴越政权被消灭后，平安宫廷不得不直接跟开封朝廷交流。遣唐使制度废止后，一直没有向黄河流域派送使节团的日本，带着视察的意义，派遣了这个东大寺的学僧。

太宗接见奝然的记录中有一段令人很感兴趣的记载。这个来自异国的僧侣说："我国自开国以来从来没有过革命，大臣也都是世袭的。"对此，太宗不禁感慨道："真羡慕！"如何才能使宋朝不像后梁以来的王朝那样短命而亡？这成了完成统一大业的太宗当时最大的政治课题。如果我们非要为太宗辩护一下的话，那么他没有让太祖的儿子继承皇位，可能是他认为在国家还很不安定的时期，一个没有什么实力的凡庸的皇帝肯定是搞不定的。虽然"杯酒释兵权"解除了军阀的兵权，但是也不能掉以轻心。类似丰臣秀吉政权中德川家康式的人物要多少有多少。如何才能保证不是羽柴而是赵氏一族吃上"织田捣羽柴揉的天下年糕"⁶？太宗为此废寝忘食，励精图治，终于建成一个强固的中央集权制官僚国家。这也是太宗常常被看作君主独裁体制确立者的缘由。

最具象征性的成果是完善和扩充了科举制度。太祖时每年科举只有数十人中举，太宗时一下扩充到几百人。而且设定了皇帝最后亲自主考的殿试制度，使皇帝选拔候补官僚这个科举制度的理念得以实现。后来殿试没有落榜生，成为仅是排序的一个考试。但是这个顺序对于当官以后的升进等影响很大，是一个赋予考生名誉、培养忠诚心的非常巧妙的制度。

科举官僚们与唐末以来的军阀不同，他们没有有朝一日自己当天子号令天下的野心。他们与治理大唐帝国的贵族官僚们一样，只希望在朝廷中飞黄腾达，子孙繁荣。他们具有维护给予自己荣华富贵的王朝体制的保守心理。

太宗陆续淘汰了各地的武人节度使，换成文人官僚。对文官虽然不可能期待什么战斗指挥能力，但是通过扩充驻屯都城的禁军，补充了这些不足。这个举措，等于是把由征伐各地军阀的军队改编成国防军。后世评价宋朝军队羸弱虽然是事实，但这是建国当初有意推行的政策。宋朝确实没有汉武帝或者唐太宗宋朝继承五代各朝的传统，锐意增强禁军（中央政府直辖军队）。其结果，不但国都开封驻屯的大部队，包括北部国境以及国内主要城市驻扎的部队在内，实质上所有军队都改编成了禁军。因此，称作厢军的地方军，主要任务变质为做土木工事等，相当于杂役。宋朝给并不能算作战士的军人发工资，其实可看作是当时的一种失业对策，或者叫社会福利事业吧。

宋朝在平定了五代十国的混乱、重新统一国家后，维持庞大的军队对财政压力极大，宋朝几次试图缩减兵员。王安石实行的保甲法就为了节省军费保障乡村安全组织乡兵（民兵组织），对农民实行军事训练。但是，以禁军为中心的军事体制一直没有改变。南宋的时候实行总领所制度，以主要军事据点为中心实行财政独立。形式上与大唐的藩镇相似，但是宋朝中央统治并没有放松。不过，第十章我们还要述及，政权末期最前线的精锐部队还是兵变投敌了。

跟大唐前半期实行的兵役制不同，与中世纪欧洲的佣兵制也不一样，更与蒙古那样的全民皆兵制相异，在以职业军人组成国军这个意义上，宋朝或可说是更像一个近代国家。

·林冲、徐宁（选自《水浒图赞》）　开创梁山泊的这两个好汉，当初都是禁军将校。

那样征伐外族的辉煌战果。但是究竟哪个王朝更文明，这却是另外一个问题。

太宗实行的制度改革中还有一个值得介绍的是制定了路官制度。他把全国分成十几个路，分设安抚司（负责兵民之政）、转运司（负责财政）、常平司（救济）等，称其长官为"使"。

这个制度把以前由藩镇掌握的权力分散，分别直属中央政府，并且一般三年任期，然后调任他地。结果使得官僚们搞不成独立王国。而且，"路"并非"州"的上级，州也直属中央管辖，"知州事"官名就含有中央政府官职的意思，名义上是被临时派到地方替代皇帝管理地方的，实质上是跟汉代的太守相同的一个地方官。实际上当时人把知事常常雅称为"太守"。统治地方的官僚在制度上属于中央官僚，这在各个层面对这些官僚的意识都产生了影响。甚至中央宰相有时被派到重要地方任知州都不含左迁之意，这对朝廷统治渗透到地方发挥了极大的作用。

太宗除了印刷佛教大藏经以外，还开始大规模编纂书籍。主要成果为，术语出典集成《太平御览》、逸话奇闻集成《太平广记》、诗文集成《文苑英华》，与真宗（第三代皇帝）时编纂的截止到唐五代的政治文书《册府元龟》，合称"北宋四书"。这些书籍中引用的许多原书今日都已不存，所以作为了解宋代以前政治、文化的重要资料，至今还被重视。真宗时代，把冯道刊行的儒家经典注释进行修订，重新刊行，并分发到全国的学校。此事我们在第七章论述印刷文化的时候还要论及。

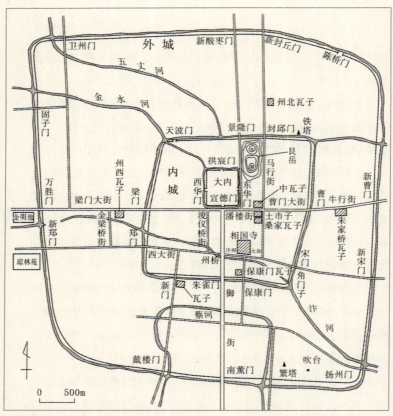

10 开封府城复原图（根据爱宕元《中国的城郭都市》绘制） 此地位于汴河与黄河合流处，
自古即为战略要地，战国时代曾为魏国都城（《孟子》中以"梁"国出现）。但是黄河泛
滥时大量泥沙冲积于此，宋代地表当远低于现在

都城开封与古都洛阳　这里我们简单介绍一下宋朝的都城。宋朝有四京，就是四个特别的城市。分别是东京开封府、西京河南府、南京应天府、北京大名府。我们从后边开始介绍。大名府就是唐代设置魏博军节度使的魏州。大家都知道这是一个军事要地。宋朝也作为防御契丹南下的战略据点，庆历二年（1042）定为北京。应天府原来叫宋州，是太祖当节度使的归德军治所，也是宋朝国号由来之地。因此大中祥符七年（1014）定为南京。河南府即古都洛阳，五代时常为皇帝的居所，其地位与开封相当甚至超过开封。后周以后开封逐渐被固定为都城，宋朝开国后即把洛阳定为西京河南府，为陪都。

开封作为运河交通枢纽而发达，后被宋州出身的朱全忠相中，作为根据地开发，逐渐发展成大城市。朱全忠在这里上演了禅让仪礼，即位皇帝后遂定此地为都城。但是他很快就迁都洛阳。迁都洛阳当然主要是因为要与黄河对岸的晋国（后唐）军事对峙，离前线较近的洛阳比较方便。但是其原因不限于此。洛阳所具有的历史、文化的象征意义，是新兴城市开封所望尘莫及的。标榜复兴大唐的后唐在消灭后梁后，一直把这里作为都城，就是因为后者。而且宋太祖晚年也曾设想迁都洛阳。后来在弟弟晋王赵光义（太宗）的进谏下才老不情愿地作罢。令人深思的是从这件事中也能看出英雄豪杰、理想主义的太祖与擅长日常事务处理、现实主义的太宗的性格差异。

即位第二代皇帝的太宗再也不提迁都洛阳一事。从那以后，直到靖康之变失去华北为止，开封一直都是宋朝的都城。相对的，洛阳所蕴含的浓厚的文化氛围却很受退休官僚们喜好。特别是王安石变法时，反对派的重要人物都集中在这里，洛阳一时似乎成了在野党的聚居地。道学祖师程氏兄弟出身洛阳附近，他们就是在这种氛围中形成自己的道学思想的。

发达的都市文化 形象告诉我们当年开封繁华的史料是《东京梦华录》和《清明上河图》。《东京梦华录》是一个叫孟元老的人在南宋初期的绍兴十七年（1147）所著，如书名所示，是回想当年都城开封梦幻般繁华的著作。记述的内容是北宋末期、宋徽宗（第八代皇帝）治世后期开封的情况。全书共十卷，前五卷介绍名胜和风俗，后五卷介绍时令节日等。记述非常详细，当时都城平民生活历历在目，是了解当时社会情况的珍贵史料。同时，后半的时令节日详细记录了政府主办的各种各样的庆典和祭祀，特别是冬至在南郊祭场举行的郊祭记录极为详细，年终官民一起共同举行祭祀的景象如现眼前。

郊祭是皇帝（天子）为了感谢授予自己天命，亲自祭祀上天最高神的仪式，到唐代中期为止最多也只是官僚们参加，是一个仅限于统治阶层的祭祀活动。安史之乱以后，变质为事前朝拜太庙（祭祀祖先神灵的场所）、太清宫（祭祀大唐祖先老子的场所），然后皇帝上大街巡幸"游行"，供一般市民观看的庆典祭祀。宋朝的开封也同样，不，甚至远远超过唐代，举行盛大阅兵仪

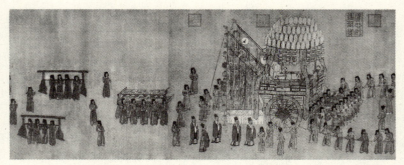

11《卤簿玉辂图》(部分，辽宁省博物馆藏) 玉辂为皇帝在宫城外举行某种仪式外出时乘坐的轿子

式和庆祝游行。游行队列中还有大象等珍奇动物，市民们不顾严寒，上街观看，喝彩叫好。在游行队列中，皇帝乘坐叫做玉辂的马车移动。这是一个伴随唐宋变革皇权产生变化的生动事例。在这里我们顺便说一下日本的情况。日本直到明治维新为止，天皇的队列不为一般庶民所见。江户时代，天皇在位期间基本不出御所。如果要出御所，将军要命令道路两侧的民家关紧所有门户，然后天皇一行在空无一人的路上庄严肃穆地行走。

《清明上河图》是一个叫做张择端的画家画的都市风景图，后世有很多模仿作品。作品描绘的是唐代后期演变成上坟扫墓日的二十四节气之一清明节(公历四月五日前后)的景象。"上河"是"溯河而上"之意，作品表现的是贯通开封南部的汴河上游的街景。不过，最近更多的人认为这个作品画的并不是开封市内，而是郊外的某个卫星城市。作品把生活在这里的人们缜密写实地描画出来，给我们带来大量从《东京梦华录》一类文献资料的文

12《清明上河图》中赵太丞家（药铺）部分（张择端，北京故宫博物院藏） 画中有坐椅子的女性。中国椅子普及始于宋代，由此椅子文化开始发达

字罗列中所不可能获得的直观信息。文献资料不会收录的，对当时的人来说属于极为平凡的日常常识，该绘画作品都真实地传递给我们。比如通过坐在商店前边椅子上女人的姿势我们可以知道当时人的坐姿，通过漂浮在河上的大量船只外形我们可以复原其骨架和构造。在今天的宋代史研究领域，这类视觉资料的活用日益增多。

宋朝是一个都市文化盛开的时代。不论是《东京梦华录》，还是《清明上河图》，或者别的史料，有关都市文化的记载都非常多。我们在后边的章节将详细介绍。

皇位的和平继承

赵普被罢免后，作为宰相辅佐太宗的是吕端。太宗和吕端二人原来在太祖手下曾是同僚，但是现在不同，太宗和吕端有了明确的君臣关系。吕端虽然是宰相，但是重要的政策都要经过太宗的裁决，吕端只是执行而已。认为宋朝确立了君主独裁体制的评论家，其思考的出发点都是太宗的这个事例，他们把太宗当作典型。但是，这其实是太宗废寝忘食勤勉执政的性格所致。秦始皇、清朝雍正帝等，中国历史上时有这类皇帝出现。但是这绝不是普遍现象，宋朝亦不例外。

太宗继承了兄长太祖的帝位。因此，太宗的弟弟秦王赵廷美也虎视眈眈着太宗的帝位。想把帝位传给自己儿子的太宗逐渐疏远廷美，太平兴国七年（982），终于解除了廷美的西京留守之职，把廷美从王贬为公爵，并幽禁在房州（今湖北省房县）。廷美两年后在失意中死去。如此一来，太宗长子元佐理所当然就是后继者了。可是也许元佐目睹了父亲对叔父的残酷举措后异常痛苦，患上精神病，终于在一次宫廷宴会没请自己时怨气大发，竟一把火烧了自己的宫殿。

这样一来次子元僖就成了事实上的后继者。元僖被封为中书令、开封尹职，享受皇太子待遇。可是，又出现了不幸。淳化三年（992），建国功臣赵普死后仅两个月的十一月，跟平时一样上朝的元僖突觉不适，紧急退朝回宫。太宗大惊，即刻前往探望，但是元僖已经危笃，很快死去。太宗大哭。全国服丧五日，预定十天后举行的定例郊祭也延期到第二年正月。

于是继承帝位的就成了三子元侃。至道三年（997），太宗五十九岁驾崩，根据其遗嘱皇太子元侃即位，此即为真宗。真宗改名为恒，第二年元旦改元咸平。全国平稳无事，皇位终于实现了几十年来首次和平继承。但是，北部边境却传来不稳的消息。

澶渊之盟与封禅

见好就收的勇气　　公元 1004 年的阴历正月元旦，真宗实施了即位后第二次改元。新年号为景德。以瓷器名闻世界的那个江西小镇，就是根据这个年号起的名。

刚过完年的正月十一日，北边传来契丹企图入侵的情报。真宗命令严加防御，不要轻举妄动。到了春天，又谣传秋天会有大规模入侵。华北连续发生地震，夏天发生蝗灾。

"天高马肥之秋"的闰九月，契丹终于大举南下。这次是其皇太后与皇帝率兵亲征，军司令官是萧挞览。宋朝刚就任宰相的寇准进言真宗也到黄河北岸亲征，迎击契丹。但是参知政事王钦若却暗中建议真宗避难江宁（今南京）、知书枢密院事陈尧叟同样建议避难成都。这些地方都是他们自己的出身地。寇准虽然察觉到这些举动，但是他表面上却假装不知，仍用坚定的语气说："谁敢妄言，斩！"主张坚守黄河防线。真宗无法，只好率军亲征，宋朝主力布阵澶渊一带，与契丹军对峙。时为十一月末。

开始，双方小范围交战，契丹司令官萧挞览竟中流箭而亡。契丹军士气因此大跌。其实寇准本来就没有真正开战的意思，他出兵就是为了议和。但是如果自己独断专行决定议和，害怕事后被骂为卖国而受到弹劾，所以他硬是把皇帝也拉到阵地，使皇帝也成为交涉的直接当事者。真宗本来厌战，根本就没有对战的勇气。人在军中，每日战战兢兢，寝食不安，害怕敌人袭击。看到这种情况的寇准同文人官僚杨亿每天晚上故意喝酒作乐。真宗通过近臣的报告知道后，才安下心来，上床入睡。

宋朝派曹利用为使者到契丹阵地议和。这次交涉的焦点是议和条约中宋朝每年应该向契丹提供多少财物。无论如何想回避战争的真宗对曹利用说："只要能议和，一百万都行。"但是寇准叫住刚出门的曹利用吓唬道："超过三十万我就杀了你！"算寇准没白吓唬，曹利用还真交涉成三十万。曹利用回朝复命，真宗急切地让宦官问到底是多少。曹利用知道事情重大，要直接给皇上回答，就对宦官只举了三个手指。没想到这笨宦官进去就给真宗上奏道："举了三个手指，应该是三百万吧。"真宗大叫："太贵了！"在外边等候接见的曹利用只听到真宗喊叫，所以吓得浑身发抖，满头冷汗，进去就给真宗磕头："臣下无能，吃下大亏。"

"到底是多少？"

"三十万。"

曹利用跪在地上，浑身哆嗦。他当然没想到真宗听到他的回答喜出望外。不用说，曹利用得到了巨额奖赏。

于是，契丹撤兵，两军合计几十万人的武力冲突被和平解决。两国指挥者具有通过交涉解决武力冲突的智慧和撤兵回朝的勇气。如果用儒教或者佛教思想润色一下来表现的话就是，他们都具有不忍心因战争使一般民众受苦的仁爱、慈悲之心。从那时到现在正好一千年过去了，人类不但没有变得聪明，反而更显愚蠢。

13 契丹使朝聘图 《景德四图》之一，描绘的是辽（契丹）使节团访问开封宫廷的场面。为祝两国的友好与和平而作

这次议和意味着石重贵撕毁石敬瑭缔结的盟约以后，契丹与华北政权持续五十余年交战状态的终结。议和条约双方互称"大契丹国"和"大宋国"，建立了对等的外交关系。两国皇帝互称兄弟。宋朝每年向契丹赠送银二十万两，绢十万匹，这其实可以看作是一种无偿经济援助。用这么一点财物换来和平，其实是一笔很划算的生意。

被称作澶渊之盟的这个议和条约，直到徽宗为了收复燕云十六州时被撕毁为止，双方遵守了一百二十年。盟约缔结时按罗马的历法已经过了年，严格地说澶渊之盟应该是公元 1005 年的事件。但是，与西历的对照一般是"阴历某年相当于西历哪年"，只有以年为单位比较才有意义，所以本书还是把此事件定在公元 1004 年。

这次最大的功臣其实是寇准。如果真宗到南方避难，那么宋朝会比实际早一百二十年失去华北，而且即使开战宋朝胜利的可能也微乎其微。既回避了战争，还保全了国土，这需要极高的政治和外交手腕。每年的无偿经济援助，防止了契丹对宋朝的侵略。从这个意义上说，这个援助其实并不是"无偿"。

天书降临与封禅

但是，任何时代都是这样，这个时候也出现了拉后腿的家伙。这家伙就是王钦若。王钦若早忘了自己当初给皇帝进言放弃华北、避难南方的事，现在反过来咬定这次的议和是结了"城下之盟"。说这是被敌人攻到城下，被敌人逼迫签订的屈辱的协定。实际和议内容正如我们上边所说，根本不是他说的什么屈辱协定。但是从形式上看，也不能完全否定这种看法。本来兴高采烈的真宗被他这么一说，情绪大落，又反悔这次议和，进而罢免了寇准。真宗还是觉得郁闷，做什么都提不起兴致。为了恢复和宣扬业已坠地的（真宗自己觉得）皇帝权威，真宗策划实施了一系列国家级仪礼。其中最重要的就是天书降临和封禅。

景德五年（1008）正月，臣下报告说宫殿门楼屋顶挂有不知从哪儿飘来的黄帛。真宗马上招集王旦、王钦若等臣下，给他们说去年十一月发生在自己寝室的一件奇异事件。有天晚上突然进来一个神人对他说："在宫中做一个月道教的黄道场，就会有天书大中祥符降临。"他说现在出现的这个黄帛肯定就是天书。他让宦官爬上屋顶取下黄帛，只见上边开头写着"赵受命，兴于宋，付于恒"。"恒"是真宗本名。臣下是绝不允许直接写皇帝名字的，所以这毫无疑问应该是神人写的（按当时的避讳制度应该是这样。当然，为了制造神人天书的假象，事前得到真宗许可，臣下写上"恒"字是完全可能的）。

天书都降临了，当然马上就改元。年号干脆就是"大中祥符"。有一个韩国总统名叫"大中"，那是儒教经学中表示"皇极"的意思，自古就是象征王的一个词。蒋介石字"中正"，也是取自"大中至正"。

真宗为了奉安天书修建了庞大的宫殿群。既然有神暗示的天命降于皇帝，所以就出现了劝进皇帝封禅的运动。首先是泰山封禅祭场一带民众一千二百八十七人自发（当然是地方官僚支持的）上京上奏劝进。真宗说自己不够资格，所以回绝。第二次，规格提高，当地的进士率领八百四十六人上京请愿。真宗还是没有点头答应。那么下次就该更高级别了。第三次宰相王旦等率领文武百官、军队将士、州县官吏、附属国首领、和尚道士、社会名流和各地长老共二万四千三百七十人的大规模请愿团请求真宗封禅。真宗终于说"既然大家如此抬举朕"，遂答应十月封禅。为了封禅，真宗精心策划了一场可与禅让比拟的大戏。

封禅，按当时的儒家经学思想，是只有实现天下太平的皇帝才有资格实施的一个仪礼。上古的帝王们都实施过，后来的社会脱离儒家之道而中断，秦始皇那样一个没有资格的暴君，用被神仙思想毒害的形式封禅，曲解了这个神圣的仪礼。汉武帝的封禅也被儒家指三道四。后汉光武帝恢复了本来的形式，唐高宗、唐玄宗以及稍稍不合规范的武则天也继承了这个形式。

其实这些都不过是儒教的神学学说，实际上秦始皇按神仙思想搞的才是最古的形式，而上古的那些，都是他们捏造的。所以这是一个儒教非常重视的神圣仪式。本来前皇帝太宗在平定北汉后雍熙元年（984）也曾计划封禅，却发生了皇宫火灾，觉得是受到上天的谴责，所以没有能够实现。只要宋朝以汉朝、唐朝的王权为模范实施统治，那么这就成了一个人们期待什么时候一定应该实施的仪礼。天书降临，人们当然地认为这就是上天的暗示。

中国历史上最后的封禅　　南宋李焘编纂的北宋编年记《续资治通鉴长编》（下略称为《长编》）在这一年的记载中，用大量篇幅记载了封禅准备的情况。真宗数次指示不要花太多经费修缮沿途道路和所要通过的城门。其实这是例行伎俩，只不过是想要表明"皇帝慈爱，遍及天下民生"而已。

朝廷派学者官僚孙奭出使契丹，向契丹通告封禅一事。护卫真宗去泰山将有大量部队移动，怕被契丹误解为军事行动。孙奭出发时，真宗叮嘱曰："我们每次派使节去，人家都要盛情接待，太给人家添麻烦了。你这次就在国境把朕的手书传给人家就行了。"孙奭回来报告说契丹说"收取岁币以外的礼物违反盟约"，所以没有接受带去的大量礼物。真宗听后大赞道："异域常能固守信誓，良可嘉也。"《长编》描写的真宗，简直就是一个太平盛世的明君。

事前在开封的宫殿认真进行了演习后，十月四日，真宗一行浩浩荡荡向泰山出发。二十三日，开始登山。同行的近臣们一个个累得气喘吁吁，可是年已四十的真宗却视蜿蜒无尽的石阶于

14、15 泰山二景　　左图是通往山顶的陡峭的石阶；右图是封禅祀祠泰山的情景再现

不见，兴致勃勃如履平地。昨日的坏天气无影无踪，秋高气爽蓝天白云。第二天拂晓，在山顶举行了封禅仪礼。唐玄宗以来二百七十年，终于又举行了一次。这是一个宋朝终于与自己引以为范的大唐王朝并肩看齐的瞬间。同时，也是中国历史上最后一次封禅。

归途，真宗到曲阜，在孔庙隆重祭祀了文宣王（孔子的谥号）孔子。同时，给孔子的称号前追加了"玄圣"二字。虽然出典是《庄子》，但是后来的儒教文献都使用，说明绝不是根据道教思想命名的。

后世再也没人搞过封禅——徽宗时蔡京准备搞，但是徽宗完全没兴趣——其原因，是因为封禅被从儒教教义中抹杀了的缘故。一百年后的苏轼如下记述真宗封禅的起因：真宗因为"城下之盟"郁闷不欢，王钦若建议征讨契丹。但是真宗说，"想到民众将要受苦我不能发动战争"，拒绝开战。王钦若又生一计，建议封禅。真宗很为难说："没有天瑞怎能封禅？"王钦若马上反问道："难道陛下相信上古圣王时代的'河图'和'洛书'是真的吗？"他暗示真宗奇迹是人创造的。于是，他们就开始捏造天书。后边我们还要论及，苏轼的时代正是儒教开始变质的时期，封禅被当作迷信批判。真宗成了追求汉代以来的皇权形式的最后一个皇帝。从那以后，开封城外南郊的郊祭和利用宫殿举行的明堂祀两种上帝祭祀，皇帝亲自担任祭司每三年周期性举行一次。

虽然大中祥符元年声势浩大的封禅活动随着真宗返回开封告一段落，但真宗开始的国家祭祀庄严化行动并没有到此结束。首先，针对封禅祭祀上天，在山西汾阴又举行了对土地神的祭祀。他还把上天最高神的名称定为"玉皇"，作为皇家的祖先神崇拜。认定"玉皇"和儒教一直称作昊天上帝的上天神是同一的。直到现在，民间还把玉皇大帝当作天神信仰祭祀。

真宗还新设了祭祀出现在自己梦中给自己种种启示的神人的仪礼。他说神人就是宋朝皇家远祖名叫"赵玄朗"。按他所说的时间计算，此神人应该是生存在春秋时代晋国臣下始称赵氏以前的人，但是莫名其妙却姓赵。正像日本的《古事记》所记载的神代的事情一样，是不能用"汉意"[7]来衡量的。真宗营造了祭祀赵玄朗的宫殿玉清昭应宫，还把赵玄朗的画像挂在供奉皇家祖先遗像的景灵宫里。真宗还给赵玄朗追赠圣祖庙号。

玄朗的意思就是"黑亮黑亮"。这个看起来自相矛盾的名字，反映了当时的宗教风气。"玄"是汉代末期开始受到重视的一个哲学概念，含有这个字的词语很多，经常被使用。

但是，因为真宗的梦，以后这个字被禁止使用了。因为是皇家祖先的大名，所以应该避讳。日本也知道的四神之一玄武，被改称为真武。因此，本来是龟和蛇合体的一个神，经常被误解为"真的武人"，连神本身的特征都发生了改变。孔子的庙号玄圣，也被改称为至圣，这个用法今天在日本的汤岛圣堂等处还能看到。唐玄宗也去其尊号中的一个字，称作"明皇"。连真宗自己，如果能用玄字的话，说不定也能得到玄宗庙号。除此之外，几百年来惯用的许多"玄×"全都被禁止和废止。具有讽刺意味的是，最大限度继承和发展了玄学思想的真宗，却葬送了玄学思想。代替"玄"字，在思想界开始风光的字是"理"字。其实这个字，也是为了避讳唐高宗的名字"治"，七世纪以后才开始频繁使用的文字。

当时有一个官僚上奏说："我们大宋继承的是大唐，所以我们不应该是火德，而应该是金德。"真宗要遵守太祖决定的事项，所以没有采纳。但是官僚说"还有很多人持有同样意见"。可见这种见解在当时是很流行的。实际上太宗的时候也有同样的上奏记录。这也是一个说明当时人认为大宋是继承了大唐的王朝和时代，象征当时人自信的事例。这个自信，后来竟发展到凌驾大唐之上的高度。

宰相群像

与万事自理的太宗不同，真宗也许因为是第三代皇帝，所以比较重视听取大臣们的意见。如此一来，宰相们的权力就增大了。这里我们根据最新研究，介绍一些辅佐真宗治世的宰相群像。

太宗预料到太子元侃将来会成为跟自己不太一样的君主，所以他给安排了一个值得信赖的辅佐，这个辅佐就是李沆。李沆是太平兴国五年（980）的进士，做翰林学士的时候被太宗看中，曾经当过一段时间参知政事。后来太宗任命他专门辅佐皇太子，等将来再任参知政事。果然真宗即位后，即刻提拔他，等到吕端引退后马上就让他接班。李沆得到真宗的全面信赖，率领文武百官治理国家，被称为"圣相"。

替代李沆、从三司使升进为宰相的是寇准。寇准一手策划并指挥了澶渊之盟。但是，正如前边所述，真宗听信王钦若谗言，罢免寇准，接任宰相的是王旦。王旦没有什么值得特别记载的政绩，其实这正说明他主政的这个时期国家政治秩序安定。天书、封禅主要是王钦若他们在搞，王旦只是作为名义上的政府首脑，在他们上边监视管理长达十二年。其任期后半，向敏中担任副宰相。

天禧元年（1017）至天圣元年（1023）之间，宰相更换频繁。

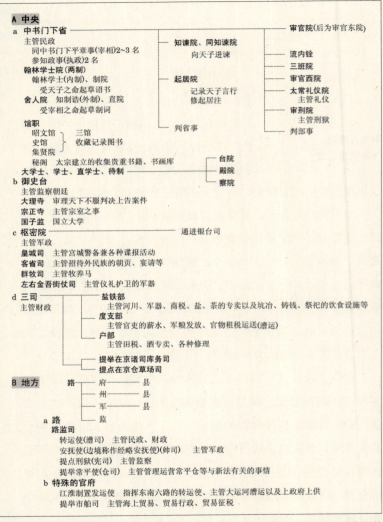

A 中央

a 中书门下省 ——————————————————— 审官院(后为审官东院)

　主管民政

　同中书门下平章事(宰相)2～3 名　　　　知谏院、同知谏院　　　流内铨

　参知政事(执政)2 名　　　　　　　　　　向天子进谏　　　　　三班院

　翰林学士院(两制)　　　　　　　　　　　　　　　　　　　　审官西院

　翰林学士(内制)、制院　　　　　　　起居院　　　　　　　**太常礼仪院**

　受天子之命起草诏书　　　　　　　记录天子言行　　　　　主管礼仪

　舍人院 知制诰(外制)、直院　　　　修起居注　　　　　　**审刑院**

　受宰相之命起草制词　　　　　　　　　　　　　　　　　　主管刑狱

　馆职　　　　　　　　　　　　判省事　　　　　　　　刑部事

　昭文馆 ⎱ 三馆

　史馆　 ⎰ 收藏记录图书

　集贤院

　秘阁 太宗建立的收集贵重书籍、书画库　　台院

　大学士、学士、直学士、待制　　　　　　殿院

b 御史台　　　　　　　　　　　　　　　　　察院

　主管监察朝廷

　大理寺 审理天下不服判决上告案件

　宗正寺 主管宗室之事

　国子监 国立大学

c 枢密院 ————————————————————— 通进银台司

　主管军政

　皇城司 主管宫城警备兼各种谍报活动

　客省司 主管招待外民族的朝贡、宴请等

　群牧司 主管牧养马

　左右金吾街仗司 主管仪礼护卫的军器

d 三司 ——————————盐铁部

　主管财政　　　　　　　　主管河川、军器、商税、盐、茶的专卖以及坑冶、铸钱、祭祀的饮食设施等

　　　　　　　　　　——度支部

　　　　　　　　　　　　主管官吏的薪水、军粮发放、官物租税运送(漕运)

　　　　　　　　　　——户部

　　　　　　　　　　　　主管田税、酒专卖、各种修理

　　　　　　　　——提举在京诸司库务司

　　　　　　　　——提点在京仓草场司

B 地方　　路 ——府 —— 县

　　　　　　　——州 —— 县

　　　　　　　——军 —— 县

　　　　　　　——监

　　a 路

　　　路监司

　　　转运使(漕司) 主管民政、财政

　　　安抚使(边境称作经略安抚使)(帅司) 主管军政

　　　提点刑狱(宪司) 主管监察

　　　提举常平使(仓司) 主管管理运营常平仓等与新法有关的事情

　　b 特殊的官府

　　　江淮制置发运使 指挥东南六路的转运使、主管大运河漕运以及上政府上供

　　　提举市舶司 主管海上贸易、贸易行政、贸易征税

16 **北宋前期的官制概要** 北宋前期继承唐末以来的习惯，官僚机构极为复杂。元丰年间的官制改革把中央官厅根据《唐六典》复归到六官制（根据讲谈社本丛书旧版《中国历史 5 五代·宋》所收表简化而成）

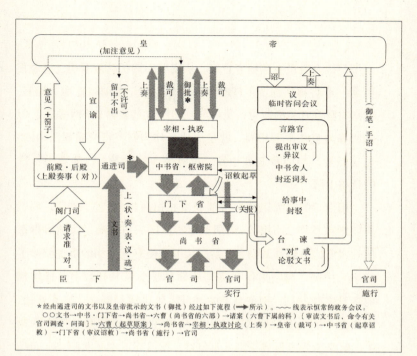

＊经由通进司的文书以及皇帝批示的文书（御批）经过如下流程（——➤所示）。~~线表示恒常的政务会议。
○○文书→中书·门下省→尚书省的六曹（尚书省的六部）→诸案（六曹下属的科）〔审读文书后，命令有关
官司调查、问询〕→六曹（起草原案）→尚书省→宰相·执政讨论（上奏）→皇帝（裁可）→中书省（起草诏
敕）→门下省（审议诏敕）→尚书省（施行）→官司

17 行政文书流程　平田茂树氏作。出自作者《政治史的内幕》（参见伊原弘、小岛毅《知识人百相》）。

王旦、向敏中、王钦若、寇准（再任）、李迪相继担任宰相并引退。天禧四年，丁谓和冯拯就任宰相。丁谓淳化三年（992）与王钦若同中进士，因成绩优秀历任重要地方的长官，真宗即位后调回中央，任三司户部判官。后转任四川路官，再任三司盐铁副使、山东路官。后被任命为权三司使事，相当于财务大臣临时代理。数年后，正式成为三司使。

　　关于三司，前边已经述及，为后唐时把户部、度支、盐铁三

个部门统合后设立的财务官府。从寇准的例子就能看出，这个官位是一个将被任命为下任宰相的重要职位。丁谓被任命为路官，也是与财务有关的职位，虽然与三司没有直接的上下级关系，但是职务内容基本上相同。就是说他是作为财务官僚显露头角的。在这点上，与前辈寇准相异。负责庞大的天书、封禅费用筹措的就是丁谓。

相当于国防大臣的枢密使兼宰相衔时被称作"使相"，而三司使则被称作"计相"。级别上枢密使比三司使高，议和后枢密使的实务比重转移到财务上后，从枢密使升任宰相的事例就多了起来。由此，与原来科举进士从翰林学士经参知政事升任宰相的晋升之路并列，财务官僚的晋升之路也得到确立。后来新法、旧法党争的王安石虽然走的也是从地方官提拔成翰林学士的路子，但是事实上他属于财务官僚系，所以与正论派欧阳修、司马光等走不到一起。在这个意义上，丁谓的存在很受注目。有些研究认为他和寇准以及王钦若的矛盾，就是后来党争的前奏。

**未完的政治运动
——庆历改革**

乾兴元年（1022）二月，真宗在位二十六年，享年五十五岁驾崩。根据遗诏，皇太子祯即位，即仁宗。仁宗年少，母后摄政。女性不能在男性官僚面前露相，所以隔着帘子参加政务会议，这就是垂帘听政的由来。当年丁谓就被罢免了宰相，第二年冯拯也因病引退，由此，辅佐真宗治世的宰相们几乎都从前台消失了。取而代之的是参知政事王曾。而填王曾参知政事空缺的，则是吕夷简。吕夷简后来升任为宰相，实质上操纵了整个朝廷。王曾与吕夷简展开权力斗争，一个时期两人都被解任。因为王曾与吕夷简对立，所以后世史家评价他为君子，其实他并没有什么建树。

仁宗时代前期，权倾朝廷的是吕夷简。他也是因科举中进士而开始从政，历任地方官，后被调任中央高官。他当地方官的时候，废除对农机具的课税，延长道观建设资材的缴纳期限等，旨在涵养民力，被真宗夸奖为"有为国爱民之心"。

仁宗时，真宗修建的玉清昭应宫因火灾被烧毁，皇太后曾试图重建，吕夷简借故天灾说服皇太后放弃了重建主张。仁宗亲政后，吕夷简继续主政。吕夷简去世的时候，仁宗痛哭："安得忧国忘身如夷简者。"吕夷简的儿子们也都出息成政府高官，特别是吕公著，成为与司马光齐名的旧法党代表人物。一直到南宋，这一族还在朝廷占有重要地位，出了朱熹（朱子）盟友吕祖谦等许多高官。

但是，在吕夷简主政时期，政治停滞，腐败严重。至少在少壮官僚看来是这样的。其时，西北边境地区党项族势力渐强，自称"夏"，与宋交战。通过在前线指挥的文人官僚韩琦、范仲淹的努力，议和成功，他们也都被调回中央政府，遂在中央政界掀起一股新政之风。此时因为是庆历三年（1043），所以这次改革被称为庆历改革或者庆历之治。

从范仲淹的奏书可以看出，这次改革首先从官界开刀，严正纲纪，改头换面，吸引人心。他们希望打破吕夷简执政期间的因循守旧风气，不拘前例，清新大胆改革政治。庆历改革，是迎来创业八十周年的宋朝，摆脱大唐帝国以来的束缚，走向自由的第一步。

从改革旗手们的年龄来看，改革领头人范仲淹那样的重要人物姑且不说，其他的，比如学术方面的指导者石介是景德二年（1005）生、青壮年官僚精英欧阳修是景德四年（1007）生、蔡襄是大中祥符五年（1012）生。就是说，他们都是澶渊之盟以后出生的，都没有直接感受过契丹的威胁，他们属于"不知道战争的年轻人"。他们的理想主义政策，与他们的经历有极大的关系。他们缺乏实现自己宏伟计划的战略战术。

其结果，使庆历改革最终成为一个以改革计划而告终的未完的政治运动。有观点认为，是当事者意识到他们的计划的危险性，所以自己停止了实施。可是，为什么后世却经常把这个当事者以自发停止而告终的运动当作开辟了理想的政治文化而回顾宣扬呢？那是因为，这个运动，孕育了以后各种改革的所有萌芽。从此以后，宋代的士大夫们超越政治上、学术上的立场差异，一直以庆历为模范。不仅宋代，甚至可以说从明代到清代的近世士大夫的灵魂寄托，就在这个庆历改革中。有关情况，留待别的章节介绍，我们这里还是先引用一下庆历士大夫领头人范仲淹的那篇脍炙人口的名文。六百年后，德川光国（1628—1700）接受亡命日本的朱舜水（1600—1682）的建议，把自己的庭院取名"后乐园"，其出典就是这篇《岳阳楼记》。

> 居庙堂之高则忧其民，处江湖之远则忧其君。
>
> 是进亦忧，退亦忧也。
>
> 然则何时而乐耶？
>
> 其必曰：先天下之忧而忧，后天下之乐而乐欤。

弊端百出与濮议

国家的财政危机　　宋朝梁柱逐渐被腐蚀。欧阳修写有《原弊》一文，警告只知贪图安逸的官僚们。当时的有识之士感到的弊害之一是国家的财政危机。其原因大约有三。

其一是军队。宋朝采用常备军体制，国境沿线和首都开封驻屯有超过一百万的军队。这些军人平时什么事儿都没有，完全是吃白饭的。不过又不能没有军队。况且，把他们解雇了，又没有能安排的工作，这么多闲杂人员进入社会，将给社会带来动荡不安。正像后来的谚语所说"好铁不打钉，好男不当兵"，宋朝兵卒的素质实在够呛。《水浒传》的头目中落魄军人很多，可说反映了时代的真实现象。不论将校还是士兵，没有一个能当正经八百的良民。仁宗时代，因拖欠军饷和待遇恶化暴动的地方驻军，比因饥馑和恶政暴动的农民起义军还多。在当年忠实于毛泽东思想，无论如何都要找出农民"起义"的那个时期，把这些也说成是当时阶级矛盾的表现，现在看来相当勉强。

其二是官僚组织。为了抑制节度使的跋扈而确立的文官优势的政治体制，通过太宗扩大科举得以完成。但是，并没有静态地"完成"而止，而是发展到过剩。官僚的位子是有限的，科举中举的官僚候补生年年产生，所以就出现了大量虽然中举却没有官僚位子坐的人员。为了解决这个矛盾，宋朝扩大和复杂化了权力机构，结果只能是增加国库没有必要的负担。官僚机构只要建立，就会自我繁殖，增势难挡。为了建立中央集权，在没有任何长远规划的情况下设立的宋朝官僚机构，在产生了许多优秀的士大夫的同时，也陷入了一种极端危险的状态。

其三是节税。资产所有者和土地所有者等钻法律的空子，名义上放弃自己所有的资产或土地，以逃避赋税和徭役。典型例子就是把资产或土地在名义上捐给享受税金减免待遇的寺院、道观，以及赠送给官僚特权阶级。当然，名义上接收赠送的一方肯定要拿回扣了。这个行为其实就是把本来应该上交国库的税金私下瓜分了。该缴的不缴，所以没有后门的普通百姓的税赋就加重了。这是一种典型的不论什么时代什么国度都存在的那种"老实人吃亏"的构图。

庆历改革，开始是着手整顿官僚的纲纪，可是不久就中止，后来二十余年，到仁宗时代后期，又进入了因循守旧的时期。本来仁宗就是一个无能的人，连真宗那样积极强化皇权的兴趣也没有。不知道与他没有后继者有无关系。已经到了生理上生孩子不太容易的年龄时，他还不选定接班人。这种时候有关皇位继承的问题，本来臣下们是忌惮不说的，但是欧阳修等几个高官实在是忍不住了，建议从皇族中选一个男子作养子。仁宗也许觉得自己还行，或者是后宫的女人们为了生个能继承皇位的太子而阻碍此事，反正这件事一直没有着落。等到自己病倒后，仁宗才终于同意选一个皇族的男子进宫作为养子养育。但是有一个条件，那就是如果自己以后有孩子了，这个养子应该出宫回自己的家。后来选上的，是仁宗堂兄濮安懿王赵允让的儿子赵宗实，后改名为赵曙。

濮议——远超构造改革的大论争

嘉祐八年（1063）三月，治世长达四十年的仁宗驾崩。刚被立为太子的赵曙即位，即为英宗。也就是说，他其实是作为仁宗的皇太子继承皇位的。这时的宰相是韩琦，参知政事是欧阳修，所以本来改革的体制已经形成，只要年轻皇帝发号施令，针对淤积百年的各种制度疲弊的构造改革[8]就会开始。翌年正月，改元"治平"，取自《礼记·大学》。但是，比改革更重要的问题，此时却占领了士大夫和官僚们的思维空间。这个问题就是新皇帝应该如何称呼自己已经死去的亲生父亲。世称"濮议"开始了。

争议只有一个，那就是英宗的生父濮王应该作为"养父仁宗的堂兄"来对待，还是作为"英宗皇帝的生父"来对待。当初翰林学士王珪等上奏，根据前者，建议称作"皇伯"。但是韩琦、欧阳修等中书门下的长官却认为这个称呼没有前例，根据后者，建议称作"皇考"（实际上后晋的石重贵曾经把自己的生父称作皇伯，但是欧阳修主张"五代的事不能成为先例"，他本来就不承认五代）。对此，司马光、吕诲等谏官认为这会搅乱"继承仁宗先帝的正统性"，批判政府的方案。此后很长一段时间，朝廷几乎所有高官都被卷进这场论争中。

用现在的价值观看，这简直就是一个不值一提的毫无意义的争执，是一个根本不值得抛开上述各种紧要问题不管而来议论的事情。因此，这件事要么是在历史记录上被轻描淡写，要么就是作为世代之间的抗争，或者政府与谏官之间的制度上的、构造上的对立关系，甚至是作为统治阶级内部的矛盾来解读。议论的重点不是放在这个争论本身，而是放在说明造成这个争论的原因上。

但是，在近代价值观确立以前，濮议本身，一直被反刍和议论。这是因为，濮议中的意见对立，包含了中国政治秩序，也就是礼教秩序的根本问题。仅用我们今天的视线和视点判断属于异文化人们的言行是非是很危险的。无视与自己思维方式不同的人的存在的"普遍主义"，给世界带来的无限对抗与混乱，我们从我们现在生活的这个时代发生的各种战争等就能看出。宋朝，就是这样一个在各种领域令今天的我们深思的时代。

濮议使士大夫们的精力消耗殆尽，欧阳修也失去了实行政治改革的精力和热情。范仲淹、欧阳修等梦寐以求的宋朝新政，只能留待下一世代的士大夫们来实现了。但是他们绝没想到，未来的改革，将带来更为广泛更加激烈的党派对立。

第三章

动乱的世纪

王安石上台

辅佐神宗皇帝的精英官僚　治平四年（1067）正月，英宗驾崩。具有讽刺意味的是，好不容易从《礼记》的"治国平天下"中取了一个"治平"的年号，可是英宗在位四年就死了。英宗长子赵顼嗣位，年方二十的年轻皇帝神宗由此诞生。此时政治改革的必要性比四年前英宗即位时更加迫切。但是，朝廷上下还在为"濮议"争论不休，两派互相牵制，互不相让。而钻了这个空子的，则是王安石。

仁宗驾崩同年王安石母亲病逝，因此英宗治世的那几年他正好在江宁（今南京）服丧，所以与中央官僚们的濮议没有任何关系。他虽然是江西抚州出身，可实际上的故乡却是江宁。

18 王安石

神宗在皇太子时代，与韩绛、韩维、吕公著等贵族出身的年轻官僚关系很好。王安石的名字可能就是通过他们知道的。欧阳修和司马光也很早就注意到王安石。王安石成为朝廷的期望所在，很快被任命为翰林学士。

王安石的父亲也是一个科举出身的官僚，一生为地方官。王安石庆历二年（1042）年方二十二岁，就以八百三十九名及第者中第四名的优秀成绩中举。同中进士的还有后来在新法政权时支持王安石、后升任宰相的王珪和韩绛。

如此优秀成绩中举，一般都是当一期地方官后调回中央，历任显职。但是王安石在淮南任期终了后，却没有要求回朝，而是自愿到明州（今宁波）鄞县任知县。后来也曾做过中央的官僚，但是王安石在服母亲的丧后，就留在老家当了江宁知府。王安石自愿选择在地方任官，一般认为是因为他家比较贫穷，要养活一大家人，自己专找一些收入比较高的职位。但是另一方面，也正因为他辗转地方，所以才看到地方的实际情况，在地方积累了改革的经验，后来才能在中央实行大规模的改革。

神宗治世期间，最初改元选定的年号是"熙宁"二字。"熙"是明亮的意思，"宁"是安宁的意思。这个年号包含了神宗超越父皇、改革国政的决心。熙宁二年（1069），王安石升任参知政事，兼任特别设立的制置三司条例司长官，开始实行改革。制置三司条例司从已经惯例化的官僚体系中破格选拔了一批年轻有为

19 王安石真迹《致通判比部尺牍》（台北故宫博物院藏） 给作通判比部的友人的问安信

的官僚们组成。其中除了王安石的心腹吕惠卿以外，还有程颢、苏辙等后来转为批判派的人才。从这里也能看出刚开始时，改革是广大有识之士的共同志向。他们一起讨论，日夜研究各种政策。这就是所谓的新法政策。翌年熙宁三年（1070），王安石升任宰相，从此与神宗一起，统率朝廷，实行新法。个别新法及其意义留待后边详细说明，我们这里先看朝廷政治形势的变化。

誓把王安石拉下马

随着新法细节的确定，朝廷内部开始产生分裂。程颢和苏辙甩手不干了，退出了制置三司条例司。濮议时的死对头欧阳修和司马光这时也步调一致，要求皇帝罢免王安石。连当初给神宗推荐王安石的吕公著也对新法持批判态度。这些人笼统被称作旧法党，但是这个称呼仅仅是后世为了方便把反对新法党的所有人一股脑总称的。这些人其实并没有明确的统一政策，也没有结成什么党派。

他们的共同目标只有一个，那就是"把王安石拉下马"。这里有种种政治力学在起作用。王安石找出各种借口和理由，把他们一个个都排挤出政治中枢。有些大人物不好太露骨排挤，就给一个名誉职务让其养老或者任命成地方大城市长官。监管道教设施的道观监督，就是这个时候王安石为此目的新设的。于是这般，朝廷的重要职位，都被王安石一党垄断。

在政治上失败的抵抗势力，开始转向言论战。如果放在现在的话应该就是争取舆论支持，但是当时争取天意的支持才是最有效的手段。

中国自古就有天人感应的思想。一旦朝廷实行弊政，上天就会用天体的异常现象或者异常气象表示警告。熙宁六年（1073）久旱不雨，批判派说这是上天的警告，要求立刻停止新法。甚至有官僚发誓说："如果把王安石罢免后十天之内不下雨，我就是被处刑也在所不惜！"针对这些批判，王安石对神宗上奏说："只要我们推行善政，就没有什么对不住上天的。天变不足畏。"这种似乎对天不敬的说法，也是后世诟病王安石的一个原因。

其时，恰好"导言"中提到的那个成寻在开封。我们在"导言"中已介绍过，他的日记记载的事情虽然在宋朝的史料中找不到旁证，但是通过神宗亲自来看他祈雨的记载，可以看出神宗当时的焦虑心情和对他祈雨的期待。当时如果再不下雨，就算是改革推进派的神宗，也将直面不得不罢免王安石的难题。不过，王安石不愧是"天变不足畏"的发言者，在他本人没有出现的地方，更显示了他的存在感。王安石对上天持有敬畏之心，但是并不相信一个从外国来的祈祷师祈雨。

也许成寻祈祷有效，果然天降大雨，王安石暂时还继续稳坐宰相交椅。但是翌年，他终于受不了反对派的批判，请辞宰相。熙宁八年（1075）虽然再拜宰相，可是第二年又请辞归乡。从此，王安石回到故乡江宁养老，从政治舞台上消失。作为一个政治家，他再也没有踏上开封的土地。

王安石虽然引退，但是他开始的新法却被继续执行。吕惠卿、蔡确、章惇等王安石提拔的人才，在神宗的指导下实行集体领导。王安石这个伟大的改革设计师虽然走了，但是他设计的新法都得到施行。这些实务官僚的任务就是如何完善这些新法。

继续了十年的熙宁年号，这一年改为"元丰"。新年号体现了神宗新法已经走入正轨，国家再建在望的自信。抵抗新法的旧法党，因为失去了王安石这个攻击目标，或者是因为无奈，甚或是因为内心对新法的效果不得不承认，总之熙宁年间那样激烈的批判几乎销声匿迹。表面看来，宋朝社会似乎将按王安石设计的路线顺利向前迈进。

但是，悲剧重演。全面信赖和支持新法的神宗，在位仅十八年突然驾崩。时为元丰八年（1085），神宗年方三十八岁。历史没有"如果"，但是我们还是忍不住要这么想。如果神宗能寿终正寝的话，那么后来的中国文明将肯定大变，历史将被重写。

北宋末期长达四十年的党争，因神宗的早死拉开帷幕。主持国葬的是元丰年间推行新法的宰相王珪，就是"濮议"时作为翰林学士上奏称"皇伯"的那个人物。他因为在任途中突然死去，所以没有被卷入党争中。因此旧法党史家对他的评价也还不错。

但是，这个人物是下边将要登场的一个宰相的外祖父，所以请一定记住。他的后任，是蔡确。

王安石改革催生《资治通鉴》

继承皇位的哲宗赵煦年幼无知，因此与仁宗即位当初一样，他的祖母高氏（即神宗母）以皇太后的身份垂帘听政（宣仁太后）。不幸的是，皇太后非常讨厌王安石，对新法也持批判态度。她立刻把引退洛阳的旧法党精神领袖司马光召还回朝。司马光在此一年前，刚完成呕心沥血的鸿篇巨制《资治通鉴》。

司马光年轻时就策划编纂历史典籍。但是那需要花费大量的时间与精力，不是一个高级官僚业余所能完成的。退隐洛阳，使他有了充分的时间。在此意义上，可以说是王安石的改革催生了《资治通鉴》。

这种"风大好卖桶"[9]，把没有直接因果关系的两个事项相关联的论法，古来称之为"春秋笔法"。这个笔法就是，在寻找后来发生的某个现象的来龙去脉的过程中，发现该现象发生以前的某个现象为其原因之一，而且从道义上看，前边发生的现象才是后来发生的现象的主要原因，所以把与实际行为主体不同的人物就像后来发生的现象的主体一样来描写。因为（被认为是）孔子修订的鲁国编年体《春秋》，就是用了这么一种写法（后世注释家如此解释）。所以说，如果没有政敌王安石，那么这部不朽名著很可能就不会完成。

司马光计划把《春秋》以后的历史用编年体方式编纂，经过几十年辛苦劳作，终于完成。将其命名为《资治通鉴》，意即"作为当今政治借鉴的通史（鉴于往事，有资于治道）"的，是神宗皇帝。此书虽然有司马光和先人的一部分评语插入其中，但是基本上全是罗列事项。但是，如何选择取舍，如何排列，以及用什么文字表现，却都体现了司马光的历史观。那就是排除一切捏造，只收入编者认为属于历史事实的事项，并且在进行历史实证时，总结出大量供当时的统治者借鉴的经验教训。所以此书作为史书之鉴能在东亚地区被广泛阅读，实有首肯之由。如何记录、记忆过去的历史，这个问题与当今历史学研究最前沿的课题之间有一脉相承之处。

20 司马光

21《资治通鉴》（部分 选自《增广司马温公全集》内阁文库藏）

说起中国的历史书，与司马光同姓的司马迁的《史记》最为有名。司马光一族自称是司马迁的后裔，所以司马光很尊敬司马迁。但是，有关历史的记述方法，他们却完全不一样。《史记》开创了以帝王年代记和个人传记为主体的纪传体，而《资治通鉴》则继承了《春秋左氏传》的编年体，只有帝王年代记。

《史记》的个人传记采用了很多司马迁收集的民间传说等入史，加强了记述的故事性。因此，同一个事件，在不同的人物传记中互相矛盾的记述并不少见。某个历史事实，为了反映传承该事件的众多人的视点和记忆的多样性，特意全部记载，这是《史记》的一个特征。比如可看作整个《史记》最高潮的项羽和刘邦争夺天下的大战，对项羽感情移入写成的《项羽本纪》与站在刘邦的立场上写的《高祖本纪》，读起来感觉完全不一样。《项羽本纪》自古就被当作范文传诵。但是，夸张项羽英雄性的这种悲愤慷慨的笔法，并不是《史记》的代表性笔法。《高祖本纪》的主题，则是赞叹刘邦的坚实性和现实感觉以及对伟大王朝缔造者的敬意。这里并不判断笔法孰是孰非。与单纯地对善恶进行价值判断的笔法相异，《史记》具有一种把历史作为人生剧场看待的视角。

相对的，单一年代记的《资治通鉴》则是一个事件只用一条单线记述。他一贯的笔法是慎重比较各种历史史料，去除过剩的装饰修辞，只记录事件本质。这有他的追求，即所谓大义名分论。在历史的长河中，一个人在自己所在的不同时期不同地点应该如何行动，特别是仕官之人为国家尽忠，到底为何？与欧阳修《五代史记》共通的这个问题意识，是司马光执笔的动机。

在此意义上，《资治通鉴》虽然作为读物，其魅力远逊色于《史记》，但是对于能从字里行间看出事情本质的读者来说，却是一部非常耐读的历史书。《资治通鉴》并不是单纯地罗列事实，其中反映了司马光敏锐的历史观和读史眼光。如果说《史记》是适合青少年阅读的通俗读物，那么《资治通鉴》则可以说是适合成人阅读的高深读物。

我们把话头再返回到神宗驾崩的元丰八年（1085）。

受皇太后之命回到开封的司马光，此时已是六十七岁高龄，他可能早已决定在洛阳安度余生了。他肯定没有想到比自己小一辈的年轻皇帝会突然死去，自己还会有重新掌权的时候。当时洛阳集中了许多旧法党的遗老，与开封中央政府保持一定距离，具有一种文化沙龙的氛围。对于宣仁太后的突然指名，司马光犹豫不定。这时沙龙成员之一程珦的儿子、曾经任职于制置三司条例司的程颢鼓励他说："除了您老，朝野上下没有一个人能废除现在的恶政。"程颢在送走司马光后不久辞世，享年五十四岁。

站在旧法党立场上写的历史书均记载救世主司马光入开封城的时候，数万民众夹道欢迎。司马光以年龄和健康为由，数度固辞要职，但是翌年，即"元祐"改元之年（1086），司马光终于就任宰相。如果从王安石上台以前的英宗时代司马光就已经是翰林学士这点来看，司马光的升进晚了二十年。由此，诞生了宣仁太后和司马光撤废新法的政权。世称"元祐更化"。但是，此时朝廷内外的大臣以及政府实务官僚几乎全都是新法党人，所以要撤废新法，谈何容易？

新法种种

新法的内容与改革派的论法

在此，我们把还没有来得及介绍的种种新法简单介绍一下。

提起王安石新法首先想到的就是均输法、青苗法、市易法、保甲法、募役法、保马法等经济政策。这是因为翻开现在的高中历史课本，里边就罗列着这些名词。很多人为了应付高考都死记硬背过这些名词吧。那么，这些名称的内涵和意义到底是什么呢？

均输法是政府为国家事业或消费采购物资时的节约政策。当时大量物资从江南运往都城开封，所以在大运河沿岸的扬州设有负责物资运送的国家派出机关发运司，开封提前通知扬州什么物资需要多少。发运司按行情从特定的地方低价收购，运往开封。不需要运往开封的物资转运到别处销售。通过这种手法，提高物资采购事业的效率，同时保证物价的安定。均输法的意思就是所有物资以均等价格运往各地。其实就是政府自己做长距离商人的生意。

青苗法是救济青黄不接时期农民的政策。播种时期可向政府低息借贷现金（或者实物"青苗"），收获后返还。贷款的资本是为防止灾年饥荒而储备的常平仓的储备物资。常平的意思就是"任何时候都一样"，遇到灾年也不要紧的意思。但是连续数年持续丰产的话，仓库储备的谷物没有用处，只能任其腐烂，这样会出现浪费。新法是在越冬后确知储备没有用处的时候，把储备谷物出借给需要的农民，或者在市场销售后转化成现金，然后贷款给农民。这本来也是民间商人为营利一直做的事，现在国家挤占进来。而且动用的资本规模大，所以利息低。

市易法可以看作青苗法的都市版，是给商人低息贷款的政策。市易的意思就是"市场交易"。在开封设置市易务，统管全国各都市的派出机关。这其实也是国家硬挤进当时豪商们已经在经营的金融行业。

以上三法在经济上与富裕阶层本来为维持和增加自己的财富所做的营利行为和利害完全对立。因此，很多人大加反对，说这是"与民争利"行为，是国家不应该做的（不体面的）营生。对于这种论调，近代历史学解释认为，这是反对派及其背后的大地主、大商人们，为了遮掩他们死守自己既有权益的目的而找的（不体面的）批判借口。

显然，后者是不可否认的。但是从传统的国家观来看，前者的逻辑却也是当然的。不能简单把反对王安石的势力统统看作贪图私利私欲之流。他们举出的反论例子是汉武帝时的均输平准法和汉昭帝时的盐铁论争。通过学习儒教和历史，深深烙印在宋朝的士大夫官僚们记忆中的是利用苛捐杂税重建国家是不可能的。相反的，改革派负有理论性、历史性地证明他们推行的种种新法新政策有效性的责任。

为此，王安石拉出《周礼》来壮胆。《周礼》是创建周王朝的周武王的弟弟、建国功臣周公所著的有关国家体制的书籍。用现在的话说就是宪法和行政法合集。周公是孔子心目中最理想的人物，儒教甚至神圣地被称作"周孔之教"。王安石说自己的一连串改革，都与周公的政策一致。比如青苗法，就是继承了《周礼》中的"泉府"。

这个论法在汉朝盐铁论争的时候还没有出现。因为在那个时候，《周礼》还没有被当作皇权的规范，甚至那个时候这本书是否存在都说不清。据说一个地方王向当时的宫中图书馆进献了此书，而最为确切的史实是，王莽根据此书进行了改革。但是，因为王莽被后世看作是一个篡夺汉朝皇权的反面人物，所以《周礼》在作为周公的著作被神化的同时，也被当作一本危险的书籍而受到警戒。王安石这时偏举出《周礼》来使自己的改革正当化。他亲自注释《周礼》，并把《周礼》作为科举考试的必考科目。

对此，后世的儒家们这样批判："王安石歪曲《周礼》，强词夺理为自己辩护，他根本没有继承周公理念的意思。"

要把王安石与王莽并列为应该否定的人物，就必须把王安石与《周礼》分离。上述批判论调就是为了分离的一个理论。而近现代肯定王安石为合理主义者的人们，又分析说王安石有关《周礼》的言行，只不过是为了对付反对派批判的一个隐身草而已。

两者的评价其实就像硬币的正反两面。但是，王安石自身，恐怕坚信自己的政策是继承了周公的理念的。周公的理念到底是什么，王安石与反对派意见对立。这是当时围绕经学这个最受重视的言论空间主导权的斗争。关于这个斗争，我们在后边的章节还要提到。

还是继续说新法吧。

保甲法就是让普通民众负责保卫国家和维持治安的政策。维持庞大的正规军，是消耗国库的最大原因。而且，不论纪律、士气，还是战斗力，宋朝当时的正规军没有一条能提到桌面上来。宋朝当时的所谓军队，其实更重要的职责是收容和抚养无业游民和懒惰无能之辈的失业对策与社会救济事业。不是想让他们维护社会治安，而是把他们收入军队这个行为本身，就能维护社会治安。

因此，保甲法的目的不是回归到征兵制，而是为了补充没有战斗力的正规军的战斗力，设立民兵组织。保甲法规定十家组成一甲，甲再组成保，如此重重组织，组织成严密的指挥命令系统。当初在与辽和西夏接壤的国境线以及首都附近施行，农闲期组织军事训练，后来为了维持社会治安，推广到全国。

如果说保甲法是一个令百姓用身体维护国家秩序的政策，那么，募役法则是令国民用金钱为维护社会秩序作贡献的政策。从来的政策是，各种各样的政府劳役都按人头税方式征收，称作差役法（"差"为分派之意）。征收方式称作户等制，即按保有耕地的多寡把财产分成五等，按等级课税。但是，因为官僚们不

22 汉人与马 李公麟《五马图》第四图。"元祐三年"云云为黄庭坚所书

论保有多少财产都会免除课税，或者走后门窜改登记簿，偷逃课税，所以有权力的人或者跟寺院有关系的人都能从差役名单上把名字删掉。当然这些人应该负担的部分都转嫁给普通老百姓。

募役法（或称雇役法）的主旨是，改正这些不公平的地方，按保有财产多寡的比例课税，然后用征得的税款雇用干活的劳役。因此，当然原来以种种手段被免除课役的阶层意见很大。

保马法是让民间饲养军马，必要的时候政府借用或者征购的政策。类似今天活用民力的政策。

其他的，还有国家通过财政上援助、税制上优遇等政策，奖励开发新田的农田水利法。

改革科举与完善学校制度　以上简单介绍了有关经济政策的新法，但是这只不过是全体新法的很小一部分而已。因为招来旧法党批判的主要是这一部分，所以这一部分总是备受后世关注。再者，也因为这些政策关乎社会经济史上的重要问题，所以受到近代史学高度评价。但是，实际上除此之外的诸多政策中，还有几个重要政策对后来的中国政治与文化产生了决定性影响。

其一是科举改革。王安石废止了业已失去实际意义的诸科，改为礼、法、医等专门科。另外，废止了科举中此前最有名的进士科必须的命题作诗，把得分重点放到用自己的语言论述经书的意义上，出题范围扩展到议论历史上的事件、人物以及对现实政治的献策等。

"经义"除《论语》和《孟子》为必修以外，还在五经中任选一经必修。五经本来包括《春秋》，但是新法用《周礼》取代了《春秋》。本来的理由似乎是因为要正确理解《春秋》的内容比较困难，但是说王安石坏话的人造谣说王安石说《春秋》是"断烂朝报（仅把官报的短片连接起来，没有什么整体意义）"，轻蔑《春秋》。重视《周礼》与前边提及的问题相关，是王安石及其继承者们的特征。

这里值得关注的是《孟子》。实际上把《孟子》与《论语》正式并列为儒教重要经典的就是王安石政权。我们把儒家思想当作"孔孟之道"教，其实就是从这时开始的。在政治上与王安石水火不容的程颢、程颐兄弟也很重视《孟子》。朱熹继承这个潮流，集大成为朱子学，从此确立了《孟子》经书的地位。一般容易被人忽略，其实彰显孟子的最大的有功之人是王安石。

与此同等重要的是，王安石完善了学校制度。科举是选拔人才的手段，同时培养人才也是国家大事。王安石大规模扩大和整顿了国立大学，并由中央政府发给经费，完善了地方的学校。到宋徽宗时，制度更加充实。中央和地方均设上舍、内舍、外舍三我们一般称之为科举的制度，正式称呼应该是"选举"。《唐书》（欧阳修的《新唐书》）以后的正史中都有"选举志"一章，记录着科举制度的沿革。本来在汉代，民间人才的选拔是地方官的工作，称为"乡举里选"。隋唐以后，皇帝亲自"选拔推举"自己的部下，就变成了"选举"。"选举"分几种"科"，所以也被称作"科举"。

宋朝科举与唐朝科举最大的不同，正如本章所述，是增设了皇帝亲自做考官的殿试，人事权完全集中到皇帝手里。因此，形成了图示的地方（解试）与中央（省试、殿试）的三段考试制度。

殿试的合格者按成绩排序，授予不同称号（为避免繁杂，本书通称进士）。这个称号影响一生，比如"同进士出身"即使经过铨试（官僚资格复试），要做高官也是不容易的。如果不是科举中举的，仅仅是因为官僚家庭出身的军人或胥吏，那就更不容易了。

官僚们原则上三年进行一次职务考评，按成绩升官。包括从选人开始的所谓京官、朝官等阶段，能奔到其顶点当上三公（宰相引退后的名誉职务）的，整个宋代也没有几个。

· 右页——科举制度（根据平田茂树《科举与官僚制》作成）

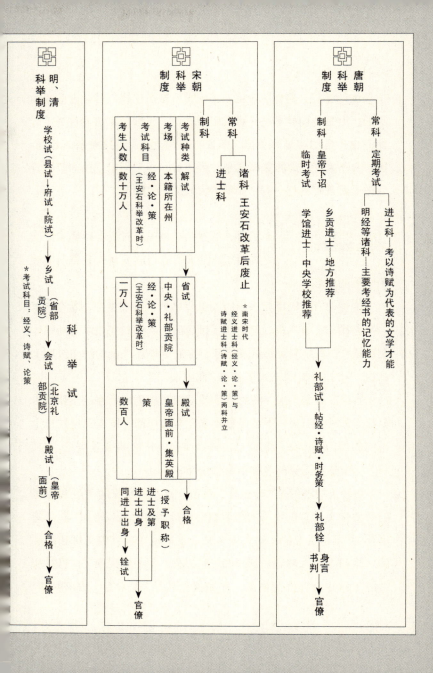

科举制度 唐朝

常科 — 定期考试

进士科 — 考以诗赋为代表的文学才能

明经等诸科 — 主要考经书的记忆能力

乡贡进士 — 地方推荐

学馆进士 — 中央学校推荐

→ 礼部试 — 帖经·诗赋·时务策 → 礼部铨 — 身言书判 → 官僚

制科 — 皇帝下诏 临时考试

科举制度 宋朝

常科

制科

常科：进士科 诸科 — 王安石改革后废止

考试种类	解试	省试	殿试
考场	本籍所在州	中央·礼部贡院	皇帝面前·集英殿
考试科目	经·论·策（王安石科举改革时）	经·论·策（王安石科举改革时）	策
考生人数	数十万人	一万人	数百人

→（授予职称）合格 → 进士及第 进士出身 同进士出身 → 铨试 → 官僚

*南宋时代 经义进士科（经义·论·策）与 诗赋进士科（诗赋·论·策）两科并立

明、清 科举制度

学校试（县试→府试→院试）→ 乡试（省院）贡院 →（省部）会试（北京礼部贡院）→ 殿试（皇帝面前）→ 合格 → 官僚

科举试

*考试科目：经义、诗赋、论策

个等级的教程，称作三舍法。王安石改革虽然是以健全财政为重点的，但是他们并不是只追求眼前利益，为给国家培养优秀人才他们也不惜增加国库负担。王安石们的改革，有这种长远目光。国家百年大计，指的应该就是这种方针。及至南宋，民间资金设立的书院教育盛行一时，加剧了儒教文化的浸透。

元丰的官制改革　　另外，虽然已经是王安石引退后元丰年间的事了，但宋朝进行的大规模官僚制度改革也不能遗忘。

宋朝的官僚制度是中国历朝最复杂的。其理由是，既存续了盛唐时期的三省六部，又继承了盛唐后国家体制变化以及藩镇体制的遗产，其结果是造成相当于日本的令外官[10]机构的超级肥大状况。比如宰相的正式名称是"同中书门下平章事"，但是当时门下省已经有名无实，然而执掌政府最高权力的官僚还沿用这个名称。另外，三司只不过是把本来已有的户部、度支、盐铁三个不同的部门集中到一起而已，并没有任何崇高的设置理念。"三司"这个枯燥无味的名称本身就说明了一切。

更令人费解的是"寄禄官"体制。这是从官僚的升进和俸禄的必要性上设置的没有实质职权的名目上的官名。比如"礼部尚书"，并不是负责仪礼的大臣，只是表示他在官界的身份和级别的一个符号。六部除户部划归三司以外，都有名无实了。当然相关的工作并没有就此消灭。比如仪礼就是"太常寺"官府负责。

顺便说一下，"寺"在汉代本来是表示官府的某一个部门，后来才被传来的佛教称呼自己的宗教设施。

元丰政府把这些繁杂重叠的机构大刀阔斧地进行了整理，成功地削减了冗员，节约了冗费。他们并不像现在的某些标榜改革的、仅把几个本来职责相异的部门硬扯到一起，调整相关成员的既得利益，然后给起一个又臭又长的名字那种无能之辈。他们在这里照例活用《周礼》为典范。本来唐朝的官制就是模仿《周礼》的官制，唐玄宗时期整理编纂成著名的行政法典《六典》。元丰的官制改革，也号称回归《六典》，但是他们根据国家性质已经转换为财政国家的现状，追加了相关的内容。从此以后，直到二十世纪初叶仿效西洋改编政府机构为止，元、明、清各朝基本上都继承了这个官制。在此意义上，这次官制改革，是一次放眼千年的行政改革。

比如说"工部"这个实质上只有一个字的名称，一目了然地表现了这个部门所负责的统管国营事业、培育新兴产业的职责。因为简洁，所以没有必要取每个词的第一个字做略称。尽管如此，其职能在财政国家中却是极为复杂的。《论语》中孔子说政治的关键"首先是正名"，这次改革成功实现了这个儒教传统。

话扯远了，我们还是回到元丰改革上来。

在改革中央官制的同时，为了把握地方现状，宋朝编纂了一本《元丰九域志》。宋代还有其他具有国情总览效用的书籍，但是简明介绍新法党政权时期地方行政组织的则是这本元丰三年

（1080）完成的书籍。该书列举了二十三路、四京府、十次府、二百四十二州、三十七军、四监、一千一百三十五县。

礼制改革　　　　　　　　还有一个应该特别提到的与新法有关的改革，就是礼制改革。对于经济政策、科举和学校制度、官制改革等，迄今为止已有很多研究，也有很多普及性书籍都有提及。但是意外的是，很少有人注意到新法对礼制也动了相当大的修改。随便翻一下《长编》就能看出，在神宗在位的整个时期，有关礼制问题的议论占了很大篇幅。就是说，前辈研究者们都知道此事，但是一般都认为这没有什么介绍和研究的价值。这可能与看待濮议的视点差不多。

但是实际上，比如说郊祀制度改革，就在思想史上具有非常重要的意义。因为是从视觉上演示皇权统治的正统性的仪礼，所以其方式必然定义国家形态。元丰三年（1080），经过激烈争论，得出的结论是天神和地神应该分别在不同的祭场和不同的日子祭祀。这个改革，涉及儒教教义中何为天帝这个基本命题。简单说，就是"从作为孝敬对象的有意志的神，变质成作为自然界法则的神"。这里所说的自然界，不是近代西洋文明中以与人间界分断为前提的自然，而是把人间社会作为本质的构成要素包容其中的意义上的自然，称作"环境"也许更为恰当。在这个论争中代表前者也就是旧观点发表意见的是苏轼，司马光虽然没有直接参与这次论争，但在自己的著作中也发表了相同的意见。如果仅从这两个人的观点来看，似乎可以用旧法党与新法党对立来解释，但是程颐（也是在论争终结后发表的意见）却明确表示支持改革，朱熹也同样表示赞同改革。也就是说，新法党与道学派在这个问题上观点一致。这个现象的意义我们留待下一章论述，但是这个现象证明，旧法党在思想上绝不是统一的。

党争

新旧两党窝里斗　令重返中央政界的司马光烦恼的是，新法中的什么应该废止，又该如何废止？在"反对新法"上意见一致的旧法党，针对个别新法，观点却各不相同。司马光自己想立刻废止募役法，但是他却支持王安石重视经义的科举改革路线。然而苏轼却完全相反。具体到程颐，支持的却是新法复归古礼的礼制改革路线。笼统划分一下，旧法党以这三人为代表，分裂成三派。按三人的出身地分别称作朔党、蜀党、洛党。而且，当时政府内还残留有大量的新法党人士，拖着他们反攻阵势的后腿。

就在此时，王安石于元祐元年（1086）四月在江宁去世。据说当募役法废止的消息传到卧床不起的王安石耳边时，他无奈地叹息道："啊，连这个法都废了！"这个法是诸多新法中王安石最为得意的新法之一。

早已进入耄耋之年的司马光，如何经得住宰相大任的折腾？可怜司马光宰相在任仅七个月，就于元祐元年九月死去了。虽然是政敌同时也是良友的王安石的噩耗，可能也给司马光带来精神上的冲击。新旧两党中心人物的相继死去，使新旧党争进入了一个新阶段。

　　最初新法党是攻击的目标。但是随着旧法党内部意见对立的深刻化，旧法党内部开始互相拆台。苏轼、苏辙同程颐本来就水火不相容，互为不共戴天之敌。程颐得到宣仁太后赏识，当上少年皇帝的侍讲，红极一时，遂恶意批判翰林学士苏轼。苏轼生性耿直，直言不讳，遭太后嫌弃，再次被贬作杭州知事，派到地方。后又被召回任礼部尚书。神宗官制改革后，这个职务实际上掌握着统管全部有关礼的职责。但是好景不长，太后死去，哲宗亲政后，改元为绍圣（意思是继承圣王神宗皇帝），新法党重新掌权，苏轼又被流放到天涯一隅的海南岛。徽宗即位后幸获赦免，但是健康已遭大损，建中靖国元年（1101），在返回开封途中去世。迫害他的程颐也被新法党列入黑名单，大名被刻到所谓元祐党籍碑上，大观元年（1107）在故乡洛阳孤寂而逝。两个大人物都是这个下场，其他小人物的下场也就可以想象。

　　不仅旧法党，新法党内部也争斗得天昏地暗。最初被看作王安石继承人的是吕惠卿。但是对于这个人一直有各种风言风语，王安石引退时也写了"福建子"三个字，后悔上了他的当。因为吕惠卿是福建泉州出身。吕惠卿元丰年间就被从中央贬到地方，历任各地长官。因为他聪明过人，朋辈既嫉妒也害怕，所以谁也不愿意把他调回中央。

在中央继承了王安石路线的，是蔡确、章惇、曾布、蔡卞、蔡京等人，再加上吕惠卿，到南宋都成为批判对象，他们均被《宋史》列入《奸臣传》。

蔡确在同僚王珪死后，一个人抵抗司马光、吕公著等旧法党元老，后被密告写了诽谤宣仁太后的诗，遭流放，在流放地死去。章惇以刚正不阿著称，辅佐哲宗亲政，废除了与旧法党关系亲密的皇后孟氏。元符三年（1100）哲宗驾崩后，从哲宗弟兄中挑选继承人的时候，没有按皇太后的意向提端王赵佶（后即位徽宗）的名字，徽宗即位后就坐了冷板凳。曾布在拥立徽宗时有功，当初受到重用，但是与蔡京不合，遂出任地方官。蔡卞是王安石的女婿，曾与章惇一起辅佐哲宗，徽宗即位后受到弹劾。在此期间，升进比他晚的兄长蔡京当了宰相。这弟兄两个原本互相嫉妒，彼此不服气，结果还是弟弟蔡卞失败，被贬做地方官。

徽宗政权顶梁柱蔡京

我们再来看蔡京。要说徽宗时代就不能不说这个人。虽然小说《水浒传》中蔡京藏在禁军统领高俅背后看不出什么坏相来，但是不论后世如何评价，支撑徽宗政权的，却是这个人物无疑。如果要不怀好意地说这个人，那么就只能先说元祐更化时他受司马光之命仅用五日就恢复了差役法，而到了绍圣年间，他摇身一变又建议章惇恢复募役法。这充分说明他是一个没有节操、谄媚当权者的人物。徽宗即位后，与曾布关系不好的韩忠彦把蔡京当作自己党派的人物推荐做宰相。此后，从崇宁四年（1105）为了肃清旧法党人，建立元祐党人碑开始，他不论新法派旧法派，只要与自己意见不合的，全都驱逐出中央政界，自己独揽大权。当然其原动力是因为有徽宗的支持。虽然也曾因得罪徽宗有一段时间被赶到地方做官，但他很快返京，重新掌权后更加疯狂地迫害他人。

为了显示徽宗皇权的庄严，他修建祭祀天帝的明堂，改修祭祀地神的祭场方泽（方形祭坛），铸造象征支配天下的九鼎，修改宫廷音乐的制度和乐器，举行盛大的道教仪礼等，运用推行新法后积蓄的国家财力，大兴土木。这些到南宋时期都受到批判，近代一般也都批判蔡京无端浪费国力。但是其实蔡京有蔡京的国家观。如果成功了就会被后人评价为太平盛世的英明宰相，而失败了，则被酷评为亡国的奸臣。相反的，当时与蔡京唱对台戏的张商英，仅仅因为反对蔡京，就被后世看作好人，受到赞赏。

蔡京所作的诸般恶事中最受人诟病的，是为了迎合徽宗的庭园爱好，从江南搜集大量太湖石等奇木异石运往开封，即所谓花石纲。蔡京派心腹朱勔到江南去大肆收集掠夺，使江南经济疲惫不堪，间接或直接促成了北方宋江的梁山泊起义和浙江方腊之乱。

这点确实是不可否认的。但是，徽宗时代根据新法政策还是实行了一些对社会有好处的政策。近年发现和发掘的坟墓中令人瞩目的是一种救助社会弱势群体叫漏泽园的设施。通过对此分析，逐渐了解了当时社会底层民众的生活状况。远在公元十二世纪国家就设立这种设施，这是非常惊人的。在这方面南宋以后反倒依赖于民间力量。由此可以看出，包括上述学校制度在内，宋朝都是先由国家主导实施，然后民间参加。我们把这种体制应该看作古代专制帝国的遗制，还是应该看作近代国家体制的先驱，确是意见分歧之所在。

"风流天子"——这是人们给自称"道君皇帝"、中国文化史上最大的文化 Patron（赞助家）徽宗起的外号。徽宗"风流"的结果确实带来了国家的灭亡，但是他仅仅就是一个无能的昏君吗？他理想的国家体制，难道在那个时期就没有一定程度的存在意义吗？历史的轨道因为道岔转换通向了别的方向。但是徽宗、蔡京政权继承王安石改革路线，追求的到底是什么？徽宗时代需要今后继续研究的课题还很多。

23《听琴图》（徽宗　北京故宫博物院藏）中央弹琴的是徽宗自己，右边是蔡京。上部的题诗传为蔡京所书

我们是否也应该给蔡京恢复名誉？作为王安石的继承人，其学校政策以及社会政策，如上所述，相当具有近代国家的特征。如果后来也沿袭这条路线走的话，那么中国，甚至整个东亚地区，肯定就会有与现在完全不同的历史。在新法党的宰相们中，他之所以得到后世史家最低的评价，以及南宋时期新法党遭受非难的最直接原因，是对辽宣战，造成了华北失陷。

宋政和五年（1115），屈居辽北的女真族拥戴完颜阿骨打为首领，创建了金国。徽宗政府计划与这个新兴国家联手，夹击辽国，收复燕云十六州，了结开国以来的一块心病。经过多次交涉，宣和四年（1122），宋金同盟成立，宋朝派以童贯为司令官的禁军精锐部队大肆侵入辽域。但是长久以来只知享受太平盛世的宋军在各地大败，相反金军却转眼之间就攻占了辽国首都，按盟约还给了宋朝六个州。但是宋朝却并不知足，反而策反已经投降金军的辽军将领，企图接收该将军所统治的其他州。这一下惹翻了金军，两国遂进入战斗状态。

靖康之变

金军横渡黄河

宣和七年（1125），金军兵分两路南下。他们采取了绕开太原、大名等军事要地，直取开封的战术。徽宗吓坏，命令太子赵桓守卫开封，自己只想尽快避难江南。这时挺身而出批判徽宗这个决策的是李纲。

李纲祖籍福建，祖父时移居江南无锡（江苏省）。父亲做过官，有一定的地位。李纲政和二年（1112）中进士，步入仕途。他此时上疏，力主抗金，同时要求徽宗逊位。他属于旧法党，认为要提高军队的士气，徽宗不让位不行。他刺伤自己臂肘，血书奏折，感动了徽宗，徽宗遂于当年十二月二十三日退位，把帝位让给了太子。这就是悲剧皇帝钦宗。

钦宗任命李纲为兵部侍郎（相当于国防部副部长），整顿战备。翌年，改年号为靖康。靖康元年（1126）正月，金军终于渡过黄河，直逼开封。上皇徽宗仓皇避难南方镇江（今属江苏省）。大臣中有人建议钦宗也尽快避难。李纲坚定地说："道君皇帝（徽宗）把社稷交给陛下您，您怎么能扔下不管呢？"

大臣们都说开封之地不易防守，但是他举出安史之乱时因为唐玄宗逃亡四川才使长安失守的失败为例，说服钦宗，力主死守开封。但是钦宗还是想逃。李纲鼓舞禁军士气，鼓励禁军死守，对钦宗进谏曰："现在六军都愿死守，您远去南方，途中没有人护卫如何是好？"钦宗终于被说服，决定防卫首都。

七月，蔡京、童贯等被流放。流放途中，童贯被下令处死。

金朝突然袭击开封，本来就是想吓唬宋朝，让宋朝因为自己的违约给它道歉，并没有一定要占领开封之意。再加上也有后顾之忧，所以就要求宋朝派人议和。

结果是宋朝赔偿大量金币，割让太原等三座军事重镇，派

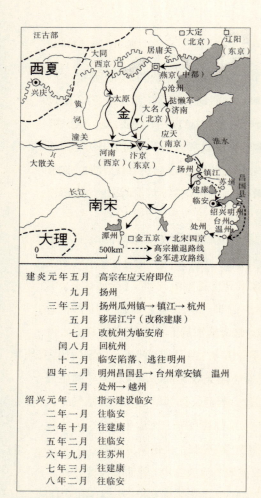

24 南宋初期的宋金战争　年表是高宗逃亡的经过

皇弟康王赵构和大臣张邦昌为人质，才议和成功。这两个人此时被选作人质，决定了他们二人后来的命运。

当时国库已经空空如也，根本没有支付巨额赔偿金的能力。所以金军入城，大肆掠夺。这时各地义勇军远远赶来，集中在开封郊外。李纲趁机说服钦宗率领宋朝义勇军夜袭金军。结果失败。金军派使者上朝问责。宰相吓坏了回答说"夜袭是李纲一个人独断的，跟朝廷没有关系"，逃避自己的责任，罢免了李纲。消息传出，太学的学生们上街游行示威，抗议政府，一般士兵和市民也呼应，抗议游行人数增至几十万人，呼声动地。钦宗急忙又重新登用李纲，任命李纲为尚书右丞（副宰相）、首都防卫司令官。

金军害怕遭受偷袭，决定撤兵，去接收割让的三镇。因为李纲事先有示，所以三镇守备军拒绝退出，两军又进入交战状态。这时开封一带终于得到暂时的平安。逃到南方的徽宗也回到朝廷，朝廷上下顿时失去了紧张感。但是李纲为了防备金军再来，建议革除弊政，刷新政治。对此，新法党系列的宰相耿南仲却心里不快，他向皇帝推荐李纲担任防御太原的援军统帅，成功把李纲从中央赶到地方。李纲自比当年讨伐西夏的范仲淹，悲壮出阵。但是后来朝廷中议和派又占了上风，为了讨金人欢心，朝廷把李纲流放到遥远的南方。

但是，金人欲壑难填，胃口越来越大，竟要求宋朝交出徽宗和钦宗二人，做议和人质。开封城内舆论哗然，主战派得势，遂重新开战。李纲在流放途中接到召唤命令，立刻率领湖南地方军北上救援。但是，为时已晚。

北宋灭亡

经过几十天攻防，皇帝父子看到大势已去，只好前往城外金军营地投降。金军迅速占领宫殿，召集文武百官，强迫他们拥戴取代钦宗的新皇帝即位。强要大家拥戴的这位新皇帝，不是别人，就是当年作为人质派送到金国的那个张邦昌。形式上受到宋朝文武百官拥戴，张邦昌即位。不过这是在金国支持下的即位，所以与石敬瑭创设的后晋情况相似。国号为楚。靖康二年（1127）三月，在形式上，宋朝暂时灭亡。这时有一个宋朝高官高声抗议张邦昌登基，结果被金国逮捕押送北方。该人大名秦桧。

那么跟张邦昌一起做人质的另一个人康王呢？这时在哪儿干什么呢？原来金人当年看到他长于弓箭，不相信他是皇子，认为是宋朝派来的一个假的，要求宋给换了一个别的皇子。后来康王又做宋使被派往金国，途中听到开封危急，遂以开封北部的相州为根据地，开设大元帅府，组织抗战部队抵抗金军。此时有一个当地出身的将校加入抵抗军，名叫岳飞。

金军占领开封，强行组建楚国后，便带上宋朝原来的皇帝父子以及全部皇族兀自开拔撤回北方金国去了。傀儡张邦昌失去后台，皇帝这把椅子坐着就不舒服了。哲宗皇后孟氏，当年被废黜后削发为尼，此时幸免落难，成了留在开封唯一一个与宋朝皇室能扯上关系的人。张邦昌遂请她出来垂帘听政，自己退位自认宰相。孟氏联络跟自己一样未被金人抓走的康王，请他继承皇位。

南宋拉开帷幕

如此这般，康王不是接受先帝让位，而是受一个相当于自己伯父的三代前的皇帝废黜了的皇后之命，登上了帝位。这就是高宗。而且，即位仪式不在开封，而是在陪都南京应天府（今河南省商丘市。与今南京市无关）举行。这里的县名叫宋城，是春秋时代宋国故地，宋太祖当年在这里当节度使，所以建国时取此地名为国号。府名被命名为应天，并没有多大重要性却被定为陪都，都是因为这个原因。

高宗在这个特殊时期专门选定此地作为即位之地，估计并没有什么军事上的意图，而是取其象征意义。而且他即位后立即改元。原则上继承帝位后，要等到翌年正月才改元。这点我们在介绍太宗继位时已经介绍过。但是高宗这次却有意即刻改元，就是要向国内外表明，自己不愿意继承钦宗的这个靖康年号。而且，他选定的年号是"建炎"。"建炎"，意思就是要重建火德的宋朝。由此，高宗拉开了后世习惯称之为南宋王朝的帷幕。

高宗即位后，张邦昌立刻投降。开封重又回到宋朝的手中。高宗把李纲召回身边，任为宰相。高宗近臣中有人建议说金人不喜欢李纲，应该重用张邦昌。但是高宗偏向于主战，所以没有听取。可怜张邦昌，当年就被赐死。

高宗知道开封不易防守，名义上定开封为首都后，指派德高望重的宗泽守卫，自己却率领政府驻扎在南边的扬州。高官中有很多人为了安全，主张避难江南，但是李纲等主战派坚决反对，双方僵持不下。但是建炎二年（1128），年事已高的宗泽死后，宋军从开封撤出，李纲失意，高宗遂渡过长江，逃往江南。

失去朝廷支援的华北各地，全部投降金军。金国为了统治黄河与长江之间的地带，让最早投降的刘豫即位，建立齐国，年号阜昌。此年为金国天会八年、宋朝建炎四年、神圣罗马帝国一千一百三十年。这一年，有一个原来是宋朝高官的人物带夫人王氏（元丰宰相王珪孙女）从淮水附近金军野营地逃回朝廷。此人即为秦桧。后来高宗委秦桧以重任，渡过困难局面。也是在这一年，一个家在福建山区名叫朱松的士大夫也生下一个儿子，取名叫朱熹。这个名叫朱熹的小男孩，对我们来说，其重要性超出本书迄今为止登场的所有人物。从王安石当上宰相到此整整六十年，当年出生的人，这时都迎来了花甲。

抗敌英雄岳飞

军队的私兵化　　在相州大元帅府当上将校的岳飞，后来被宗泽重用，屡建战功，成为开封守备军的重要将领。宗泽死后替代宗泽的是杜充，杜充决定从开封撤退。岳飞坚决反对，但是最后还是很不情愿地跟杜充撤退到长江沿线。

杜充投降金军后，岳飞独自率军抗战。他率军转战江南各地，建炎四年（1130）成功夺回建康（前年从江宁改称）。有一段时间被迫乘船逃到海上避难的高宗能勉强继续支配江南，完全是因为岳飞等将军们奋斗的结果。绍兴三年（1133），高宗钦赐岳飞"精忠岳飞"四字。绍兴四年（1134），岳飞攻克战略要地襄阳。岳飞所率军队号称"岳家军"，一时间令金人闻风丧胆。

当时，除了岳家军，还有张俊、韩世忠、刘光世、刘锜等人物也组织军队，抵抗金军。他们组织的军队在形式上是宋王朝的正规军，但是与从前的节度使一样，实际上是将军的私家军，不接受中央的统率。放任这种现象继续下去，将严重威胁宋朝文官统率军队的根本原则。

当初自称"大元帅"、组织救国军的高宗，这时逐渐也觉察到问题的严重性。包括禁军在内的军队不受自己的统率，而是各自根据自身的利害随意行动。建炎三年（1129）甚至发生了禁军叛乱，逼迫高宗让位给太子的事件。不能再放任岳飞他们了——高宗决心整顿军队。他把这个任务交给了秦桧。

建炎四年秦桧从金军阵地逃回宋朝，其过程有很多不自然的地方，有人怀疑是金国故意放他回来的。就是说他是敌国派来打入宋朝内部的特务。所以虽然被任命为宰相，但是很快又被罢免。然而秦桧凭借自己超人的活动能力，在南宋朝廷拉成了坚固的关系网。再加上夫人是王珪的孙女，所以跟新法党人士关系也紧密。从此他加紧陷害主战派。最初的目标是赵鼎和张浚。

靖康之变时他们二人作为中央官僚虽然也在开封城内，但是因为藏在太学内，所以没有在推戴张邦昌的文书上署名。参加高宗政权后，二人均被当作主战派受到重用。赵鼎认为靖康之变的责任在王安石，他说服高宗把王安石的牌位从孔庙取下。张浚大多时候在地方率领军队，建炎三年禁军叛乱时他不被利诱，继续支持高宗，最后终结了叛乱。绍兴五年（1135），他们两个同为宰相，整备军队，准备反攻，并配合岳飞渡江向北进攻。高宗也进驻建康。李纲也复归中央，鼓动主战派。但是，宋朝并

25 《中兴四将图》（刘松年　中国国家博物馆藏）　左起第二人为岳飞，隔一人为张俊、韩世忠，再隔一人为刘光世

没有继续向北进攻。战场进入胶着状态。在这种情况下，金国终于废了傀儡齐国，直接统治黄河以南地区。因此，两军永远处于交战状态，显然对金国来说也没有什么好处。

武将岳飞与文官秦桧　徽宗在绍兴五年（1135）已经驾崩于金领土五国城（今黑龙江省），但是直到绍兴七年（1137）才向宋朝通告。这是一个对宋讲和的信号。徽宗对高宗来说，虽然是自己的生父，但是其生存本身对自己皇位正统性就是一个威胁，既然已经死了，他就要求金国返还父皇的灵柩（梓宫）。条件是只要返还父皇的灵柩，华北地区割让给金国亦可。绍兴八年（1138），时隔六年重新登上宰相地位的秦桧，与金国讲和成功。金国不但送还徽宗的梓宫和高宗的生母，还有齐国领土河南、陕西地区。但是条件是今后要跟以前的齐国一样，臣服金国。

　　但不幸的是金国发生政变，强硬派掌权，他们撕毁合约，又发动了南侵战争，洛阳、开封再次沦陷。岳飞率领岳家军奋力反击，夺回了洛阳，并进军开封郊外。靖康之变以来，宋朝由于金军主动撤退接收过几次故都开封，但是还从来没有通过战斗夺回过。这时岳家军势如破竹，看其形势，夺回开封指日可待。

但是，半路杀出了程咬金，宰相秦桧严命停战撤兵。在讲和派秦桧看来，抓住自己军队处于优势时机与对方和议机会难得，不然到时如果金军重整旗鼓，反击过来，就得在对自己不利的情况下和议。一个是勇往直前一鼓作气发誓收复华北的武将岳飞，一个是综观战况寻找和议机会的文官秦桧。两者本质上的区别，造成了不可挽回的悲剧。

岳飞对于政府"立即停战，即时撤退！"的命令一直置若罔闻。其他将军都撤兵还朝了，前线就剩下岳家军。孤军奋战，再加上一日十二道严命撤兵的金字牌，岳飞痛苦大叫："十年之力，废于一旦！"只好班师回朝。同年，十五年间一直是主战派重镇的李纲在潭州（今湖南省长沙市）死去。

绍兴十一年（1141）宋金和议在即。对于主和派来说，岳飞们的私家军就成了一块心病。秦桧为了收回军权，采取了与太祖同样的手段。他也把将军们召集到都城，逼迫他们放弃军权，保证给他们高官厚禄。张俊、韩世忠同意了，刘光世已死，刘锜抵抗被革职。

剩下就是岳飞。岳飞坚决抵抗，秦桧最后采取强硬手段，逮捕了岳飞。但是，他并没有处决岳飞的大义名分。秦桧左思右想不得要领。最后还是他老婆王氏逼他下定决心。于是，该年年底，岳飞被处刑。时年三十九岁。

秦桧心狠手辣，他同时还处死了岳飞长子，并把岳飞九族全部流放广东。因为害怕使人联想起岳飞，他甚至连地名岳州都改成纯州。

秦桧死后，岳飞名誉恢复，子孙也都获赦回朝。有名的藏书家岳珂就是岳飞之孙。湖南与岳飞有关之地修建了岳飞庙，追谥王位。杭州也有岳王庙，庙里还有拴着铁链、跪在岳飞墓前的秦桧夫妻像。参观的人有朝他们两个的像吐唾沫的习惯。英勇抵抗外敌的岳飞，是汉民族的英雄。

第四章

江南的安定

宋金和议与秦桧独裁

高宗信赖促成秦桧独裁 绍兴十一年（1141）十一月，成功剥夺张俊等将军兵权、逮捕岳飞后，秦桧终于与金国正式签订和约。双方约定大散关（今陕西省宝鸡市南）与淮水一线划定国境，宋朝皇帝对金国皇帝称臣，逢年过节派使节请安送礼，每年进贡白银二十五万两、绢二十五万匹。金国返还徽宗梓宫和高宗生母。宋朝随即下达通知，要求各个官僚机构，"和约已签，今后所有文件均应称'大金'，不得蔑称"。迄今为止被蔑称为夷狄的仇敌金国，一纸终战诏敕一下，便成了宋朝恩重如山的盟主。

岳飞等原来统帅的军队，在清除私家军性质后，全部被编入正规军。分为镇江（淮东）、建康（淮西）、鄂州（湖广）、成都（四川）四个军团，其中前三个军团分别是原来张俊、韩世忠、岳飞的军队。并在每个军团辖区设立财政机关总领所，中央派遣文官，管理该地区的财政。

南宋初期的编年史《建炎以来系年要录》记录了和议成功、心情舒畅的高宗对秦桧们说的话："任何事情都要考虑周全再实行。朕才三十五岁，为了考虑周全头发全都白了。"处决功臣岳飞，高宗肯定也相当苦恼。但是，仅有理想搞不成政治。高宗还说："唐太宗确是一个有学问的明君，但是却不及汉文帝的至诚。"秦桧回应说："陛下至诚且有学问，远远高出他们两人。就算与尧舜和夏殷周三代相比都不逊色。"把这看成秦桧的阿谀奉承很容易，但是，在极端困难的情况下，高宗要取得朝野支持，在江南重建王朝，没有相当的人格魅力和政治手段是不可能的。

高宗在别的场合高谈阔论帝王的学问和士大夫的学问之不同，还讲述自己的帝王经，说当君王的要诀是保持无心，这样才能听从臣下的谏言等等，这一段时间有很多有关高宗真情吐露的记载。我们从下边这段发牢骚一样的语言，能看出高宗无奈选择忍耐常人无可忍耐的苦恼："朕南北之民均爱。朕抑制自己选择和议，不是害怕战争。朕不忍心战争给天下之民带来伤害。士大夫中有人很偏激，批判朕和议是软弱，但那不是天下人的共识。"

南宋后期的士大夫们把此时的和议政策和责任全部推到秦桧一人身上。这样他们就可以有理由回避指责高宗软弱。后世的

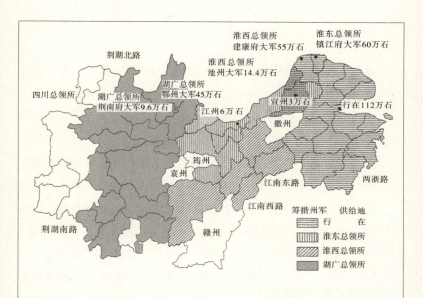

	岁额（石）	科 拨 州 军
行　　在	1 120 000	两浙全州军、建康府、太平州、宣州
镇江府大军	600 000	洪州、江州、池州、太平州、临江军、宣州、兴国军、南康军、广德军
建康府大军	550 000	吉州、饶州、抚州、建昌军
池州大军	144 000	吉州、信州、南安军
鄂州大军	450 000	永州、全州、郴州、邵州、道州、衡州、潭州、鄂州、鼎州
荆南府大军	96 000	德安府、荆南府、澧州、纯州、复州、潭州、荆门军、汉阳军
宣州　殿前司牧马	30 000	宣州
计	3 000 000	

26 上供米筹措州军（上图）与供给地（下表） 根据《建炎以来系年要录》卷一八四绍兴三十年春正月癸卯条"内外大军等科拨诸路上供米"作成（据鸟居一康《宋代税政史研究》制成）

史书也继承了这种观点。直到今天，不论说功谈罪，总之论及这个时期时的主角都是秦桧。但是，把从金国逃回的秦桧马上重用为宰相，不惜排斥一直支持自己的主战派将军大臣，而把所有宝都押在秦桧身上的，不是别人，正是高宗本人。我们有必要重新考察迄今为止认为一个叫秦桧的宰相独揽大权为所欲为的单纯构图。史料告诉我们高宗训导秦桧，说君臣上下秩序才是国家安泰的基础。秦桧专权，是因为有高宗的全面信赖才成为可能的。这个图式，就像神宗和王安石的关系一样。

利用科举考试建立关系网　　同时，秦桧并没有放松在士大夫中构筑坚固关系网的努力。这时他利用的就是科举。科举考试的试卷同现在日本的高考以及资格考试一样，都是密封卷，严格地说作弊的可能性很小。但是，实际上却被做了各种手脚。

最近研究认为，南宋初期明州（今浙江省宁波市）和温州（浙江省）出身的考官很多，是造成以这一带为中心的浙东地区大量产生进士的一个原因。这里当然少不了秦桧的影子。其中还有像陪伴皇太后回国，后升任参知政事的王次翁那样的，在秦桧政权高居显位，又在明州购置房产，成为当地名门望族的人。

其实，把临时都城定在杭州这件事本身，就与浙东士大夫们的利益有关。国都有禁军以及胥吏等庞大数量的消费者生活，能给都城周围地区带来巨大经济利益。历史上，以江南为据点的诸

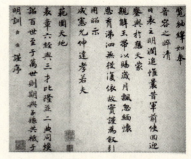

27 高宗御笔《徽宗文集序》局部（日本文化厅藏）

王朝都是以建康为都的，而且主战派从战略意义上也主张以建康为临时都城。可是，高宗选定杭州为行在临安府的重要原因，不排除这些浙东出身的士大夫们考虑到将给自己带来的经济利益的可能性。和议前在杭州就开始首都建设，该项财政支出当给浙东经济带来巨大好处。

绍兴二十六年（1156），有位叫汤鹏举的官僚上奏叹息道："近年以来，考官们贪赃枉法，营私舞弊，远途而来的考生很难得到高位，得到高位的都是贵族子弟。"绍兴十八年，来自主战派大本营福建建州的一个十九岁的秀才朱熹勉强考中末榜，说不定其中也有这些原因。

绍兴二十四年科举考试，考官判秦桧之孙秦埙为省试第一名（省元），但是高宗不想给他状元，降格为探花（第三名）。这个事例，不但说明高宗并不是秦桧的傀儡，也令我们重新认识到殿试所具有的皇帝自身决定考生席次的意义，以及殿试所发挥的维持皇权权力的重要功能。但是，全部中举人员中秦桧派子弟所占比例受人关注。当时有记载，人们颇觉遗憾的是考生并非尽是天子的臣下了。

该年八月，作为国家事业编纂的徽宗文集完成后，在举行高宗接受的典礼上，竟出现了宰相秦桧、接受典礼负责人秦熺、朗诵徽宗御制诗的秦埙一家三代独占典礼的惊人场面。这个场面对秦桧来说，可以想象是他人生中最得意的瞬间了。不过，秦熺实际上是秦桧妻王氏的兄长与其妾生的孩子，过继给秦桧夫妻，所以是秦桧夫妻的养子。秦氏三代名字的汉字的部首以木旁、火旁、土旁为顺序，依据的是五行相生说中的五行的顺序。这是在中国广泛存在的一个习惯。朱熹（火旁）父亲是朱松（木旁），儿子是朱在、朱埜、朱塾（土旁），其顺序与秦氏一家相同。

对决海陵王

金人毁约，渡江犯边

绍兴十一年（1141）和议成立后，直至绍兴二十五年秦桧死去，江南没有发生什么重大政治事件。和议成立翌年，根据条约规定在两国国境设立交易所（榷场），金国也把徽宗的遗体和皇太后本人送还给南宋。不过，先帝钦宗（高宗兄）如何处置，和议条约里并没有明确提及，所以一直被软禁在金国。对高宗来说，这是一个很棘手的问题，所以他希望维持现状。当然如果恶意解释，那么就是因为牵扯到威胁高宗帝位的正统性，而如果善意解释，那么则是高宗为了事先消除政权内部纷争的苗头。如果作为靖康之变悲剧象征的钦宗回国的话，那么失意的主战派显然很有可能团结起来拥立钦宗以求获得权力。钦宗被软禁三十四年，于绍兴三十一年（1161）驾崩。驾崩后两国很快进入交战状态，所以钦宗遗体回到临安，已是数年以后的事了。

秦桧死后，曾经是主战派的张浚当了宰相。不过他遵守和议条约，两国关系继续保持良好。但是金国皇帝完颜亮（因废位无庙号，世称"海陵王"）推行强化皇权和汉化政策，在该政策的延长线上，于绍兴三十一年（1161）九月，亲率号称百万大军，大举进犯南宋，企图一气吞并江南。

十月一日，高宗发出檄文诏书，宋朝进入临战状态。在建康设置敌前司令部，准备伺机亲征。但是，与中央的临战决心相反，前线的将士却完全没有士气。金军为了渡江集结于建康上游采石（今安徽省马鞍山市）一带。管辖该地的太平州知州却隐匿紧急事态没有向朝廷报告。被州学两位教官质问为何不报后，才急忙一日八封急信上报。可是最初的一封却只写"金军侵占采石"，因为没说采石在长江哪边，朝廷上下以为金军已经渡江，一时大乱，很多官僚们拖家带口开始逃难。第二封报告金军已经到了杨林，但是却没有说杨林是渡口。不知真相的朝廷上下以为金军已经攻到附近，更加混乱。直至晚上，听当地出身的老百姓说杨林在长江对岸，这才放下心来。如此重大信息，事前竟没有任何准备和调查，可见南宋国防体制多么不成体统。这个无能的太平州知州第二天就被撤职。后任就是我们在上一节提到过的那位上奏哀叹科举现状的硬汉——汤鹏举。

28《人物故事图》（部分 上海博物馆藏） 描绘了徽宗灵柩自金国返回的情景

　　与陆军的狼狈状况不同，海军还像个样子。几日后，海军远征密州（今山东省），大败金军船队。由此除去了金军从海上进攻临安的危险。对金军来说，也是挨了当头一棒。此时金国内部事件迭起，契丹和蒙古族造反，女真族也宣布废黜完颜亮帝位，另立别的皇子为帝（世宗）。还在前线的完颜亮决定先歼灭南宋，然后再回头收拾内乱。所以他决心一口气渡过长江。然而防卫长江沿线的宋军照例士气不高。为了阻止金军渡江，宋军急急忙忙装模作样挖沟立栅栏，但是当地民众却笑道："那烂栅栏，河水冲来的泥沙一晚就盖住了。"连宋朝的史书都这样记录，所以我们可以想象现场情况肯定更惨。金军渡过长江，看来为时不远了。

　　这时救了南宋一命的，是虞允文。他随机应变的指挥取得成功，宋军在采石矶大败金军，成功阻止了金军渡江。完颜亮亦被暗杀，他吞并江南的野心也由此宣告失败。

　　面临十几年以来最大的国难，高宗亲自出征到长江沿岸的镇

江，鼓舞前线士气。主战派士大夫也死灰复燃，慷慨激昂。但是，就在完颜亮被暗杀、金军主力撤退的大好形势下，宋军也没有利用这个绝好的机会开始北伐，收复中原。主战派虽然口气强硬，但是并没有超越临时国境、收复中原的战略战术。高宗也早早就打道回临安了。战线复归胶着状态。

第三次宋金和约　　翌年绍兴三十二年（1162）六月，高宗让位给早已定为皇太子的养子眘，自己自称太上皇，移居到原来秦桧的豪宅享清福去了。高宗自靖康二年（1127）临危即位以来，在位长达三十五年，此时估计比二十年前第二次和议时白发更多了吧。

高宗为何选择这个时候让位，详细的理由不清楚。但是可以推测的理由是：总算阻止了金军的南侵，可以向世人显示江南政府稳如磐石；前年接到兄长钦宗讣闻，威胁自己帝位正统性的可

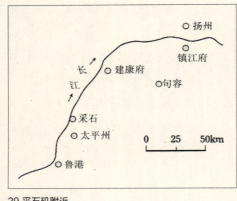

29 采石矶附近

能已经完全消失；在自己有生之年，评价自己的治世，给自己的治世历史定位等。

高宗生子早夭，他从许多王子中选择含有太祖血统的昚为养子，此即后来即位的孝宗。

因此，从血统上来说，宋朝的皇统从太宗系统又回复到太祖系统。但是因为孝宗是作为高宗的养子继承的皇位，所以没有发生以前濮议那样的争论。而且让位的太上皇还在，不出现什么争论也理所当然。所以这个让位，还有一个意义就是要保证将来能把自己作为现皇帝的父皇祭祀。从太祖、太宗开始的皇统，由中兴之祖高宗顺利传递给其后裔，高宗成功做到了在自己有生之年亲眼确认这个事实。

不论他当时有什么想法，总之高宗让位后越发健康，竟继续生存了二十五年，直到淳熙十四年（1187）八十一岁才寿终正寝。两年后，孝宗皇帝以要给高宗服丧为由，让位给太子。所以孝宗在位期间，实质上一直在先帝高宗的监视下治世。

孝宗即位翌年元旦改元"隆兴"。至此，长达三十二年、中国历史上空前长寿的"绍兴"时代终于闭幕。明朝实行一世一元制以后，出现了嘉靖四十五年、康熙六十一年的事例。但是宋代皇帝在位时有数年即改元的习惯，而高宗为何一直固执于这个年号，还是一个谜。如果从皇权的特征上分析，应该是一个很重要的事情。另外，以绍兴酒和鲁迅著名的那个从越州改称绍兴的城市，当然跟这个年号有关系，因为高宗就是在这里改元绍兴的。

经过前边异常长的年号以后，后来的隆兴仅两年就又改称乾道。就在这个乾道元年（1165），经过几年交战的宋金，第三次和议成约。因为金国单方面撕毁条约，侵略南宋，而且吃了败仗，所以这次的条约改定条件对宋朝比较有利。以前条约规定的君臣关系，改为早先宋辽那样的亲戚关系，金为叔父，宋为侄子，通称叔侄关系。宋朝每年送给金朝的物品，也从岁贡变成岁币，数量也减少。

繁华的临安

从吴越之都到南宋首都　　下边介绍一下南宋首都杭州。如果描画一下中国概略图，海岸线有一处深深弯进内陆的地方，像一条巨大的鱼张开大口欲吞掉日本列岛。大口的喉结部分，就是这个城市。此地位于钱塘江河口，以中秋节前后因地形特征出现的大海潮闻名。

汉代在现在的苏州置会稽郡，杭州是当时会稽郡的钱塘县。后来独立出来成为余杭郡，隋唐时改称杭州。作为大运河的起点，承担着从南方运送物资到北方的重要作用。这里的节度使后来独立，自称钱氏吴越国。

遣唐使制度废止后，日本实际上一直保持交流的，不是长安或者洛阳的中央政府，而是首府在杭州的这个国家。因为吴越国利用镇护国家的佛教学说作为维护王权的基础，所以杭州城内有很多佛教寺院。这点，可能也是吸引日本僧侣的一个理由吧。现在从日本到杭州有直航航班，与以前的留学僧不同，我们仅用两三个小时即可到达。

历代钱氏都在形式上臣服中原王朝，自称王，不称帝。年号除了很短一个时期以外，也都遵守五代的各王朝年号。宋太祖即位后，马上表示忠诚，采用建隆年号。作为回报，吴越国王的独立性得到了保证。太宗太平兴国三年（978），把土地和人民主动献给朝廷，也就是说把吴越国的版籍奉还给中央朝廷。统治权移交后，钱氏一族变身成一介士大夫，应考科举，经常登上宋朝政治舞台。所以，说吴越国被消灭，还不如说是收回了节度使钱氏的世袭权益比较合乎实情。

杭州以拥有风光明媚的西湖著称，与苏州（江苏省）并为江南代表性景胜之地。喜欢白居易文章的日本平安贵族们都知道白居易以自己曾当过这两地的知州为荣。从明州登陆，自然就要经过这一带，所以这里有很多机会能实际见到渡海而来的日本人。北宋时期随着浙东开发，这一带成为重要的商品集散地，此地地方官也是一个重要职位。

【历史悠久的古都杭州的史迹】

图二

图三

图二　西湖 苏堤——苏东坡作杭州的地方官时，疏浚西湖，修建贯通南北的堤防。苏堤四季风景如画，吸引无数文人墨客流连忘返。

图三　京杭大运河杭州段——拱宸桥是杭城古桥中最高最长的石拱桥，也是古运河终点的标志。

图四

图五

图六

图七

图四　西湖湖畔的岳王庙

图五　岳王庙参道的秦桧夫妻像

图六　岳王庙中的岳飞像

图七　南宋太庙遗址公园

苏轼两次被朝廷派来做知州，虽然有被从中央政界驱逐出来的一面，但是也并不是被彻底左迁到偏远地区。他专心建设这个统治南方的据点城市。纵横贯穿西湖的两道河堤，现在还被称作白堤、苏堤，就是为了纪念唐宋两代这两个代表性的文人知州。

但是，公元十二世纪二十年代却是杭州受难的时代。因为反抗（据说）以花石纲等为象征的徽宗政府的苛敛诛求，以方腊为首的起义军于宣和二年（1120）占领杭州，大肆烧杀掠夺。朝廷紧急出动本来要派往宋辽战场的精锐部队镇压。可是赶走方腊没有多长时间，靖康之变发生。杭州本无干系，可是金军于建炎三年（1129）十二月追征高宗至此，杭州遂再次遭受蹂躏。

被追赶的高宗转战沿岸诸城，于绍兴八年（1138）最终确定的安身之地就是杭州（参考上一章图24"南宋初期的宋金战争"）。我们称杭州为南宋首都，可是宋王朝始终认为自己的首都是开封，这里只不过是临时政府所在地。杭州升格成府，命名为临安府就是因为这个意思。所以也经常被称作"行在"。顺便一提的是，为人们熟知的马可波罗《东方见闻录》中杭州以"Quinsay"出现，就是从"行在"的发音来的。

都市面貌大改观

虽然是临时的，但是当时的杭州也是统治华中、华南地区的帝国中央政府所在地，所以当然应该作为首都建设。秦桧主导的和约签订后，回到开封的可能性几等于零，相反，金人侵来的危险性也几乎除去，所以宫殿、官厅、军营以及各种文教设施大量建设。其中大部分占用了原有的佛教寺院。吴越国时代鳞次栉比的大寺院，这时大都变成了朝廷的各种机关和官舍。

通过这种杭州的"本土化"建设，杭州的城市基础建设得到长足发展，为庞大消费人口提供服务的商人也大量移住于此。绍兴初期杭州城门外还野草丛生，但此后不久就成长为人口超过百万的当时世界最大的城市，其热闹程度远远超过了本来的首都开封。

当然随之而来的是环境的急剧恶化，西湖被生活排水严重污染。绍兴十九年（1149）上任临安府知府，全心全力改善环境的，就是我们熟悉的那位汤鹏举。

南宋灭亡后，一个叫吴自牧的人物详细记录了当时的杭州作为行在所在地欣欣向荣的繁华景象。该著作名叫《梦粱录》，来自"人生如黄粱一梦"的故事。与记录开封繁荣景象的《东京梦华录》同样，暗指繁荣犹如黄粱梦一样。《梦粱录》与《东京梦华录》相反，前半介绍一年间的祭祀等仪式。值得注目的是，《东京梦华录》详细记录了冬至的郊祀仪式，相对的，《梦粱录》则用了很多篇幅记录了九月举行的明堂祀。相对为了提高皇权的威信热心于国家祭祀的徽宗，南宋后期国力衰退，一般用在宫中举行的明堂祀代替南郊祀。《梦粱录》作者亲眼目睹的，几乎都是明堂祀。如果说北宋是在皇权的高峰期突然猝死，那么南宋

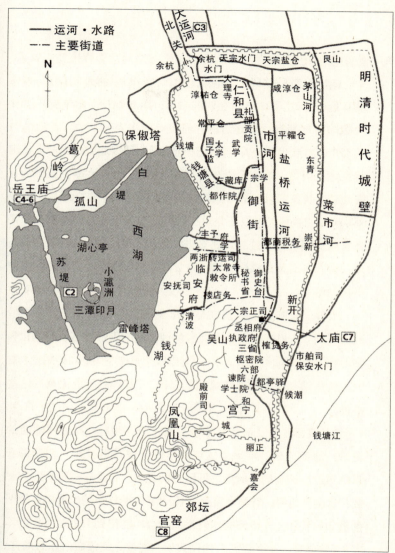

图例
—— 运河·水路
--- 主要街道

N

大北运河 C3

余杭
余杭水门
天宗水门
天宗盐仓
良山

大理寺
仁和县
淳祐仓
咸淳仓
茅山河

礼部贡院
明清时代城壁

常平仓
武学
平籴仓
东青

太学
钱塘
国子监
盐桥运河
崇新
菜市河

钱塘县
左藏库
宗学

都作院
御街
御史台

保俶塔
市河

葛岭
白堤

岳王庙 C4-6
孤山

苏堤
西湖
湖心亭
丰予府学
两浙转运临安府
太常寺救济所
秘书省
新开

小瀛洲
安抚司府
太常寺
楼店务
都商税务

C2
清波
大宗正司

三潭印月
丞相府
执政府
榷货务
太庙 C7

雷峰塔
吴山
三省枢密院
市舶司
保安水门

钱湖
六部
谏院
都亭驿

殿前司
学士院
和宁宫城
候潮

凤凰山
丽正

嘉会
钱塘江

郊坛
官窑 C8

*南宋时期的临安府城（今杭州）

139

则是逐渐衰老而亡。

南宋在游行路线上也下了工夫。这与临安的地形有关（参考前页地图）。这个城市建在西湖东岸，南北细长。本来就不是作为帝国的首都有计划建造的，而且即使作为一个中国普通的行政都市，形状也相当特异。南边地形高，城外北方是通向大运河的湿地。因此，行政府所在的宫城（皇城）都建在城内南部的丘陵地带。与长安以及洛阳等传统的"天子南面"完全相反。但是郊坛（郊祀场所）无奈还是设在城外南郊。可是这样一来，如果把宫城到郊坛直线连接，那么郊祀的游行将不通过市内。因此，郊祀游行的时候，勉强选定了先由宫城北上，然后南下的一条很别扭的路线。

另外，临安火灾频繁也是一个特征。因为没有开封那样的城市规划，人口密布在钱塘江和西湖之间的细长地区，当初以为临时住几年就回开封，所以官吏以及士兵的住宅屋顶都是木造的，这些都是火灾时造成延烧的原因。《梦粱录》也记载有这些事件。

《梦粱录》与《东京梦华录》相比较，还有一点值得注意的就是，前者记载了科举考试年份按惯例举行的仪式。按理说开封每年也应该在同一时期展开同样的光景，可是后者没有这样记载，这也许说明，与蔡京重视学校政策使得科举的比重相对低下的徽宗时代相比，南宋时期科举的社会功能得到了相对强化。

《梦粱录》在介绍完上述仪式后，接着介绍州城内外的市容。

皇帝	年次	月日	记事	西历	皇帝	年次	月日	记事	西历
太祖	乾德 1	11甲子	有事南郊	963		4	11庚午	圜丘	1122
太宗	开宝 1	11癸卯	〃	968		5	9辛酉	明堂	1123
	4	11己未	〃	971		6	9辛巳	〃	1124
	9	4庚子	有事圜丘	976		7	9辛巳	〃	1125
	太平兴国 3	11丙申	祀天地于圜丘	978	高宗	建炎 1	11丙戌	圜丘	1125
	6	11辛亥	（下同）	981		绍兴 1	11壬寅		1128
	雍熙 1	11丁亥	〃	984		2	9辛亥	明堂	1131
	5	乙亥	东郊	988		4	9辛酉	〃	1134
	淳化 道 4	11辛卯	（配宣祖 太祖）	993		7	9辛巳	〃	1137
	至道 2	1辛亥	祈谷	996		10	9庚戌		1140
真宗	咸平 1	11 ?		998		13	11庚申	圜丘（天地合祭）	1143
	5	11壬寅		1002		16	11丙午	〃	1146
	景德 1	11丁巳		1005		19	11壬辰	〃	1149
	大中祥符 1	10辛亥	祀泰山（天）	1008		22	11戊申	〃	1152
	4	2辛酉	祀汾阴（后土）	1011		25	11癸亥	〃	1155
	7	己酉	亳州太清宫祭祀	1014		28	11己卯	〃	1158
	天禧 1	1辛亥	谢天地于南郊	1017		31	9辛未	明堂	1161
	3	11辛酉	祀天地于圜丘	1019	孝宗	隆兴 1	1辛亥朔	圜丘	1165
仁宗	天圣 1	11丁酉	（下同）	1024		乾道 3	11庚寅	圜丘	1167
	5	11癸丑		1027		6	11壬午	〃	1170
	8	11戊辰	〃	1030		9	11戊戌	〃	1173
	景祐 1	11乙未	〃	1035		淳熙 3	11癸丑	圜丘	1176
	宝元 1	11庚戌	〃	1038		6	9辛未	明堂	1179
	庆历 1	11丙寅	〃	1041		9	9辛巳	〃	1182
	4	11壬午	〃	1044		12	11辛丑	圜丘	1185
	7	11戊戌	〃	1047		15	9辛丑	明堂	1188
	皇祐 2	9辛亥	大飨天地于明堂	1050	光宗	绍熙 2	11辛申	圜丘	1191
	5	11己巳	圜丘	1053		5	9辛亥	明堂	1194
	嘉祐 1	9辛卯	恭谢天地于大庆殿	1056	宁宗	庆元 3	11甲辰	圜丘	1197
	4	10癸酉	景灵宫・太庙	1059		6	9辛未	明堂	1200
	7	9辛未	明堂	1062		嘉泰 3	11乙亥	〃	1203
英宗	治平 2	11壬申	南郊	1065		开禧 2	9辛卯	〃	1206
神宗	熙宁 1	11丁亥	圜丘	1068		嘉定 2	9辛丑	〃	1209
	4	9辛亥	明堂	1071		5	11壬戌	圜丘	1212
	7	11乙未	圜丘	1074		8	9辛未	明堂	1215
	10	11甲戌	〃	1077		11	9辛卯	〃	1218
	元丰 1	9辛巳	明堂	1080		14	9辛卯	〃	1221
	6	11丙午	圜丘（天地分祭）	1083		17	9辛卯	〃	1224
哲宗	元祐 1	9辛酉	明堂	1086	理宗	宝庆 3	11戊寅	圜丘	1227
	4	9辛卯	〃	1089		绍定 3	9辛丑	明堂	1230
	7	11癸巳	圜丘（天地分祭）	1092		6	9辛未	〃	1233
	绍圣 2	9辛亥	明堂	1095		端平 3	9辛未	〃	1236
	元符 1	11辛丑	圜丘（天地分祭）	1098		嘉熙 3	9辛巳	〃	1239
徽宗	建中靖国 1	11庚辰	〃	1101		淳祐 2	9辛卯	〃	1242
	崇宁 3	11丙申		1104		5	9辛亥	〃	1245
	大观 1	9辛亥	明堂	1107		8	9辛酉	〃	1248
	4	11丁卯	圜丘	1110		11	9辛卯	明堂	1251
	政和 3	11癸未	明堂	1113		宝祐 2	9辛亥	〃	1254
	6	11己亥		1116		5	9辛亥	〃	1257
	7	5辛丑	祭地于方泽	1117		景定 1	9辛巳	〃	1260
	7	9辛卯	明堂	1117		4	9辛卯	〃	1263
	宣和 1	9辛亥	明堂	1119	度宗	咸淳 3	1己丑	郊	1267
	1	11乙卯	圜丘	1119		5	9辛酉	明堂	1269
	2	9辛巳	明堂	1120		8	9辛未	〃	1272
	3	9辛未	〃	1121	瀛国公	德祐 1	9辛巳	〃	1275
	4	9辛酉		1122					

30 郊祀、明堂实施年表（据梅原郁所作年表修订而成）

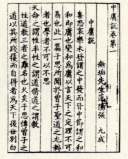

首先列举的是无数的桥梁，很有江南特色。其中苏堤附近的袁公桥是临安府尹袁韶于宝庆二年（1226）建成的，故称袁公桥。桥前边的先贤堂，也是他奏请建设的。

这里的先贤，指的是与当地有关系的历史上的人物。南宋时期各地流行做塑像立牌位祭祀表彰先贤。这是国家插手民间信仰，使儒教的仪礼扎根社会的一环，具体情况我们留待下一章详述。周敦颐作为道学开山鼻祖受到世人关注，追根问底，其实也是从湖南地方表彰先贤开始的。

《梦粱录》介绍了袁韶奏书节文。具体经过咸淳四年（1268）编纂的地方志《临安志》有详细记载。袁韶上奏说："杭州本是人才辈出之地，现在更是行在所在地，但是至今没有祭祀先贤的地方。为了改变这个情况，特请求用公款建设祭祀祠堂。"他选择的显彰对象，以尧时传说中的人物为首，包括六朝、唐朝的士大夫们，吴越国王及其子孙中效忠宋朝的钱氏家族，以及"皇朝太师崇国张文忠公"等，共男三十四人、女五人。

张文忠公为钱塘县出身，名九成。绍兴二年（1132）状元及第。因为他是主战派，一直反对秦桧，所以一生没有当成高官。他的成名是因为他是杨时门生，相当于程颢、程颐的徒孙，是绍兴年间道学领袖。死后过了好长时间，直到先贤堂建设时，才追赠"太师崇国张文忠公"。

现在提到张九成，人们能联想到的只不过是朱熹臭骂的"邪说横流，所以甚于洪水猛兽之害"，但是当时作为继承程氏兄弟道统的代表人物，在道学派中颇受尊敬。

通过显彰张九成等乡土先人，府尹袁韶希望使外来人口急剧增加的临安府人产生乡土意识，养成良好的民风。作为一个政治上特别的城市，在宋代整个都市化过程中看，这个城市也给我们提供了很多实际的事例。具体事例，我们将在别的章节随时提及。

从孝宗到宁宗

北宋后期的政治史观　　乾道（1165—1173）、淳熙（1174—1189）年间，不但国内政情安定，也是后边将要详述的朱子学的形成期，被后世并称"乾淳"。隆兴二年（1164）当年的主战派张浚死去，世代交替有了进展，与金的关系也进入良好状态。

如何评价北宋末期的党争，关系到政权的正统性，对南宋政权来说是一个很沉重的课题。因为当时人们的共同认识是新法的对外政策是带来华北失陷的一个重要原因。可是，高宗却是神宗的皇孙、徽宗的皇子，既然继承的是他们的皇位，所以就不可能全面否定新法党政权。人们找到的妥协点是，把脏水都泼到"君侧奸臣"吕惠卿和蔡京等身上。王安石有时虽也被批判，但是还继续从祀在将要后述的孔庙里。

淳熙后期，《续资治通鉴长编》（以下简称《长编》）和《四朝国史》、《东都事略》陆续完成。

《长编》是编年体的著作，叙述北宋时期史事，编者是李焘。他觉得应该编纂司马光《资治通鉴》的续编，所以编了这套资料集。"长编"就是还未整理的资料的意思，据说司马光编纂《资治通鉴》的时候也是先做长编。

《四朝国史》是记录北宋后期从神宗到钦宗四代皇帝治世的由国家编纂的纪传体史书。编者代表是洪迈，以编撰怪谈集《夷坚志》著名。"国史"是每次皇位交替的时候都应当编纂的当代史。《四朝国史》把这四代集中一起编纂，是因为可以把这个时期作为对党争时期进行历史评价的对象。旧法党是正义的化身，而新法党则是邪恶权势的象征史观，就是由这部《四朝国史》确立的。

《东都事略》是王偁个人编著的、采用正史体例记录北宋一朝的纪传体史书。此书的历史记述也偏向于旧法党。《四朝国史》和其他国史以及《东都事略》，都是元朝编纂《宋史》的重要底本。

相对的，《长编》却稍有不同。编者李焘虽然属于旧法党，但是却能站在比较公正的立场上，利用一手资料，不带感情记载事情的来龙去脉。不过我们现在看到的《长编》并不是原本。明朝时原本完本失传，后根据明初编纂的《永乐大典》所收部分进行集轶，直到清代才印刷流传。《永乐大典》自身现在也已经失传。《永乐大典》收录《长编》时似乎有意省去了熙宁初叶和哲宗亲政以后的部分。永乐年间（1403—1424），正好是在成祖皇帝的庇护下朱子学完成了体系化的时期，要说这不是有意的，似乎有点儿过于巧合。我们有理由怀疑编者从朱子学的立场出发有意隐蔽有关自己学说源流的程颢、程颐兄弟以及其门徒们的不光彩记录——支持王安石新法这个事实。正如上一章已经述及的，程颢在王安石手下，当初是支持新法的，可是在朱熹编辑的程颢文集、语录以及现行《宋史》的传记中，却完全没有关于他如何参与新法的记载。批判新法党，把政策失败和国土失陷的责任全推到新法党身上，成为有关北宋后期政治史的固定观念。

韩侂胄的野心

孝宗治世和平稳定。淳熙十六年（1189）他让位后政局开始出现不稳。这个让位行为结果成了不稳的导火线。

新皇帝光宗赵惇生来身体病弱。所以孝宗可能是想在自己有生之年照看这个弱不禁风的继承人治世。但是，光宗的皇后李氏却反对公公参与政治。不仅如此，连光宗要去看望年老的父皇都不准。与上代高宗孝宗的良好关系相反，亲生父子的孝宗光宗，却因为皇后在中间捣乱，关系完全恶化。

大臣们对这种情况很是忧虑，多次上奏光宗。但是，这些奏书谏言，都没有能进"妻管严"的光宗的耳朵。及至绍熙五年（1194）孝宗驾崩。按常理光宗当然应该主持葬礼。但是病弱的光宗已经没有精力圆满主持各种仪式。出身皇族的大臣赵汝愚，搬出高宗皇后，也就是当时的太皇太后吴氏，逼光宗让位。他们扶持继位的是宁宗赵扩。

这次政变以主持先帝葬礼为借口，这是一个没有前例的事件。这个借口背后当然隐藏着士大夫官僚们不满皇后李氏插手政治而进行的夺权斗争这个事实真相。但是，说到底借口还是如何圆满执行仪礼，与濮议时同样。从这点上也可以看出宋朝皇权的特殊之处。实际政务全由士大夫官僚掌握，皇帝只是一个形式上的独裁者，实际上处于近似于"君临而不统治"的地位。当时，能否圆满执行对先帝的仪礼，才是君主资格的最根本要件。

赵汝愚在采取更迭皇帝这个非常手段时，要在宫中上下活动。当时他利用的一个人是太皇太后妹之子，同时也是皇太子妃娘家出身的一个叫韩侂胄的家伙。韩侂胄是范仲淹盟友韩琦的曾孙，虽然也算是名门望族出身，但是并不是科举出身的正规官僚，而只不过是一个享受赐予贵族的恩荫的一介武官而已。相反，赵汝愚不但是皇族出身，而且还是进士，所以他根本没把韩侂胄放在眼里，开始只当一个跑腿的使唤。

但是，这个家伙不是一盏省油的灯。他先帮赵汝愚成功逼光宗让位，立宁宗继位，然后反过来就对赵汝愚下手。改元后的庆元元年（1195）二月，赵汝愚被罢。此前朱熹刚被赵汝愚招到朝廷做皇帝的侍讲，终于得到在中央活跃的机会，可是在职仅四十五日，即被解任。不仅如此，韩侂胄为了宣传自己的正统性，把朱熹学说看作危险思想进行封杀。此即所谓"庆元伪学之禁"。

跟程颐晚年一样，朱熹最后也是在政府的监视之下，死于故乡建阳（属今福建省），时为庆元六年（1200）阳春三月。

与秦桧归朝后立刻拉拢南宋朝野士大夫、组成强大关系网不同，韩侂胄只用自己的亲信组成政权，所以权力基础极为脆弱。有人认为这与他不是科举出身有关。仅凭豪门出身，官僚们无人买账。

在内政上黔驴技穷的韩侂胄，想发动对外战争建立功绩，从而强化自己的权力基础。他开始准备与金开战。开禧二年（1206），宋军渡过淮水国境线，进入金国领内。

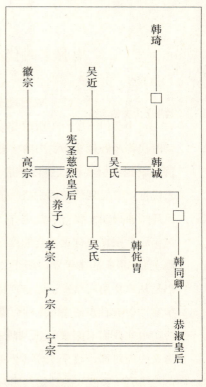

32 韩侂胄关系图

靖康之变以来，宋军主动出击还是首次。但是，虽然后方蒙古势力兴起，然而金军依然强大。宋军很快处于劣势，但金军也早已没有了灭宋的实力。两国遂开始和议。这个时候，本来就反感韩侂胄专权的史弥远勾结别的外戚，暗杀了韩侂胄，把韩侂胄的首级献给金军，从而和议成立。时为开禧三年。

史弥远时代与朱子学兴隆

明州士大夫的活跃 取代韩侂胄掌握政权的史弥远，是一个明州出身的名正言顺的进士。父亲是在孝宗时代曾经做过宰相的史浩。史浩曾著有经学著作。史弥远通过宫中政变掌握实权，强行推进和议成立，他的这些做法，一般来说肯定要受到传统的主战派道学官僚的抗议，可是也许因为他出身华丽再加上政治手腕超人，那些抗议的声音都被封杀了。

后世根据史弥远与真德秀、魏了翁等之间的意见分歧，给他戴上了一顶厌恶朱子学的帽子。不论赞扬他还是非难他，基本上都是从这个角度出发。但是，从他的兄弟以及表兄弟们在"宋元学案"中被看作杨简门人即可看出，他与道学的缘分其实是很深的。由此我们有必要认识到现在流传的宋代史料的危险性。因为这些史料都经过朱子学者们的整理，过于明确区分了黑白。

杨简一般被认为是陆九渊的高徒，其称号"慈湖"常被用到，此号来自故乡明州慈溪县的慈湖。陆九渊是朱熹的论敌，但是如果由此就认为他是朱子学的反对派，那就大错特错了。浙江的陆九渊门徒们与朱熹保持良好的关系。朱熹批判陆学派时尊称"江西学者"。因为陆九渊本人是江西出身，意思是江西出身的弟子，有意排除了浙江出身的弟子。

与不喜著述的老师不同，杨简著有数册有关经学的注释，这可能与出身科举发达的明州地区有关。不管怎么说，毫无疑问的是，他是一个具有与陆九渊不同学风的人物。不过问题复杂的是，因为后来也是在浙江繁荣的阳明学强调陆九渊和杨简的师承关系是心学传统，所以产生了杨简与朱子学相异的印象。但是，实际上在史弥远时期，杨简以及有关人物作为道学的一个流派，与朱熹一门一直保持了良好的关系。而且从他们的师事记录来看，史弥远的思想形成过程，杨简毫无疑问发挥了很大作用。

曾与杨简一起师事陆九渊的袁燮，在嘉定七年（1214），趁自己同族而且是门人的袁韶当考官的时候，成功使自己的儿子袁甫考中状元。袁韶就是当临安府尹时建设先贤堂祭祀张九成的那个人物。袁燮本人在当知贡举（科举考试全体负责人）的嘉定十年（1217）省试时选杨简门人、自己的同乡陈埙为第一名（殿试状元为另一个建康出身的人）。

陆学与朱子学相比，容易被人看作与科举无缘。但是如上所述，其实完全不是这样。他们都与史弥远关系密切。后世史弥远口碑变坏后，为了不被连累，有人就说他们其实内心是批判史弥远的，企图用此形式恢复他们的名誉。而尝试这个考证工作的，正是宁波（宋代称明州）出身的清代浙东史学之雄全祖望。但是他并非客观考据，而是先有结论，然后寻找证据。

但是，并不能全说史弥远只是搞裙带关系，重用自己的同乡以及朋友。实际上，他同真德秀、魏了翁等其他地区出身的朱子学系统的学者官僚关系也都不错。金国被蒙古侵略，势力减弱时，真德秀建议中止和约规定的向金国支付的岁币，史弥远采纳了这个建议。史弥远虽然对结束开禧之战表示支持，但是他的外交方针绝不是对金屈从的。

史弥远拥立理宗　开禧七年政变后改的"嘉定"年号一直持续了十七年。这也是一个小康时期。在史弥远的领导下，政局安定，风平浪静。从日本渡海而来的道元在这一时期的嘉定十六年（1223）登陆明州。

翌年（1224），宁宗驾崩。宁宗无子，皇族早就选定本族的赵竑为事实上的皇太子。但是，史弥远却想拥立别的王子。他联络暗杀韩侂胄时给他帮过忙的外戚杨谷一起，执拗地责问皇后，最后终于成功拥立理宗赵昀即位。一般认为赵竑和史弥远的个人恩怨是政变的主要原因，但是既然这些观点都受到朱子学史观的影响，那么我们就只能相信一半。史弥远的行为，当时大部分士大夫是默认或支持的。

理宗治世长达四十年，是南宋时期最长的。一般论及这个时期，都认为在日渐强盛的蒙古帝国的威胁下，南宋国力逐渐衰弱。但是详细实情我们并不能知道。因为理宗后南宋很快就灭亡了，还没有来得及编纂"国史"，而且在同蒙古的战争中，大量一次性资料逸散，或者因为有些记载与蒙古有关怕被后人知道，总之元代以后流传的有关资料都是非常片断的。

绍定六年（1233），独占权力二十六年的史弥远死去。史弥远的执政年数，不但超过王安石和蔡京，也超过秦桧，是宋朝的最长记录。而且，别的人死后都被世人批判或唾骂，一族也都失去威势，走向没落。可是史氏一族却继续高官辈出。因为史氏一族以明州为基础，活用盘根错节的人际关系，确立了一族名门士大夫的地位。这点，跟吕夷简以后的吕氏一族相似。但是在扎根乡土这点上，史氏一族更为坚固。明州史氏，可称地方精英之雄。

朱子学受到公认——
孔庙祭祀的儒者们

史弥远死后，非明州系和朱子学系的人终于也见了阳光，真德秀、魏了翁等回到朝廷，后世取年号命名的"端平更化"开始了。但是，这个名称本身，就是元祐更化的翻版，不用说是出自党派史观。

这期间应该特别提到的是朱子学得到公认。这是通过选择祭祀于孔庙的儒者这个形式进行明示的事项。更古的情况不太清楚，至少在唐太宗时期，在祭祀孔庙（宋代正式名称按孔子的庙号称作"文宣王庙"，以下均简称"孔庙"）里除本尊孔子像以外，同时还立孔子主要弟子以及历代儒者像（立体雕像或者平面画像）一并祭祀。唐代除了孔子直传弟子以外，还有郑玄等注释经书的二十一人被选中。后来，北宋神宗时加上孟子、荀子、扬雄、韩愈，徽宗时加上王安石、王雱父子两个。靖康之变时，批判新法党的赵鼎、杨时等要求驱逐出王氏父子，到淳熙年间，王雱一人被驱逐出了孔庙。到了淳祐元年（1241），进行了更大的改制。

这次改制驱逐了王安石，加进了周敦颐、程颢、程颐、张载、

33 宋代儒家们（上）以及清代建台南文庙中的孔子（下）的牌位　明代根据朱子学的教义改革孔庙，不设偶像，只置牌位

朱熹。追加的五人，都是朱熹认为是道统的继承人（包括朱熹自己）。这是一个明确象征王安石学派的退场、道学而且是朱子学派胜利的事件。后来，朱熹的盟友张栻、吕祖谦，还有邵雍、司马光等也被选中，由此以来孔庙中祭祀的儒者中道学派所占的比例增大。这个倾向一直延续到清代。不仅到清代，即使现在也没有什么大变化。在这个意义上，淳祐元年的这次改制，在孔庙的历史上是一次划时代的大变革，在儒教史上也是一件值得纪念的重大事件。当时的皇帝被追谥为中国历史上从来没有过的"理宗"这个不可思议的名称，就是从朱子学的别名"理学"而来。

至此，我们沿着以政治史为中心的时间轴，概观了安史之乱以来的唐宋变革的历史。朱子学被公认，不论从政治史还是从思想文化史上来说，都是代表宋王朝的象征性事件。下边，我们将变一个视角，在社会和技术的大背景下介绍宋代文化。首先我们要介绍的是，朱子学的胜利带来的思想和宗教的变化。

第五章

宗教的本土化

"哲学"与"宗教"

作为"哲学"的朱子学　　　至此为止的前四章，我们沿着时间轴，概述了公元九世纪末到十三世纪中叶政治史的经过。大唐帝国在宋朝初期人们的心中是一个理想王朝的模范。但是宋人不久就开始摸索超越大唐的独自的政治理论和皇权理论，这种摸索的集大成，就是朱子学。淳祐元年（1241）的孔庙改制，意味着朝廷正式承认朱子学是御用学问、体制学说。如果说唐朝实体是被黄巢和朱温（朱全忠）消灭的，那么唐朝的理念，却是此时被朱子学消灭的。

　　公元十二世纪朱子学的诞生和十三世纪朱子学学说的体制化，是一件不但改变了中国，而且改变了包括朝鲜、越南、日本在内的东亚全域的文明史上的重大事件。事实上以唐朝为模范的国家建设时代宣告结束，取而代之的是高举朱子学政治理念旗帜的政权在各地诞生。与此相呼应，起源于宋朝的文化新潮流，按时间差逐渐蔓延到东亚各地。这种现象所具有的文明史上的意义，我们到底应该如何认识？为了回答这个问题，我们下边将用三章的篇幅，集中介绍朱子学是在何种环境、何种背景中产生的。也就是说，我们将具体阐述本书书名所述"中国思想与宗教的奔流"这个主题。

现在，一般都把朱子学放在"哲学"的范畴中理解，与古代希腊思想、近代德国观念论等并列。这种理解方法确有道理。朱熹运用严格定义的各种术语，非常精密而且概括地——在中国思想家中极为少见——构筑了自己的思想体系。在此意义上，说他的思索成果是"哲学"，至为妥当。

但是，笔者早就认为这种用某种框架来理解和解释朱熹以及朱熹的学说有很大的问题，并利用发表论文以及各种发表意见的场合表明了自己的疑念。在此，我们先从这里说起。

本来，朱熹并不知道"哲学"一词。不仅朱熹，连长久以来信奉他的学说的所有东亚儒者，都不曾用过这个词语。与自古就存在并使用的汉语词汇"文学"、"史学"等情况不同，"哲学"一词是十九世纪后期日本人发明的汉语词汇。发明者叫西周（1829—1897）[11]。他不得不自创"哲学"一词翻译"philosophie"一事本身就隐藏了问题的根源。他觉得从来的"经学"一词——

这个词一直与文学、史学并用——不能表达西洋"philosophie"的含义。他的观点得到共鸣。在日本,"哲学"一词很快普及。不仅日本,中国、朝鲜、越南,虽然发音不一样,但是都用"哲学"这两个汉字翻译英语"philosophy"、德语"philosophie"概念。今

34 朱熹(台北故宫博物院藏)

天,我们不带任何疑问在日常生活中就使用"哲学"一词。自称"爱家是我的哲学"的人,甚至还有"昨天我把世界现状哲学了一下"等,动词化用法都出现了。"朱熹哲学"这种说法,与"亚里士多德哲学"、"康德哲学"等完全对等,人们自然而然、毫无疑问地使用。

"朱熹哲学"一词的产生,功在笔者专攻的中国思想研究领域的前辈学者。他们创造了"东洋哲学"或者作为其中一个分科(当时日本一般如此称呼)的"支那哲学"这一学问领域。他们长期不断"哲学地"分析、研究孔子、孟子等人的儒家思想。其结果,类似于"朱子学的生成论和存在论"、"朱子学是唯心论(观念论)、还是唯物论?"这样的研究课题的设定成为可能,而且事实上也取得了很多学术成果。再进一步,还有人尝试进行朱熹与亚里士多德、朱熹与康德的比较研究。但是,与本来就存在生成论、存在论、唯心论、唯物论等范畴的西洋哲学不同,中国从来没有这些区分。就是说,当事者们本来是在与这些概念定义完全无缘的状态下进行思考的。用这些概念作为分析朱子学

的框架有一定的意义，但是仅此就认为搞懂了朱熹，是否有些言过其实？——这是笔者涉足这个领域二十多年以来一直持有的一个朴素的疑问。

为了理解朱子学

花这么多篇幅说这么一个似乎无所谓的话题，没有别的意思，笔者只是想说这个简单的意思：要想真正理解朱子学，就不能囿于西洋的学问框架中。其实在宋代末期已出现了"理学"一词，元代、明代以之作为朱子学及其相关流派的称呼而得到普及。

我们再次强调朱子学作为"理学"广泛流传东亚地区的意义，绝不是做无用功。

也许到了文明的转折点，近年流行重新思考过去。但是大多数所谓的"过去"，也不过就是最近这一百来年。与有一段时间特别风行的后现代主义思潮最终只不过是现代主义的一个变种同样，把西洋的框架作为不言自明的前提设定各种问题一事本身，就很浅薄。更根本的重新思考，只有站在对与此相异的知识体系的认识基础上才会成为可能。哪怕仅仅是为了不使自己陷入那种独善地称颂自己的文明，排除与己相异者，提倡所谓"文明的冲突"的堕落的思考深渊。

因此，本书——如"导言"所述，恐怕是迄今为止的有关图书从未有的形式——在介绍宋代中国情况时，把朱子学放在叙述的中心。在章节排列上，正好处于中心位置的这三章，就是分

配给朱子学的。本章从思想和宗教、第六章从政治和社会、第
七章从科学和技术的角度介绍朱子学。科学技术与朱子学，或
许会被认为水火不相容，但是其实那不过是明治以后固定化了的
朱子学的虚像。看了本书，读者就会明白，因为朱子学本来就是
"理学"嘛。第八章介绍扩展到朱子学外缘的诸文化，第九章介
绍承载朱子学的普通民众的日常生活。因此，其实也可以看成是
这三章的延伸。

所以，虽然表面上看各章并列各种话题进行叙述，但是请
不要忘了它们之间都有密切的和有机的联系。我们将利用这些
线索，在第十章编织成一件美丽的衣物。

宋朝以前的三教交涉

"教"与"宗教"　　　　因此，我们最初应该先论述一下有关宗教的话
题。可是，我们又不得不先与"宗教"一词较
一下真。

"宗教"一词与"哲学"不同，是一个具有历史和传统的汉
语词。但是，说到其本来的意思，却与我们今天使用的意思——
英语"religion"——有微妙的不同。"宗教"一词本来的意思是
"宗之教"，也就是宗派的学说的意思。这也是明治时期的日本
人用来作为西洋 religion 概念的译语，才带来了意思的变化。

东亚地区本来没有西洋意义上的宗教概念。因此，如果用宗教这个舶来的概念分析论述东亚的思想和文化，就会出现各种问题。其中最显著的例子是"儒教是否是宗教？"这个议论。十九世纪宗教介绍到东亚的时候，因为人们对"宗教"这种东西还抱有一定的怀疑心态，所以"儒教非宗教"这种观点占多数。对此虽然也有一部用"儒教即宗教"的观点进行学术性的甚至包括感情性的批判，但是现在"儒教并非宗教"已经成了一般社会共通理念。本书书名"中国思想与宗教的奔流"把思想与宗教并列，正是由于现代日语"宗教"一词的语感所具有的局限性，使得我们不得不这样并列（"思想"一词的含义也有变化。再说下去恐被人骂笔者啰唆，省略不提）。

那么，"宗教"一词出现以前，东亚有什么词语呢？我们有"教"。儒教、道教、佛教合称"三教"这个说法，早在唐代就已经确立。此外，还用意思是"野蛮人的三种教"的"三夷教"一词合称意指 zoroaster 教的祆教、意为基督教（西方世界定为异端的 nestorius 派）的景教、mani 教的音译摩尼教。

话说到这儿，你可能会说："什么呀，不就是没有'宗'字吗？'教'不就是'宗教'吗？"确实，这种说法有一定道理。正因为如此，明治时期的日本人才把 religion 翻译成"宗教"。但是，这里的问题一是儒教被定位为一种"教"，一是"三教"和"三夷教"之间设有差距。其实这两个问题是一个问题的两个表现。

问题的根源是把什么称为"教"。这里请允许我们从宋代跳到更早以前的汉代初期——公元前二世纪。当时还不存在什么三教。佛教是公元前一世纪前后传到中国的，在这个意义上说当然不存在。不过不仅佛教，当时儒教和道教也都不存在。当然，孔子、孟子、老子（人物）、庄

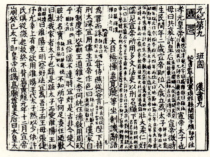

35 宋代印刷《汉书·元帝纪》 宣帝教育皇太子（元帝）的一段。左页第三行能看到"德教"一词

子等早就存在，而且《论语》、《老子》等也已经基本被整理成与现存书籍几无差异的书籍。但是，这些书籍当时只不过是儒家和道家思想及学说的文本，并不是儒教和道教的经典。诸子百家之一的儒家——"诸子百家"这个说法本身，也是公元前一世纪才发明的分类法——被作为支撑王朝体制的理论体系化，并拥有被神格化了的几本书籍即经书，还在汉代中期以后。一般认为是公元前二世纪后期汉武帝对五种经书设"博士"，把儒教定为国教。但是对此学术界内部还有不同意见。但是至少可以说，汉武帝的时候儒教的权威还并没有确立。虽然有关时期的看法因人而异，但是最晚到后汉的某个时期，才终于发展到儒教一尊的局面。笔者也认为进入公元一世纪后，拥有经典的儒教才终于成立。

但是，直到这时，"儒教"一词还没有出现。在汉代，我们现在称作儒教的学说常用"德教"一词表现。实际上明治时代日

本哲学研究家井上哲次郎（1855—1944）就在区别儒教与其他一般宗教的时候用这个词来分类。井上哲次郎是有名的御用学者，受政府委托编写《教育敕语》[12]，在内村鉴三不敬事件[13]时首先攻击内村，著有《教育与宗教的冲突》一书而知名。他还是把江户时代的儒学分类整理成朱子学、阳明学、古学三个流派的开拓者。这个分类法至今还在高中教科书中使用——虽然在学术上已经基本失去意义。井上使用"德教"一词并非偶然，具有与儒教作为汉王朝的体制学说（或称国教）有别于其他诸子百家，取得优越地位一事相呼应的背景。应该用正确的道德教育帝国臣民——与汉代的儒者同样，井上也让"德教"承担了这个意义。

三教并立　　现在一般认为到了后汉，儒教的优越地位更加强固。虽然佛教已经传来，但是最初对儒教丝毫没有构成什么威胁。"教"就是儒教，都没有必要特意称呼"儒教"。开始出现"儒家之教"的说法，是因为出现了有必要与其他"教"区别的情况。

这种情况，在汉朝灭亡后出现。公认的说法是，道教团体的前奏太平道引发的黄巾之乱（184），以及由此带来的汉帝国崩溃、三国时代·南北朝时代的国土分裂、五胡十六国·六朝等短命王朝——除了晋——几百年间兴亡继起，才使得儒教的权威低下，出现了与道教、佛教三教并立的时代。事实上，在史料中出现"儒教"、"道教"、"佛教"等说法也是公元五世纪以后的事。

因此，对于站在"儒教非宗教"立场上的研究者来说，毫无疑问应该称作宗教的道教、佛教繁盛的这个时期是可以称为"宗教时代"的。这点与西洋中世纪相似，所以这也成了称这一时期为中国历史上的中世这一学说的根据。

南北朝时代（六朝时代）是否因此就可定义为"宗教时代"我们先不论，但是至少可以肯定的是，当时三教保持了三足鼎立的局面。不过，即使如此，我们也还是应该注意到，这个"教"与西洋近代意义上的宗教——更严密地说是天主教意义上的——含义有微妙的不同。这个"教"，不是西洋那种独立于政治之外的，为个人安身立命祈祷的对象。相反，这个"教"是非常具有政治性的。

有一种研究认为，正因为"教"是"教"，所以必须要有君临凡界的教祖和记录其政治信条的经典。道教为了能成为"道教"，有必要说明神格化后的老子化身"道"，便以各种各样的形式向人间世界提供了文本"经"。

今天我们称作《老子》的书籍，就是因此作为《道德经》成为道教的基本经典。《老子》并不是有关处世术的书籍，而是统治阶级的政治学说（信条）。佛教也是因为对世俗的王说最高的政治统治术——佛法，才成为"教"。镇护国家这种主张就能说明这点。联想到日本，当初佛教之所以能被接受，就是因为是作为支持政治体制的学说介绍的。

树立起君临于此三教政治思想之上的王权地位的，是隋朝和唐朝。特别是大唐帝国，皇家姓李，拜老子（本名李耳）为自己一族的祖先，所以道教受到重视。教徒也趁此机会完成了仪礼和教义的体系化。

佛教则有玄奘（602—664）排除万难前往印度取回大量经典，通过翻译介绍，进一步强化了镇护国家的教义。后边我们还要提及，禅和净土信仰也开始兴盛。

与这些现象相比，儒教理论上的进步相对而言比较少，因此一般认为唐代与前代一样是儒教表现不佳的时代。但是实际上贵族官僚们的生活规范以及政治理念都是以儒教为基础的，王朝国家的统治机构也是以儒教经典《周礼》为范本设置的。造成唐代儒教表现不佳这种印象的一个很重要的原因，是人们上了宋代儒者们故意对现代儒教无端指责的当。

实际上，在唐代，三教以并存的形式在皇朝体制中占有重要地位。有记录说三教的优先顺序在朝廷常常发生争论，但是三教的重要性没有被否定。像本书之前提到的"三武一宗之法难"那种，有时因为当朝皇帝的个人嗜好某种教暂时会遭排斥，但是从来没有引发教团毁灭和教义衰退的事态。虽然反映大唐帝国国际性（世界性）的非汉族信仰三夷教也被承认为"教"，但是其地位远不及上述三教。儒教作为三教之一，虽然也很重要，但是并没有占据绝对的优势。韩愈等一部分儒者虽对此有所不满，但是并非多数派。

重兴儒教

批判谶纬思想

如此这般，我们迎来了大宋时代。我们已经多次论及，宋朝当初是以大唐帝国为模范的。对于"教"，当初也是一样。最初的太祖、太宗、真宗三代皇帝，对三教都表示关心。当然对三教态度各有冷暖。人所共知太祖信仰佛教，真宗喜欢道教，但是他们并没有排斥其他两"教"。

仁宗时情况发生变化。始作俑者就是那个欧阳修。他特别尊敬韩愈，自认韩愈继承人。他作为古文运动的领袖人物倡议古文，其实与排斥佛教是表里一体的行为。当时流行的西昆体文体的作者们——其领袖人物读者也许还没有忘记，就是澶渊之盟时寇准每晚花天酒地的那位酒友杨亿——大都是有名的佛教信徒。古文运动，就是要从文体和教义两面推翻西昆体。具体情况我们留待第八章论述文学时详述。

欧阳修认为唐代的儒教不是纯粹的儒教。最典型的例子是注释经书时多用纬书。纬书是汉代出现的一批书籍，据说是孔子为了解释经书的深奥意思而编著的，所以流传很广。加上表示预言的"谶"，合称"谶纬"。我们在第一章提到的禅让革命理论就是来自这种谶纬思想。实际上，唐朝的国定儒教经书注释书《五经正义》就有很多地方引用谶纬，并依据纬书的说法解释经书的字句。欧阳修对此进行了严厉批判。

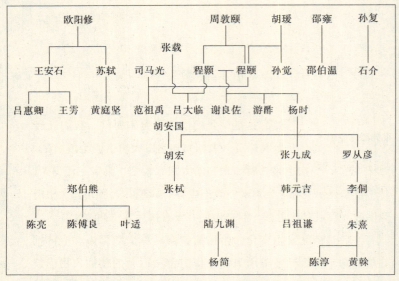

36 宋代儒学系谱　根据《宋元学案》等列举实际上的师从关系。此外私淑关系也很重要

　　他说，纬书不但不是孔子之作，甚至连忠实解释孔子思想的书籍都不是。毋宁说相反，是当时的学者基于汉代的迷信世界观捏造的文献，在解释经书意义的时候不应该参考。因此他主张，应该从现行的《五经正义》——真宗时已有十二经注疏，欧阳修总称"九经"——中删除那些引用纬书的部分，印刷刊行改定版。

　　欧阳修对纬书的文献学批判，与我们现代的研究态度也是一致的。就连认为经书是孔子编写的人——持这种观点的人在今天的学界是极少数——也认为纬书是汉代人捏造的文本，解说孔子思想的时候应该排除。在这一点上，欧阳修的出发点与我们处

于同一平台，从现代的观点来看也是正确的。但是，这里所说的
"正确"似乎有必要加上引号。因为欧阳修认为，孔子本来的学
说肯定是没有谬误的，在他看来用内容怪异的谶纬思想解释本来
就正确的儒教思想不但毫无用处，反倒是流布毒害。他批判的目
的，并不是为了从文献学上、或者实证性地确定纬书的成立年代，
而是排除违背自己心目中的儒教的纬书的思想。对于欧阳修来说，
揭开谶纬思想的面纱，应当就会看到儒教本来的真面目。

　　但是，儒教本来的真面目到底是什么呢？对汉代儒者来说，
谶纬思想就是儒教的真面目。他们认为不仅要利用经书，还要利
用纬书等别的文本，才能搞清孔子思想的全貌。确实，他们实际
上捏造了那些文本。但是，那也是他们为了解说自己信奉的孔子
本来的学说，以辅助儒教的"教"的经典为目的而做的。并非儒
者的我们——至少"笔者"——感兴趣的是，从汉代到唐代的儒
者们所认识的儒教学说与欧阳修所主张的"本来的儒教"之间，
有什么质的差异？以及这种差异的意义又在何处呢？

宋代新兴儒教的特征　　　　欧阳修效仿韩愈，高度评价的孔子继承人
　　　　　　　　　　　　　是孟子。在古文运动中，孟子被尊为文章
高手。但是这种看法与他们认为文章高手就是思想家这种文学
观有关。而这一点，就完全隔断了从汉代到唐代的信奉谶纬思想
的儒者们同欧阳修以后的新世代儒者们之间的关联。

　　作为学校教育的知识，提到儒教我们自然就会联想到孔子，

然后就是孟子。儒教也就是"孔孟之道"。但是，这个说法其实是宋代才产生的。宋代以前儒教的代名词是"周孔之教"。"周"，就是周武王之弟、周王朝成立的最大功臣、周成王的摄政、孔子多次梦见的周公旦。

作为政治学说的儒教，如前所述，应该是君主制定的学说。当然也应该是尧舜以来的圣人君主们的学说。但是继承并体系化那些学说，活用那些学说建成周王朝黄金时代则都被归功于周公。用比较专业的说法来说，经学中的古文经学流派——与古文运动的"古文"意思不同——就特别宣扬周公的功绩。孔子则是学习周公，把周公的学说集大成而为经书的人。

汉代把易、书、诗、礼、春秋五种经书称作"五经"，定为当时太学的必修课程。五经一般认为是孔子把从尧舜到周公的圣人们的主张整理成书的。但是，除此之外，孔子还有一部给弟子们讲述圣人们的政治要诀时使用的书籍——《孝经》。

圣人们把"孝"置于德目的中心来治国。孔子继承这种主张，并集大成而为儒教。汉代以后，学者们都是这样解释儒教，把周公和孔子并提，尊崇周孔。宋代司马光也特别重视《孝经》。

从这种观点出发，孔子虽然从没当过统治者，但是却被授予相当于统治者的"玄圣素王"称号。唐朝赠孔子文宣王称号建庙祭祀，宋代的真宗在文宣王前边追赠玄圣二字——马上改成"至圣"——都是为了把孔子当作王来祭祀。儒教就是正确解释周公和孔子集大成的经典的"教"，而为此作出贡献的儒者们则在孔庙里从祀。但是当时从祀的儒者中，并没有孟子。

公元十一世纪后期出现的宣扬孟子运动，表示儒教特性发生变质。新法党政权继承欧阳修的理念，最终把孟子从祀到孔庙里。王安

37《女孝经图》事舅姑章（北京故宫博物院藏）
宋代根据教育女性行孝的《女孝经》故事所绘

石亲自指挥重新注释经书（新义），并定为科举考试的官方教材，都与此有关。王安石与儿子王雱、腹心吕惠卿共同执笔编写的《周礼》、《尚书》、《诗》"新义"，现在仅存片段。继承他的思想的许多学者所作的注释也大部分都佚失不存。但是，从仅存的少量文献资料来看，他们的注释完全没有引用纬书的痕迹。谶纬思想的根干是天人感应说。因此豪言壮语"天变不足畏"的王安石，本来就不可能信什么纬书。无论如何，他们的注释继承和发挥了欧阳修的观点，从根本上改革了到唐代为止的儒教。

同为欧阳修的继承人，但是与王安石、王雱父子为首的流派（所谓新学）持对抗关系的是苏轼、苏辙兄弟的流派（后世有称作"蜀学"的）和程颢、程颐兄弟的流派（道学）。他们及其追随者也著有很多经书注释。而从道学流派登场的，不是别人，就是那个朱熹。

所以，道学也与从汉代到唐代的旧时代的儒教大相径庭。他们当然是否定纬书，显彰孟子的。因此读者现在可以明白了，这

　　记载某个地方的各种情况的书籍就叫地方志。起源很早，日本奈良时代编纂的风土记也受其影响。到了宋代，中央派遣到地方的官僚为了尽快掌握地方的情况，再加上地方上有权有势的人为了让这些中央官僚尽快知道自己的力量，所以盛行编纂地方志。这也与中央政府要求提供地方情况以及印刷技术的普及有关。现在残存的虽然不多，但是对于了解宋代的地方实际情况，是不可或缺的史料。

　　地方志由该行政区域的由来、土地的风土、特产的特征、人口和税额的变化以及与乡土有关的名人等构成。关于祠庙的记载各地方志不太相同，反映了该地方志编纂者（一般都是地方的士大夫）对祠庙的看法。另外，其中记载的神灵的叫法与普通民众祭祀的神灵的叫法并不一定一致。地方志给我们展示了地方士大夫文化与民众文化接点之间的独有的叙述方法。

· 鄞县县境（宁波周边）图（选自《宝庆四明志》）

些行为不仅是道学的特征，而且是宋代新兴儒教全体的特征。要理解朱子学的特征，就必须广泛关注北宋时代的各种潮流。我们一定得把朱子学看作宋代思想文化史的最终到达点。关于这点，在批判淫祀邪教的过程中更加显见。

发现淫祀邪教

选择祭祀对象　　儒教本质上的要素之一是祭祀。儒教不仅作为一种儒家思想，而且能作为一种"教"成立，正是因为有一连串包括各种仪式和仪礼在内的祭祀活动。祭祀活动的顶点，就是皇帝为了向世人视觉性显示自己是受天之命的天子而进行的祭祀天帝和祭祀皇家祖先的宗庙仪礼。我们在第二章已经详述过，在祭祀天帝的活动中，具有特别意义的封禅被从经学的角度否定，整理成郊祀和明堂两种。另外，皇帝还通过祭祀天地诸神以及过去的伟人，表示从空间上和时间上代表了人间社会。孔庙祭祀，只不过是其中的一个环节而已。

作为皇帝替身统治地方的官僚们，也有祭祀当地山川、英雄的义务。相对于这种官方祭祀，也有祭祀个人祖先的私人祭祀。而且，其格式按政治社会的秩序地位划分等级，才是儒教礼仪制度的重点。儒教按《孝经》所主张的孝的实践伦理，主张一个家族要祭祀的祖先应该是有血缘关系的，但是，实际上在当时人们家中祭祀的神却远不止这些。根据自古以来的迷信，或者新的生活习惯、新的技术的出现或产生，供奉的对象可能很多。儒教经学就是试图甄别这些。

有一个见于经书的词叫"淫祀"，有时也写作"淫祠"。前者用的祭祀的"祀"，所指的是仪礼本身，而后者是祠堂的"祠"，所指的是祭祀的设施，但是使用区分并不严格。

这个词的历史相当悠久，可见对淫祀的攻击早已有之。先秦时代就已经存在把"毁淫祠"作为地方官员的功绩称道的习惯。现代的解释就是所谓"破除迷信"，在中国现代史上有一段时期风靡全国。可是此事有时却被非难为对"民族文化的破坏"，所以可见含有相当机会主义的成分。不过在我们看来，那些地方官的行为，应该评价为文明行为还是批判其是对习惯的破坏，确实很难判断。

儒教并不完全否定对神的祈祷。儒教否定的是"不应祭祀时"的祈祷行为，称这种行为为淫祀。那么，什么是"不应祭祀时"，也就是"淫"呢？"淫"就是祭祀的对象是儒教学说上没有承认的神的时候，以及主持祭祀的人的身份地位过低、冒渎祭祀对象的时候。

我们先说后者。比如一介布衣祭祀天帝，那肯定就是"淫"了。因为天帝只能是受天帝之命的天子，也就是皇帝才有资格祭祀。不仅普通人，就是王公贵族以及诸侯，也不能祭祀天帝。汉代以后，即使有"王"的爵位，但是因为不是"皇帝"，也不能祭祀。禅让革命以后，新即位的皇帝迅即大张旗鼓举行对天帝授命感谢的仪礼，就是因为要向内外宣示自己具有祭祀天帝的资格。另外，受中国皇帝册封的诸国的"王"，也没有资格祭祀天帝。"朝鲜国王"自称"大韩皇帝"后马上在汉城筑天坛祭祀（实际上在此以前高丽国王和朝鲜国王曾悄悄举行过祭祀天帝的仪式）。越南的"越南国王"也曾在国内悄悄自称"大南皇帝"祭祀天帝。与奈良朝的天皇们不同，桓武天皇公开实行郊祀，也是为了表示自己已经摆脱大唐自立。

免除淫祀烙印的城隍神和妈祖

相对的，所谓淫祀指的是经书没有记载的神，换句话说就是仅在民间信仰范畴内祭祀的神。但是，并不是所有的民间神都成为禁止的对象。因为某种祭祀是否是"淫祀"，本来就因发言者（皇帝、官僚、儒学者）的标准不同而异。

而且这个标准随时代的变化也发生变化。典型的就是城隍神和妈祖。两者都与宋代有关，所以我们在这里简单介绍一下。

城隍一词的词源为城墙外围的护城河，很早以前就出现。城隍神最早的文献记录是六世纪的"祈祷城隍之神（俗号城隍神，公私每有祈祷）"。似乎到了唐代才作为城市的守护神相当广泛普及。但是城隍神并没有固定的神，而是与该城市有关的英雄们被作为自己城市的守护神祭祀。由此就可以看出，"城隍"这个名称本身，就不是普通老百姓命名的，应该是出于某位具有相当文

38 城隍神

字水平的士大夫之手。估计就像这样："人家别的城祭祀着谁谁谁，我们祭祀着某某某，咱们把这些都归入城隍神这个范畴吧。"总之，"城隍"与"守护神"一样，本是一个普通名词。

因此，这与儒教经学的"社稷"相抵触。"社稷"虽然比喻国家，但是本来是土地神"社"和谷物神"稷"的合二而一的一个词。所以，本来应该是两个神，可是在儒教中却总是一起使用。首都有全国的社稷神，各州有各州的，各县有各县的社稷神，最底层的行政机构"里"也有"里社"。附带说一句，针对佛教的"寺"，日本神道教设施称作"社"，就是由此而来。

根据儒教经学，宋代各地也都设有祭祀社稷神的祭坛。所以在功能上与城隍神重复。关于这个问题有弟子问程颐，程颐回答道："根本就不需要城隍神。我们不是有社稷吗？"但是，当时的现实是地方的人出于对本地出身的英雄的崇拜，城隍神信仰盛况空前，到了南宋道学家们也不能熟视无睹了。真德秀做地方官时，把城隍神看作与自己现世官同等的冥界官僚，每次上任时甚至主动去城隍庙向冥界的同级官僚请安。虽然史料不能证明，但是可以想象很多地方官都这么做过。在这种情况下，城隍神当然就不算是"淫祀"了。到了明代太祖洪武帝亲下诏书，颁布了祭祀城隍神的方法。

而称作妈祖的女神，本是宋代初期福建一个姓林的渔民的女儿。据传生下来就具有与神沟通的能力，可能就是一个 shaman（巫师）。中国史书用"巫"称这种人。儒教经常把它们看作淫祀的一种而排斥。

39 妈祖

林姑娘虽然年轻早夭，但死后还显灵，所以人们就建了祭祀她的祠堂。特别是在渔民以及海运行业、船员中信仰很深。先是福建、广东等沿海各地，后来发展到宁波、天津等海港也都开始祭祀。

宋朝朝廷就已经授予她"夫人"称号，元代授予"天妃"，清代升为"天后"，成了正式的国家祭祀对象。随着地位的提高，她的出身也被升格为士大夫家庭，生前的各种传说也被加上耀眼的光环加以整理。虽然一直是老百姓崇拜祭祀的对象这一点没有改变，但是毫无疑问经过了士大夫阶层的润色美化。本来是社会底层出身，可是老百姓也希望她是"大家闺秀"。所以说这时虽然把民间信仰由某种政治倾向异常美化，但是这个现象并不意味着对当时的身份制度的否定。

当然，正是因为对社会秩序不会构成什么威胁，所以城隍神和妈祖才未被打上淫祀的烙印。而且在此过程中对他们的表象内容进行了不同程度的改变也是事实。毫无疑问的是，有很多"淫祀"遭儒教排斥而消失，没有像它们那样被编入国家祭祀体制得到升进。但是在这里我们从本书的文脉出发想提起的问题是，"淫祀"频繁出现在史料中，却是从宋代开始的。

国家整顿神灵体系　　　　　一直以来研究者认为，史料中多见"淫祀"一词，正是民间祭祀多样化，大量出现既有的儒教"社"祭祀不了的神的一个证据。就是说，他们由此认为这个时期"淫祀"大量增加。

但是，笔者却不这样认为。有关"淫祀"的史料增多，并不是因为现实社会"淫祀"增多，而是著述史料的人认为这是一个问题，开始有意注视这些祭祀。从来没有被正眼看待的"淫祀"，某一天被儒教知识分子多看了一眼，他们突然就觉得很不舒服。就是说，与其说"淫祀"有什么变化，还不如说看"淫祀"的视线发生了变化。

这与朝廷对未被判定为"淫祀"的其他祭祀设施——假定称之为正祠——的积极关心态度成为鲜明对照。最近的研究表明，神宗时期，皇帝给这些正祠赐予名称（庙的匾额），授予祭祀的神（及其夫人）爵位称号的事例急增。有一种观点认为，这是一种缓和因党争激化使得政治形势不稳而采取的弥补政策。但是笔者赞同另一种解释：国家整理整顿各种神祇，推行神祇的体系化。

新法党政权积极推进这个政策的根本出发点是企图把老百姓在各地祭祀的当地神灵也都置于皇帝的支配和统治之下，并通过给神灵们授予爵位进行等级划分，创造 pantheon（万神殿），连帝国臣民的信仰生活也进行管理。对"淫祀"的排斥正是这种政策的反映，表示不能允许祭祀皇帝没有承认的神。而这，才正是王安石向神宗进谏的"变风俗"的真正目的。

徽宗政权当然照例继承了这个政策。政和三年（1113）完成的《政和五礼新仪》因详细规定了大至国家祭祀，小到一般百姓的葬送仪礼、祖先祭祀的所有仪式而备受注目。《政和五礼新仪》参考的是经书《仪礼》和唐玄宗时制定的《开元礼》。虽然按身份地位有质和量的不同，但是从朝廷到一般家庭完全采用同一标准，如此详细规定仪礼规范，却是从来没有过的。而且，就在同一年，朝廷仅在开封就关闭捣毁了淫祠一千多所。

各地关闭的淫祠，经常被转用为学校或书院等文教设施。这种做法，在明代、清代的史料中也能看到。明代在全国一齐设置的"社学"，大部分都是转用这些设施草草而成的。笔者亲眼看到，县城城隍庙转用为中学校舍，可见后来的政权也沿袭了这个手法。

作为禁压对象而被意识的淫祀邪教

新法党亦即新学积极授予各种神祇庙额和封号，被道学批判为滥发。从前文程颐的发言即可看出，道学似乎认定祠庙为"淫祀"的比例比较高。而且道学家要求不能用那些冠冕堂皇的大名，而应该直呼神名。比如朱熹门人陈淳对授予泰山神为"天齐仁圣帝"持批判态度，他的主张后被明太祖洪武帝采用，泰山神被改称"东岳泰山之神。"

如上所述，到了宋代，儒教新兴流派之间，出现了动辄拿"淫祀"开刀的倾向。换句话说，对于百姓的信仰，到那时为止他们根本没有放到眼里，而这时却明确表示干涉并加以选别，企图建立某种秩序。由此，他们用文字记录祠庙情况的方法也产生了变化。

宋代以前的史料即使有"社"出现，也无法确认到底是不是儒教经学所认定的"社"。其中实质上与宋代以后认定为"淫祀"的是同一神祇、同样祭祀形式的也肯定有。但是，宋代从神的性质到祭祀的仪礼详细记载这些民间信仰的史料却在增加。这就充分说明，记录者开始对这些民间信仰产生兴趣。但是，他们的所谓兴趣，与现代民俗学家或人类学家为了参与观察而表示兴趣不同，他们是作为政治家、道德家，为了禁止才表示兴趣的。因为被作为禁止的对象意识，所以"淫祀"才在文字史料中出现。就是说，"淫祀"被重新发现。

这意味着本来只存在于士大夫之间的礼的世界，开始作为拘束普通百姓的模范树立起来。这个趋势一直持续到清代，甚至今天还在进行。这个现象如果借用诺贝特·埃利亚斯（Norbert Elias）著作名，应该称作"文明的进程"吧。

同样的情况也适用于比"淫祀"印象更为恶劣的"邪教"。所谓"邪恶之教"，就是针对国家认定的三教而言，有破坏政治社会秩序之嫌的"教"，称之为"邪教"。被判定为"邪教"的，还有唐代公认的摩尼教。

批判摩尼教时，肯定用的一个词是"吃菜事魔"。意思是不吃肉食，专门事奉恶魔。但是，最近的研究表明，用这句固定用语批判的并不全都是摩尼教。其实这个词就是一顶帽子，只要想扣在谁的头上，即使自觉不太合适，为了政治目的也给扣上，就像现在把某个政敌树立成"人民公敌"时一样。

其实有意思的是，对于儒教徒士大夫来说，"吃菜事魔"一词本身就带有一定的负面意思。因为此词与他们并非毫不相干。朱子学当初就差点被当作"吃菜事魔"而禁止。同样的，江户时代出现的模仿朱子学式的葬仪几乎被看作当时被禁止的天主教而遭禁止。一般来说，革新者总是很容易被诽谤中伤。

朱子学为什么差点被看成"吃菜事魔"？这是因为他们这些道学家采取的生活方式与普通人的生活方式完全不同，特别是服装比较惹眼。他们身穿按经书的记载复原的一身白衣，称作"深衣"，故意要显示给人看似的集体在大街上走动。这在当时大多数人看来，完全是一种异样的景象。他们挥舞着结合了理和气的怪怪的理论，主张自己的理论才是唯一绝对正确的孔孟之道，说人们迄今为止信奉的那些所谓儒家学说都是胡说八道。如果让这些家伙都通过科举考试在政府做了大官那还了得？所以从来的体制派把他们看作危险思想进行打压也合情合理。实际打压他们的韩侂胄绝不是孤立一人，当时有很多士大夫或多或少都做过帮凶。

在这种打压环境下，朱熹之死，对他的信徒来说，其实就是一种殉教。所以他的继承人们拼命活动，经过与史弥远政权保持微妙的合作关系后，终于成功地使朱熹在孔庙从祀。时为淳祐元年（1241），上一章我们已经述及。他们要排斥的，不是别人，就是到那时为止的正统派儒家王安石。话到这里该明白了吧，朱子学（包括道学）的眼中钉肉中刺，他们视为儒教内异端邪说的，就是那时的体制派王安石新学。

教义的心性化与葬送仪礼的规范化

心性说——佛教盛行　　我们回头再来看一下欧阳修们的那个时代。当时，希望复兴儒教的儒者们，到底觉得什么是问题呢？他们认为唐代儒教的问题或者说缺陷到底是什么呢？

这个问题就是教义中有关心性的部分。与道教和佛教相比，儒教显得没有活气（至少北宋的儒教改革家们这样认为）的理由是因为儒教没有充分关心人们"心（精神）"的问题。确实，要想当官发财就得科举合格，要想科举合格就得学习儒教经书。或者说，作为官僚要执政，就必须掌握儒教的政治思想和统治权术。但是，说到底，仅仅如此而已。对于一个普通的人在人间社会如何生存等精神内面的问题，当时的儒教完全没有提供答

40 "心"字的图像化 "心"字自身被形象化。右图是明代朱子学者陈真晟画的"君子法天之图"。左边照片是日本京都的临济宗寺庙——等持院的庭园中的水池。这种水池叫做"心字池",多见于日本庭园。另,等持院是足利将军家的墓园。镰仓幕府和室町幕府时代临济宗的僧侣作为幕府的政治顾问活跃,朱子学的政治思想和经学通过他们得以传播

案。钻了这个空子从而盛行的,就是提倡"修身"的道教和提倡"修心"的佛教。

与"修身"、"修心"相对应的词语,儒教常说的是"治世"。随着科举官僚体制的成功,儒教作为与政治有关的学说,比起其他两者,地位越来越优越。在实体政治中,允许道士或佛僧插嘴的机会几乎完全消失。不过,正因为如此,对于儒教改革派的士大夫们来说,更应该从儒教的立场上,更切实地回答人们"心"的问题。

佛教中突出强调"心"的学说是禅和净土信仰。实际上宋代以后,佛教几乎被这两者独占。唐代建构的那些极为精细的学说体系,比如唯识、华严、天台等,到了宋代在教义上几乎没有什么发展。勉强能撑住门面的是天台宗出了一位明州的四明知礼 [14]。当时日本渡宋的僧侣的目的,要么是充当外交使节,要么是为了巡礼修行,反正已经不是为了学习了,其背景就有这些原因。

成寻[15]等僧侣，渡宋的目的不但不是学习，甚至可说是想反过来教育宋朝的僧侣。

那么，中国的佛教界到底发生了什么事呢？早在唐代就出现了荷泽神会的禅宗、善导的净土宗等。禅宗后来经过许多僧侣的努力有了长足发展，形成拥有几个流派的巨大宗派。以前的佛教史研究者很重视这点，据此认为唐代佛教，包括禅宗和净土宗等发展到了顶点。这种历史观同时受中国哲学界"宋代复兴了唐代低落的儒教"观点所鼓舞，具有一种轻视宋代佛教的倾向。

但是，最近的各种研究从新的角度审视这种历史观。新的视角是，不能只着眼教义的进展，还应该考虑到作为宗教的——或者说"教"——佛教的发展势头。实际上，宋代不论禅宗还是净土宗，都吸引了更多虔诚的信徒。从这个观点出发，我们不太赞成把唐代称作"宗教时代"，与宋代以后进行区别的做法。

禅宗内部分裂

如前所述，吴越国庇护了佛教。其实当时不仅吴越国，福建的闽国、四川的蜀国朝野上下都向佛教寺院大量寄赠土地，在经济上优待佛教。以这种经济力为背景，到了宋代，这些地区的佛教寺院的社会影响还是非常大。这么说，也许会给人一种把这些寺院等同于当地经济上的支配阶层、对百姓生活造成极大压迫的印象。但是其实这对于普通百姓来说，却是佛教成为日常存在的一个证据。六朝隋唐时代的佛学说白了是为了镇护国家这个最高目的，或者说为了国家而存在的。

与此不同，经五代到宋朝以后，佛教把对象扩大到普通百姓，逐渐变化成为人们的日常生活而存在的佛教。或者可以说也有唐末以后的藩镇政治带来权力的地方分散、佛教寺院随之与所在地关系变得更为密切这个原因。印刷大藏经，当初确实是太宗支持的国家事业，但是到了南宋，却是苏州和福州等地方的寺院推进的。

与这些既有的经典学说相对抗，高唱"不立文字，直指人心，以心传心"口号登上唐代佛教舞台的是禅宗。这里用了"禅宗"这个说法，可是与日本的宗派意识稍有不同，他们的特征是自己是谁的弟子，属于某个系谱等"法门"意识特别强烈。所以"师资相承"虽然是禅宗的理想，但是一般都教有为数不少的弟子，师死后因对师的学说理解不同马上分裂，虽然都在禅宗内，分裂却再三重复。比喻一代一代继承灯火的"传灯"象征的正统意识，正是不断分裂的反证。朱子学的道统论，就是禅宗理论的脱胎换骨。

早在唐代，禅宗就已经有北宗和南宗的分裂，后来南宗系谱成为主流派，南宗中又分裂出临济义玄，扩大了势力。到了北宋，临济宗中的黄龙派利用苏轼、黄庭坚等名人扩大影响，在四川、荆湖、江西等长江流域建立据点。蔡京政敌张商英也是一个有名的支持者。

到了南宋，虽同是临济宗，但是杨岐派却得势。特别是其中

41 天台山国清寺大雄宝殿（浙江省台州）　天台教学的圣地也设有禅宗道场

的大慧宗杲与张九成同属主战派，关系亲密，在临安郊外设教团本部，极速扩大了在士大夫中的影响。后被秦桧以政治理由为借口镇压，而且也遭同为主战派的朱熹彻底批判。这充分说明这个学说影响巨大，令当时主流派感到了极大的威胁。

大慧的特征是看话禅或者公案禅。他们否定曹洞宗系统的默照禅，即通过坐禅达到醒悟的境地的做法，重视带来醒悟的语言。简单说，就是禅问答。本来公案的本意是某个具体场合的发言，后来把过去的大师的发言看作引导教团成员大彻大悟的珍贵的共有遗产，进行编辑出版，这就是所谓的"语录"。通过"语录"弘扬自家派学说这个做法，也被儒教的道学所接受。

醉心道教

与佛教的趋势一样，道教也出现了教团的分权化和本地化趋势。丧失了唐代老子崇拜那样的国家庇护后，道教内部出现脱离政权追求自立的倾向。这个倾向通过制定各种仪礼体现出来。这些仪礼称作"科仪"，其中有些做法非常有生命力，直到现在还被道士们遵守。道教从一个祈求皇帝一族健康长寿、老子子孙统治的王朝平安的"教"，变成了通过祈求普通人的消灾长寿，从而达到国家秩序安定的"教"。

事实上也确实出现了真宗和徽宗那样信奉道教、厚遇道教的皇帝。他们把道教经典的编辑刊行作为国家项目推进，真宗时刊行了《云笈七签》，徽宗时刊行了《道藏》。特别是徽宗，有一段时间特别信任道士林灵素，恩赐给道教极大的权威。有点儿跑题，下边我们把这个情况简单介绍一下。

42 在道观举行仪式的道士

林灵素进宫说法是在《政和五礼新仪》的新礼制实行不久。他花言巧语抓住了徽宗的心：天有九层，最上层为神霄，由上帝长男神霄玉清王统治，而徽宗您正是这个王。蔡京等大臣和后妃们都是天上界的神。徽宗听得高兴，命在各地建神霄万寿宫，并自称"救主道君皇帝"。还创建了学习道教的学校"道学"（当然与儒教流派无关），并指定《老子》、《庄子》、《列子》为太学教材。到了重和二年（1119），竟然发诏，改称释迦为"大觉金仙"、佛僧为"德士"、尼僧为"女德"、寺院为"宫观"。就是说，强制佛教从属道教伦理，改佛教为与"道教"成对的"德教"。

但是，就在这一年林灵素失势死去，佛教的各种名称也在翌年恢复原来的称呼。虽然重视道教的倾向没有改变，但是道教一教独尊的现象却发生变化。而且，同是重和二年（二月改元，为宣和元年），徽宗照例亲自参加籍田（耕田仪礼），皇后亲自参

43 内丹图　选自《云笈七签》
所收《真元妙道修丹历验抄》
中的《还丹五行功论图》（出
自正统道藏）

加亲蚕（采桑仪礼），《政和五礼新仪》
所规定的各种仪礼也按计划实行。可见
说徽宗是盲信道教，还不如说他想统合
三教，建构一个君临其上的王权结构。

　　但是，正是在这个时候，道教内部
却开始出现变化。这变化就是诞生了王
重阳创始的全真教。王重阳出生于徽宗
治下的政和二年（1112），但是这个教团
的成立却不是在北宋，而是在金朝治下，
所以详情介绍留给本套丛书第八卷（《驰
骋草原的征服者》）。

　　在南宋，与后述解决生者的精神问题有关，内丹道得到相当
发展。道教的修行目的是得道成仙。这有两个方法，一个是用
所谓灵丹妙药，也就是化学方法改造自己的身体；另一个就是
通过身心统一，在自己的心里养成仙人。成仙要用"丹"，所以前
者称作外丹，后者称作内丹。唐代以后，内丹也与坐禅相通，通
过身体技法可以修养。北宋初期的道士张伯端著《悟真篇》，用
韵文形式表现了内丹的做法和境界，到了南宋时期开始流行。内
丹派中的白玉蟾派采取类似儒教朱子学的战术，把儒教（道学）
和佛教（禅）的教义脱胎换骨，变成自己的学说，运用印刷和刊
行书籍等新技术，扩大了影响，在道教中占据了不可取代的一席
之地。

不论佛教还是道教，都自中唐以后积极关心人的精神问题。这从葬送死者的仪礼和关心生者的精神卫生两方面可以看出。

葬送死者的仪礼　关于葬送仪礼，不但道教的科仪有贡献，佛教也在自身的中国本土化过程中，采用了许多印度时代没有的中国民间习俗，对完善葬送仪礼作出了贡献。比如现在日本还通行的七七日（四十九日法要）、祭祀祖先的盂兰盆会（道教的中元节）等，追根溯源本来都是中国唐代已经存在的习惯。初七、一周年忌日、三周年忌日等，本来就是儒教经学，确切说是经书记载的远古的习俗。这些习俗后来被佛教采用。甚至可以说随着佛教仪式的普及，这些习俗也得到普及。或者说即使现实不是那样，欧阳修等儒教改革派却认为这些习俗已经成了佛教的仪式。另外，遗体埋葬方法之一的火葬，基本上就是佛教普及的。近年通过对司马光等人的考证和批判文章的分析研究，证明在宋代火葬相当普及。儒者依据经学理念，认为最大的问题就在于此。把自己父母的遗体用火烧，这个行为本身，作为一个孝子是绝对不允许的。他们认为人们都被佛教的邪说蛊惑了。

为了对抗这些歪门邪道，儒教开始编制他们自己认为正确的葬送仪礼指南书，进行普及。其代表作就是被看作朱熹编著的《家礼》。这是一篇说明各种冠婚葬祭仪式的短文。文章记载的仪式引用经书记载，并结合了当时的民间风俗。朱熹名字有一定品牌效应，在南宋末期就产生了一定的影响，后对明清时代的礼制体系形成贡献极大。具体的仪礼是什么我们暂且不论，但是这些仪礼作为理念上应该尊奉的规范，成为一种社会常识，具备了强固的制约力。不管怎么说，当年欧阳修的慨叹总算有了一个比较圆满的解决。

**通过禅追求
大彻大悟的境地**

另一方面，生者的精神情况又是如何呢？人作为人为何而生？这个实存的根本性问题，对于不知道"哲学"的宋代人来说，应该是一个很头疼的问题吧！做个好官，高高在上，到底有什么意义？或者科举失败，是否就预示没有做人的价值？……从汉代到唐代的儒教，只知通过谶纬思想事奉皇权，从来没有从正面回答过这些问题。

这样说也不够全面，其实曾经出现过回答这些问题的萌芽。儒家思想中自古论及的"性说"就相当于这个萌芽。这里的"性说"与 sex（性交）或者 gender（社会性别）的议论完全没有关系，这是关于人的本性的思考。包括孟子的性善说、荀子的性恶说、汉代扬雄的"性善恶混"说，以及性三品说等。汉代以后有关人的本性的议论，基本上都是围绕这四种类型进行的。

唐代占主流的是最后的性三品说。虽然前汉已经能看出这个倾向的苗头，但宋代儒者选定的这个说法的中心人物是韩愈。而孟子等四人被他们认定是孔子学说的继承人，事实上这四人都是神宗时新从祀到孔庙的。不过到唐代为止，以性三品说为中心的性说，和宋代的四说并称，以及最后性善说取得胜利，在这个论争过程中，他们对性各采取了不同的态度。

其实性三品说本来是把人分成上中下三等的一个政治理论。性善的皇帝通过教导普通人，惩罚性恶的下等人，从而达到统治天下的目的。性三品说被认为适合于汉代以后的贵族制社会的理由也就在于此。可是，性善说至少在宋代人的理解中是把人性的问题与个人的修养相关联。作为赖以关注自身的内心、提高生活质量的方法，人们追求掌握本性。

给这些议论提供了基础的却是佛教的禅。与期待阿弥陀如来的救济，或者弥勒菩萨降临，取得普通百姓信仰的净土宗他力本愿相对照的是，在希望凭借自身的力量生存的士大夫之间，流行通过禅，达到大彻大悟的境界。当然一部分人热衷于超脱世俗的出家禅，但更多的却是在家当居士，跟随适当的禅师参禅，寻求精神上的安宁。禅师们也积极参与天下国家的大事。只是做法不是原来佛教做的那种镇护国家的祈祷或咒术，而是通过当为政者的顾问，成为他们的精神支柱。我们在"导言"中述及的成寻的误解，其实就在这里。一个祈祷师的社会地位，远在政治顾问之下。

在净土信仰与葬送仪礼相结合深入民间的同时，禅宗通过坐禅和参禅课题抓住了士大夫的心。在教理上——不过，禅因为不重视经典的注释，所以教理的意思与一直以来的佛教相异——也不断深化，产生了吸引日本学僧的魅力。

新学也并不是没有通过性说探究人们的心性问题。但是因为新学是一个重心放在作为政治体制、政治制度的"教"上的学说体系，所以没有能够提出超过禅的有魅力的学说。取代他们积极参与这个问题的是道学。道学把自己定位于一方面对抗儒教内部偏重政治的倾向（新学），另一方面取代佛教的心性学说（禅）。道学同时还关注着道教作为身体论推行的内丹道，并随之不断深入到南宋的士大夫阶层。

道学使孟子的性善说脱胎换骨，使之不是作为王者的教化的言说，而是作为个人自己修养的学说，置于性说议论的中心。一般称之为心性论。这正是"哲学"性的，近代以来成为主要研究对象的分野。

但是，他们只不过是把这些作为立论的根据重视而已，并没有作为思索的目的。他们信奉儒教的目的，只有天下国家的安宁。每个人的内面，直接连接着社会。换句话说，哲学只不过是政治学的基础。

那么，我们又是应该如何理解道学的形成和普及过程呢？下一章，我们将聚焦这一点。

简明中国思想文化史

- **神话传说时代**

  三皇五帝 （伏羲、女娲、神农／黄帝、颛顼、帝喾、尧、舜）‧‧‧‧‧‧太古传说的帝王。

  儒教塑造成理想的君主

  三代（夏、殷、周）‧‧‧‧‧作为儒家理想的黄金时代传说

  周室东迁（前770年）春秋战国时代开始 → 进入诸侯对立时代

- **诸子百家** 时代——儒教成立

  ┌─ 儒家（孔子、孟子、荀子）‧‧‧‧‧‧根据古代理想的王们制定的"礼制"，
  │　　　　　　　　　　　　　　　追求恢复完全的政治社会秩序
  ├─ 墨家（墨子）‧‧‧‧‧主张兼爱、节葬、非攻，与重视血缘和名分的儒家相对立
  └─ 道家（老子、庄子）‧‧‧‧‧‧认为"道"是宇宙万物的根本概念，
  　　　　　　　　　　　　　　　主张顺应"道"的处世术

  其他，到了汉代，追认命名了法家和名家等流派。

  秦始皇统一全国（前221年）→统一思想文化的政策

  据传实行焚书坑儒政策（不排除受害者儒家一派的夸张）

  前汉：初期主张无为自然统治术的黄老思想占据优势

  后来实践严格的法律的 法家 流官僚（酷吏）猖獗一时
  　　　　　　　　　└→ 主张用"法"治理国家的流派

  随后儒家官僚进入政界（公元前1世纪）

  王莽为了建设理想的儒教国家篡夺皇位，建新朝（8）

  后汉：以儒教教义为基础的国家体制确立 → 成为直到唐代的规范

- **三教并立时代**

  佛教传来（前1世纪）

  道教教团成立（2世纪）→ 进入"三教"并立时代

  魏晋南北朝：南北分裂下思想进一步深化 → 隋朝统一

  唐：唐玄宗时代的安史之乱带来传统体制的动摇

  → 国家的变质（唐宋变革开始）

  东亚固有的佛教（禅、净土信仰）开始普及

  道教教团改编以及仪礼体系化

  儒教出现异端排斥论（韩愈）

- **朱子学的时代**

  北宋：（前半）模仿唐代

  （后半）进行儒教思想革新

  南宋：儒教：朱子学产生

  道教：新兴教团成立（金朝地区）以及内丹道普及

  佛教：禅宗兴盛

  元：承认思想多样化的统治 → 有三教融合倾向

  明：朱子学获得特权 → 道教、佛教也在教义上儒教道德化

  在教义论争中朱子学内部诞生 阳明学

  └→ 朱子学反对区别心和性，相对于概念性的和分析性

  的知识，更重视于日常伦理直接关联的人格陶冶

  耶稣会教士进入中国、穆斯林知识分子（回儒）活跃 → 科学思想兴隆

  清：在满族的统治下完成了礼治体系 → 普及到乡村一级

  考证学勃兴 → 对朱子学、阳明学概念论的批判

  春秋公羊传再兴 → 开始对旧体制进行批判

- **西洋思想的时代**

  西洋思想经由日本传入 → 打倒异族支配、打倒帝政的"革命"运动

  中华民国：在列强的侵略下民族主义意识高涨 → 五四新文化运动（1919）

  俄国革命的影响带来马克思主义思想 → 中国共产党建党（1921）

  对全面西化的反感和创造"中华传统" → 现代新儒家（1920年代—）

  中华人民共和国：共产党政权的政策

  毛泽东思想时代（1949—1976）与改革开放路线（1979—）

  1989年之后，作为"中华民族"文化的核心，儒教受到重新评价

第六章

士大夫的精神

先忧后乐

为万世开太平

我们在第二章里已经简单介绍过了庆历改革领袖范仲淹的"先忧后乐"精神。再没有比这四个字更能确切表现宋代士大夫的理念了。

当然，这也只不过是理念而已，并不是每一个士大夫都是这么伟大，而我们也完全没有赞美和美化过去的意思。美化历史上的人物这种事，我们还是交给小说家和脚本家吧。像笔者这样的研究家的任务，其实往往是制止那些把创作当作历史事实教给青少年的现象。学习历史与读伟人传记不是一回事，连范仲淹也并不是完美无缺的正人君子。

话虽如此，但是先忧后乐精神作为理念发挥作用，这个事实本身有着非常重要的意义。作为一个士大夫，生存的使命就是正确教导民众，而只有完成这个使命后，才能想到自己的快乐。那么，这个使命，他们是如何完成的呢？

范仲淹有一个朋友，有时候也被看作他的门人，名叫张载。张载与程氏兄弟是亲戚，对程氏兄弟的道学形成贡献巨大。其实他也是被朱熹捧成道学创始者之一的人物。朱熹说张载曾说过这样的话："为万世开太平。"

笔者用"朱熹说"张载语录这种奇妙的说法，是因为这句话在现存史料中只能在朱熹和吕祖谦共编著的《近思录》中看到，是否真正张载所说找不到别的证据。我们这里姑且相信朱熹（这个"伟人"有时造假所以不能全信），朱熹的这个评语在朱子学中也得到尊重。

"为万世开太平"，就是士大夫们表明自己的一种面向未来、治理现在的气概。宋代士大夫们的心里一直有——这么说有些"美化"嫌疑——这么一种家国天下的责任。

他们能这么对未来充满信心，与第九章将要述及的大好经济形势分不开。告别迄今为止的黑暗时代，再现太古的黄金时代这种气概，不仅是程氏兄弟创始的道学，也是王安石父子的新学和苏轼兄弟的蜀学共有的精神。在此意义上摆脱大唐帝国桎梏的庆历年间（1041—1048）是划时代的时期。新学有新学的、道学有道学的"复古"构想。最先出现的是新学的构想，后来道学参考新学的规划，有时赞同有时批判，从而创造出了自己的学说。下边，我们先看一下新学的，换句话说也就是新法党政权的政治构想。

新学的政治构想　　第三章我们已经说过，王安石改革的特征是滴水不漏的严密的制度设计。其基础是他对于《周礼》等儒教经典的独到的深刻理解。在以相传为周代的各种政治制度和财政机构为模范的基础上，他结合宋代的社会现实构筑的各种新法，是唐宋变革期最为华丽的改革。如果新法政策能够得到长久继承，那我们是否可以想象，中国社会也可能同西洋的历史一样，就那样顺势跨入近代社会。

断送了这个改革成果的反面角色，是道学。道学当然不会从这个角度承认自己的责任。他们认为北宋失去荣华的主要原因，是引起靖康之变的徽宗和蔡京政权的无能。但是，果真如此吗？

靖康之变到底是徽宗政府各种政策的必然结果，还是仅仅是一次偶然？对此要做出正确判断是很困难的。但是，至少我们可以说如果是以这个结果为前提寻找战犯，那么肯定是看不到徽宗时代真正的现实的。了解历史，在必须具备从现在追溯过去的视线的同时，还应该追溯体验当事者的行动，并进行从过去返回到现在的工作。只有这样，我们才能得到"当时为什么？"这个问题的答案。

王安石的目标是，在中央政府的指导下，构筑滴水不漏的严密的社会秩序。第三章介绍的那些新法，上一章述及的宗教政策，都是他按自己理解的远古圣人的意图，重建曾经的黄金时代的具体政策。他所参照的最基本的经典，是《周礼》。

儒教经书几乎都存在这个问题，但是《周礼》最为明显，那就是来历不明。至少在《史记》中完全没有记载，据传是一个地方王发现后进贡给皇帝的。前汉末年刘向、刘歆父子在整理宫廷图书馆时发现后，分类到礼书类中。当初称作《周官》，后汉末年郑玄作注，该书成为所有经书之首，《周礼》书名也随之被世间所接受。《周礼》模仿宇宙的秩序，设天地春夏秋冬六个官署，各官署设六十官职，总共设置三百六十个官职。这个结构与当时的天人感应思想相结合，使得人们感觉到这就是王权本来应有的形式。

汉朝官僚机构与《周礼》似像非像，但是到了魏以后，各个王朝都有意要模仿《周礼》，到了北周，终于完全实现了六官制。继承了这个体制的是唐朝的六部制。唐玄宗的《大唐六典》是这个理想最完整的形式。王安石引退后，神宗主导实行的元丰官制改革，就是想精简和整理唐末以来复杂重复的官僚机构，重新复活六典的职名和职责。《周礼》展示了壮大的官僚体系。运用这个体系，需要大量训练有素具有实务能力的优秀官僚。王安石要求科举选拔的人才就要具有这样的能力。

重建太学与新设州学

为此，我们又得回到庆历改革时期，也就是公元十一世纪四十年代。范仲淹为了培育优秀的官僚，觉得只靠科举考试不行，还得充实学校教育。这就是重建太学，新设州学。

太学就是设置在首都的国立大学，是汉代儒教国教化的象征。后汉末年成为抗议宦官专权的学生据点，受到所谓党锢之禁的镇压。随后的历代王朝都以培养人才为目的设置太学，但是实际上是否起作用，完全看当政者的关心程度了。范仲淹给有名无实的太学带来新风，教育培养学生的先忧后乐精神（严格说，他的《岳阳楼记》是庆历改革后的作品）。

这时他提拔重用的是一个叫胡瑗的人。胡瑗以前是苏州州学的老师，因教法新颖受到欢迎。他把给学生教的课程分成两部分：一个是经义斋，一个是治事斋。前者依据经书陶冶人格；后者教授实际工作必要的知识和技能。他把这两者用"体"和"用"区别。"体"是本体，就是学问的根本；而"用"则是实用，也就是学问的实际效用。他的教法的新颖之处就在于把儒教经学和政治实务相结合，或者说这也正是时代的要求。

这种场合的经学，与以往注疏学注重名物训诂相比，更重视人的主体性的涵养。这也就是人们经常强调的宋代儒教自由学风的前兆。但是，第八章还要提到，他们并不是完全排斥名物训诂之学。在依据经书学习做人的生存方式的时候，正确解释经书文言的意思，依然是一个很重要的工作。胡瑗没有采用禅宗那样的以心传心，或者依靠某个偶然的机遇获得某种大彻大悟之类的做法。他认为一定要通过圣人遗留下来的文本，追溯体验圣人的教诲，以此来实现人格的陶冶。所以，解读经书，是他的新经学必须要做的工作之一。

他们的新儒教，并非他们自己原创的"哲学"，而是在经学范围内，从解释经学的行为过程中产生的。他们通过发现和提出与过去不同的解释——他们主观上当然认定这是本来的正确解释——形成了新思想。

君主像的变化　比如，被人们津津乐道的象征事例就是有关《尚书·洪范》中"帝"字的解释。《尚书》被称作《书经》，是尧舜以来圣人们的政治记录。"洪范"是殷周革命后，殷朝王族的箕子向武王说的话，当然实际上是战国时代的创作。这里边把政治的要诀分成九个范畴，世称"洪范九畴"。其实"范畴"这个词本身，就是为了翻译英语的category，把"洪范九畴"缩短编造出来的。

洪范篇开头提到"帝"赐大禹九畴。从来的解释认为这个"帝"为天帝，九畴的意思是洛水（流经洛阳市内的河）出现的神秘现象。但是胡瑗否定了这些解释，他认为"帝"就是大禹臣事的帝尧。也就是说，到唐为止的一直以来的儒教认为是表现天帝赐王天命的句子，被解释成从尧到舜、从舜到禹的王者之间的王权转让（禅让）。如此一来，谶纬思想所说的易姓革命理论，被转化成赞美有德者统治天下的意思。

这是宋代新兴儒教各流派共有的思想。特别是出现了甚至可以称之为泛滥的尧舜赞美现象。不论王安石还是程

44 明代绘画中所描绘的宋代开封殿试

颐，都拼命向自己效忠的皇帝进言，要以尧舜为榜样治国。他们找出汉朝和唐朝皇帝们的各种缺点，指出他们已经不是值得效仿的模范。他们强调经书中所要求的诚意、正心、修身等德目，是皇帝和士大夫都应该具备的。换言之，皇帝成为与士大夫同样的存在，被要求具有同样的伦理道德。直到唐代，严格地说是直到宋真宗为止的神圣王权论失去市场，哲人王成为时代的要求。科举官僚们希望自己的上司不是高高在上的君临下界的君主，而是一个与自己具有相同的人间本性、服从相同的伦理规范、遵守相同的行动准则的君主。对王安石来说，皇帝也不过就是一个构成国家官僚组织体系中的一员而已。有人指出，其实这个构想早在欧阳修的时候就已经出现。

那么，作为君主，与一般官僚的区别又在哪儿呢？这，就是与以往稍有不同的天命论。

发现天理

"天变不足畏"—— 据说王安石根本不在意别人把彗星的出现或者蝗害的大量发生说是上天发怒的惩罚，批判他的失政。这也许是真的。王安石那样大胆的人，说出这种天不怕地不怕的话一点儿都不奇怪。但是，如果因此就认为王安石是要把自然界的现象和人间的政治完全割断，那却是过于武断。

持这种观点的人，是想把王安石装扮成一个西洋意义上的近代合理主义者。如果说中国的停滞和没落是在朱子学支配体制下出现的现象（直到清末朱子学一直占统治地位），那么应该负这个责任的朱子学就是使中国走错路线的元凶。与此相关，把未能实现的中国近代化的理想寄托到被朱子学葬送了的王安石身上，用西洋政治史上的著名人物比拟王安石，成为清末以来言论界的主流观点。特别是毛泽东晚年的历史认识，认为中国思想史就是一部儒家与法家斗争史，发挥进步作用、代表正义的总是法家思想，所以作为与儒家思想的典型朱子学正面相对的英雄，王安石被捧成一个法家思想的重要人物。再加上任何时代任何国家都存在的御用学者的贡献，毛泽东的这一命题被添枝加叶，从而塑造出了一个从唯物史观的角度来看极端美化了的王安石像。王安石成了一个为了给中国带来近代化孤军奋斗，最后败给保守势力的悲剧英雄。

但是，王安石的真正形象与此显然不同。王安石绝没有强调分离天和人。毋宁说他通过对上天代表的自然界原理的探究，来思索人间界应有的秩序。"自然"一词，经常出现在他和与他思想接近的学者们的文章中。他们努力想从中发现一贯的法则。这个法则，被称作"理"。

王安石政权主要阁僚之一沈括有一部随笔叫《梦溪笔谈》。一般用近现代的眼光把他评价为宋代第一科学家。确实，《梦溪笔谈》充满了从"科学的"角度对自然界的探求。但是，这个探求的基础，是与西洋近代思维相异的对"自然之理"的信赖。自然界不是游离于人类之外的存在，不只是一个人类的观察对象；相反的，自然界作为探索制约人类的行为规范的研究对象，始终处于学问研究领域的枢要位置。宋代出现的各种技术革新我们留待第七章详述，其实那些革新都是在与西洋近代科学完全不同的思维逻辑中出现的。其前提，是贯穿天人的"理"的存在。

关心心性问题的儒教学说——道学

更从人的内面强调以上问题的是道学。这才是笔者前边说过的"道学是为了对抗新学而形成"的真意所在。王安石的新学，确实志在探究贯穿于自然界和人间，用他们的说法就是"天"与"人"之间的"理"。通过依据"理"的制度，也就是"法"的施行，实现完全的社会秩序，从而使得人人幸福。但是，这个

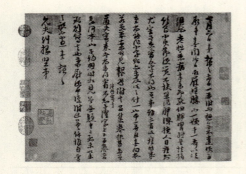

45 朱熹草书《书翰文稿》(部分)

"理"如果只是在我们人间之外探求，那么，就不可能标示出以政治社会秩序为秩序的我们自身的存在意义，或者如西洋人所说的主体（subject）存在的意义。

当然，新学也在相当程度上希望回答这个问题。但是在只是作为一个优秀官僚服务于整个秩序的情况下，让所有组成这个秩序的人都满足是不可能的。恐怕当时会有很多敏感的人感到了西洋所谓的疏外（estrangement）。他们呐喊："秩序的根源不是'法'，而应该是'心'"；"佛教禅宗的流行，是因为关心人的内心问题而成功的。相比而言，我们儒教又做了什么呢？"因此，正如上一章所述，作为关心心性问题的儒教学说——"道学"应时而出。

这个时候他们强调的是"天理"。正如程颢自豪地所说："我的学说差不多都是继承先人的，但是'天理'这两个字，可是我自己体会出来的。"这个概念是道学的卖点。"天理"本来是《礼记·乐记》中与"人欲"对称的一个词，实际上朱熹也总是说"天理人欲"，把两个词结合到一起使用，但是在北宋中叶、王安石政权全盛时代，程颢、程颐兄弟能新创出"天之理"这个概念，在思想史上具有特别重要的意义。

这么说的理由是，它把上一章述及的自古以来的性说，成功进行了精密细致的理论化。通过把《礼记·中庸》开头的"天命之谓性"一文中的"性"解释为"性就是理"，成功树立了天与人的一贯性，亦即天人合一的思想。"性就是理"，原文为"性即理"。

就是说，"天命"就是"理"，作为"性"赋予我们每个人的内心。正因为如此，性才是善的。我们所有人本来都是性善的，但是现实中却不容易做到，但这并不是别人的过错，而仅仅是我们自己有问题。我们只有自觉到自己的善的本性，努力用正确的方式使自己回到善的立场上，那么这个普通的"理"的世界，本来所应有的状态才能成为现实。程氏兄弟的学说，是希望通过全面信赖"天理"来陶冶内心，也就是要给"心性"问题一个回答。他们所依据的是《孟子》一书中的相关说法，但是作为历史人物的孟子，却并没有说过这个"理"的问题。中国把以朱子学、阳明学为中心的全体宋金元明儒教思潮，与其前后的时代相区别称之为"宋明理学"。从儒教中诞生的"理学"，是任何事情不说出个条条道道来誓不罢休这种宋代人世界观的产物。

程颢与神宗同年，或者说比王安石早一年，于元丰八年（1085）死后，程颢弟弟程颐成为这个新流派的领军人物。把道学学派创设者的荣耀送给程颐，想必没有什么异议。吸收了已经去世的亲戚张载和忘年交邵雍的门人们后，程颐一派在学界和官界成了一股不可忽视的势力。我们在第三章就已经说过元祐更化期他们与苏轼兄弟的口水仗。经过与新学以及蜀学的不仅理论上的争争斗斗，还有人际关系的恩恩怨怨，到了南宋时期，道学开始在在野士大夫中产生巨大影响。这不仅是因为杨时搞的追究靖康之变责任所代表的批判新法党的政治战术奏功，还因为道学的学说内容本身吸引了他们这些地方士大夫。为了强调与新学的区别，道学找出的儒教经学上的学说，是《礼记·大学》的所谓三纲领八条目。

宗族形成运动

获得士大夫支持的道学　　新学的基本立场是独占朝廷中枢，通过强固的政治体系和对教育机构的统治，构筑中央集权体制。到了南宋时期，因为有秦桧之类偏向新学的当权者存在，所以该学术的再生产也成为可能。新学的脆弱性就在于如果下野，失去权力就不可能继续发展。

与此相对，作为新法党政权对抗势力诞生的道学，最初本来就是一种在野运动。虽然元祐更化时程颐作为皇帝的侍讲活跃了一段时间，靖康之变前后杨时在政界也有过很大的发言权，但是道学本来的活动地盘是在朝廷之外的。南宋道学兴隆的背景是获得了大范围士大夫阶层的支持。这种强固的体质，导致朱子学取得最后胜利。

道学获得地方士大夫——如果按笔者用"士大夫"称官僚，用"士人"称官僚预备军的语法来说，应该是"士人"——青睐的理由就在于强调了三纲领八条目。

《礼记》中的《大学》篇到了宋代突然受到注目。《礼记》的《中庸》篇因为与性说议论有关，从六朝时代开始就已经常常被单独论及。与此不同，《大学》篇及其主要论题三纲领八条目也许是正对宋代人胃口的学说。所以道学可以说是在《易》的形而上学和《中庸》的性说，再加上《大学》的"三纲领八条目"的基础上构筑而成的。

三纲领是"明明德"、"亲民"、"止于至善"。其中"亲民"的"亲"，从程颐到朱熹都认为是"新"的误字，所以应该解释成"新民"。八条目是三纲领的具体实践：格物、致知、诚意、正心、修身、齐家、治国、平天下。这是按顺序提示了确立自己的主体性，发挥承担社会秩序的责任的过程。因篇幅关系，详细解说省略不提。

与大部分儒教文本本来的目的一样，《大学》篇想定的实践主体也是为政者。把范围再限定一下其实就是君主。只有君主自己成为人格高尚的人，才能从周围的人开始顺次感化，才有可能成为君临天下的王。这八条，就是在战国末期希望出现人格高尚的王的风潮中形成的，其实是"做王的八条"。但是，道学把这些扩大解释为对一般士人的教导。范仲淹的先忧后乐精神，就是士大夫对此教导的亲身体现。道学把个人与生俱有的明德作为天理的同义词。道学认为确认这种善的特性及其至善性，为天下国家——这个词本身，就是出自八条目后半的三条（齐家、治国、平天下）——作贡献，是作为一个人的义务，也是最富有人性的人生。道学在这里开始了上一章提到过的两面作战，即对佛教禅宗和对新学的挑战。因为禅宗逃避社会责任，而新学则忽略了自我修养。

是否当初就有这样的意图，我们不能确定，但是对于八条目的关注，等于给地方的士人指出了人生的意义。士人的人生理想当时是以优异成绩科举合格，然后辅佐皇帝，治理天下国家。用范仲淹《岳阳楼记》中的话来说就是"居庙堂之高"。但是，现实问题是能做到这点的人总是少数。大多数的士人奋斗一辈子连科举也合格不了。那么，难道他们对社会就没有一点儿用处了吗？如果真是那样那么他们的人生也未免过于悲哀。"处江湖之远"难道不能承担治国、平天下的一部分重任吗？八条目的最终目标虽然为治国、平天下，但它更重视到达目标的过程。它教育士人修身、齐家是治国、平天下的基础。在这里粉墨登场的，是男系血缘组织——"宗族"。

宗族的团结　　　宗族是由宗法统治的家族集团。儒教经书说作为周代封建制度的基础，曾经存在精密的宗法体系。当时实际存在与否，我们这里不去追究。但是至少对于置身儒教理论空间内的人来说，在理想的远古时代，宗法体系真正存在是不言自明的议论前提。

宋代随着科举官僚制度的完善，在当权者之间，出现了一种不安。这就是不存在支持王朝体制的世族。关于这点，据传太

宗听到奝然吹嘘日本公家的
情况后感慨万端就是一个证明。
庆历改革的领袖人物范仲淹以
及欧阳修都是父亲早亡，正因
此，他们非常重视本族的团
结。范仲淹为了加强本族之
间的互相扶助，晚年在苏州

46 紫褐色罗镶花边单衣　福建省福州市南宋黄
昇墓出土的当时精英阶层的衣服。从黄昇墓发
掘的大量染织品，可以窥见当时地方官吏多彩
的服饰

设立了"义庄"；欧阳修为了明确本族的来龙去脉，亲自编纂了"族
谱"。这些举动，不仅是为了给自己的子孙后代在官僚社会的生存
竞争中积蓄资本，同时也是为了构筑支持王朝体制的组织。苏轼
的父亲苏洵也曾编写自己的族谱。

　　程颐、张载等人也强调宗族的重要性。他们认为普及儒教
式庆吊仪式的基础应该是宗族。司马光著有《司马氏书仪》，列
举了统帅一个大家族的规范，规定了婚礼和葬礼等的仪式细节。
对于他们来说，这样做还有一个原因就是认为强调宗族问题是
回复古代正确礼制必不可少的手段之一。但是，这样做结果却给
他们的社会思想带来了与王安石希望构筑自上而下的政治秩序的
主张完全相反的向量（vector）。他们主张自下而上，也就是通过
家族和地方组成的社会秩序基础，来促使王朝统治体系的安定。

　　但是现实问题是当时没有宗族存在。也正因为如此，他们
才提出其必要性，并通过自己的努力提示了各种各样的模板。而
这些努力也获得了相当广泛的支持。所以，从战略上为自己宗族

47 胡氏家庙（福建龙岩永定下洋镇） 宗族合同祭祀祖先的设施

保持安定的社会地位这个私心和对根据古代礼制维持现行社会秩序作贡献这种公德心两个侧面出发，他们对宗族的关心越来越高。宗族本来并不存在。因此宋代的这个动向，从现在的观点来看可以称为宗族形成运动。

上一章介绍过的朱熹的《家礼》就具有对如此逐渐形成的宗族提供庆吊仪式指南的意义。其主张的"不作佛事"，在追求纯粹儒教（他们幻想的儒教）的士大夫中获得人气。正因为真正实践该做法的人是少数，所以该实践就具有一种获得和维持该人社会威信的绝大效果。"葬礼、祭礼按《家礼》的规范做了"，在很多士人的传记中被特别强调。这种强调，是为了赞赏他们。但是从另一个角度看，特别强调，正说明这个行为稀少。比如说在现代日本，难道会有人在传记中特别写上"他寄出了因服丧不便寄送的贺年卡"[16]一事吗？如果正月三天都在自家静静度过，也许会作为"正确的服丧方法"被传说。本来应该那样做，但是谁都没有那样做——儒教式的葬送仪礼，同后来的祭礼一起，获得宗族这个平台，慢慢开始普及。

所以，这就被解释说是八条目中的"齐家"。朱熹在《大学章句》中极力这样主张。作为一族之长统领全族，这也是对社会作贡献。为什么呢？因为天下的秩序就是由这些单个的宗族组成的。上边已经说过，其实这些都是想象中的现实。真正的现实是在朱熹生活的时期就没有（清末那样的）宗族存在。国家的法制也没有考虑这个问题。或者可以说，在王安石的统治体系来看，宗族甚至是搅乱社会秩序的要因。但是，如果站在地方士人的立场上来看，给他们提供了安心立命根据的，是"我统管了全家也算是对社会做了贡献"这个满足感。宗族的效用，在后述的实际利益方面也存在。但是，又是为什么用"宗族"这个称呼形成了男系血缘组织呢？其理由就是能在儒教的经书中找到规范。换句话说，就是可以不受任何良心谴责，甚至可以骄傲地高谈阔论。他们从这个不在的存在中找到了利用价值。南宋以后的宗族普及与朱子学的胜利，二者其实是一个铜板的两面。

科举的作用

千年科举历史的分水岭

我们探究宋代士人的心性——这个"心性"不是儒教用语，而是 mentality（心理状态）的译语——时，最大的问题是科举。作为一个士，存在的意义就在于成为官僚居人之上，而宋代在制度上使之成为可能的是科举考试。

同是父亲早逝、后被母亲和母亲周围的人（娘家或后夫）养育的范仲淹和欧阳修的成功故事象征性地说明了科举的权威。两人都是科举中进士，后在官界步步高升，最终成为士大夫们的领袖人物，君临士大夫阶层。范仲淹的政敌吕夷简、欧阳修批判的骈文家杨亿，虽然都有守旧派的印象，但是其实都是科举中举后进入官界的新官僚。

唐代科举允许事前请托。考生把平时做的诗写的文章进呈给考官推销自己的现象很普遍。宋代真宗时禁止，考官只能阅匿名的考卷。更有欧阳修当考官的嘉祐二年（1057），科举考试突然要求用古文写答案，一直学习骈文写作的考生们一时大闹。但是这次考试却有苏轼、苏辙兄弟以及张载、吕惠卿等后来扛起时代大梁的人才大量中第。这次科举考试给庆历改革带来决定性的时代变化。

接踵而至的就是王安石的改革。熙宁三年（1070）是上千年科举考试历史的分水岭。隋朝以来持续近五百年的重视诗赋的倾向，被改变成以经义（对经书的解释）为中心的考试。随后，虽然元祐更化时诗赋又重新复活，南宋时期两者并存，但是元明时期继承了王安石的路线。严格意义上说，不是继承了王安石路线，而是因为赞同王安石科举路线的道学——朱子学路线取得了胜利。元祐更化时，在科举问题上司马光也是基本支持王安石方针的。主张恢复诗赋的是苏轼。苏轼与程颐的不睦，在这样的地方也显现出来。

经义出题的经书，分兼经（选修）和本经（必修）。必修是《论语》和《孟子》。选修是从五经（《易》、《书》、《诗》、《周礼》、《礼记》）中任选一个。经义以外还有评论历史人物和事件的"论"、关于时事问题的建白书"策"。这种形式经过少许调整，被朱子学继承。必修中追加了《大学》和《中庸》，选修中把《周礼》换成《春秋》，回复到原来的形式。因此必修的就成了四书。

48　《观榜图》（台北故宫博物院藏）　科举考试发榜光景

　　由此，四书五经，特别是前者必须全部通晓、后者选一这种形式，在明代被固定化。其实四书虽然是必修的，但是每次只出三题，并不是从四种书中全出，大多数情况下都是从《大学》或者《中庸》中选一题。这种形式一直持续到清朝乾隆年间（1736—1795）考证学兴盛，五经全为必修为止。

　　熙宁科举改革的另一个重要举措是完善学校制度。继承范仲淹的方针，地方也设立了学校，原则上只有这里的学生才有科举考试参考资格。到了徽宗时代完成了前边说过的三舍法。学校教育课程配合科举改革，重视经书解释，而所用的教材，王安石他们也给准备好了。这就是《三经新义》。王安石、王雱父子亲自执笔注释《周礼》、《尚书》、《诗》三经，并把这项工作作为政府重点项目，印刷后分发给各地的学校。除此之外王安石还做过很多注释，继承他的系谱的新法党派中也出了很多注释家。北宋末期，从哲宗亲政时期到徽宗时代，这些注释书都被规定为公认参考书。道学者虽也站在自己的立场上做了一些注释书，但是即使在南宋后期道学系统学者的藏书目录中也并没有占据多数，由此可见新学的影响力之大。

科举考生必读　　宣告了新学死刑的，是朱熹。他对经书进行的精密并且系统的注释，以及他的弟子们对他的注释进行二次注释（他们参照六朝隋唐说法自称"疏"），朱子学的注释夺取了科举考生必读书的霸主地位。失去市场的新学系统注释，不可能再版，随之即被淘汰，逐渐从地球上消失。元明官方规定朱熹的注释为参考书，由此决定了最终胜负。清朝考证学复活了汉代经学后，汉代的注释被称作古注，朱子学的注释被称作新注，两者互相对立。处于这两者之间的王安石学派的存在，几乎被完全忽略不提甚至忘掉。但是，朱子学全盛之前的相当一段时间，新学也曾经荣华一时，这个历史事实我们不应该忽略。

同时，朱子学在道学内部的霸权地位也逐渐得到确立。继承程氏兄弟、在靖康之变前后活跃一时的杨时和胡安国去世后，统领道学派的是张九成和胡宏。但是朱熹批判他们的言说，说自己才是正统的道学派。这时朱熹拉出来的理论是道统论。到张九成和胡宏为止，周敦颐以及张载等并不一定被看作道学的中心人物。但是朱熹和吕祖谦在淳熙三年（1176）编纂的《近思录》，集成和分类了周敦颐、程颢、程颐、张载四人的文章以及语录，对世上的读书人产生了极大的影响，朱熹由此把自己信奉的道学形成史成功灌输给了年轻的读书人。"道学鼻祖为周敦颐"这个历史像被创造出来。朱熹大量引用他们四人的观点注释四书五经。这些注释不但经得起训诂学的考验，互相之间也具有整合性、体系性，所以成为科举考生们趋之若鹜的最佳参考书。朱子学不但学说内容具有独创性和优秀性，而且因为适合科举文化，从而受到士大夫广泛青睐。

本来道学是一种陶冶个人心性的学说，与讲究立身出世的科举考试有互不相容的一面。事实上确有一些追求道学之流"为做圣人的学问"的老实学生放弃了科举考试。道学在公立学校以外，还设立了自己的教育设施，叫"精舍"。汉代以后有把私塾称作精舍的习惯。这种设施也称"书院"，后来后者普及。当初设立的目的与科举几乎没有关系，但是后来书院成了纯粹的科举考试预科班。

不论考试题出题形式如何变化，为了科举合格，事前都必须下相当的功夫复习准备。任何时代复习考试都是要花钱花时间的。能做到这种优雅事情的，只能是一部分特权阶层。作为令十七世纪基督教传教士感叹不已、刺激法国设立高等文官考试制度的面向万人、匿名考试、公平合理的鼻祖，科举考试也具有布迪厄 [17] 所说的"再生产"特征。许多老百姓，连站到起跑线上都不可能。

49 东林书院　位于江苏无锡。宋杨时创设，明末成为批判政府的士大夫们的活动据点

科举与世族在理念上是势不两立的。本来，据传是隋文帝为了打倒贵族制度，才开始了科举制度，所以这两者之间本来就是互不相容的。其实程颐和张载等作为郡县制的弱点所举出的世族消失，就是科举制度带来的。但是，另一方面，科举不是靠运气，而是靠实力的考试体系，所以让子弟专心复习后，考中的可能性就极高。而如果有人中第，那么给他和与他有关的人都将带来巨大的利益，所以同时也是一个一本万利的投资行为。所以只是自己一个家族在资力方面和学习环境方面还是有些心里没底。为了使他中第，或者使他中第后能维持其特权，在这样的背景下，前边说过的宗族就有了用场。所以他们对于义庄以及中第者开办的义塾赋予了辈出科举官僚、维持自己宗族势力的使命。

名公与豪强

地方士大夫的纠纷

当然，不仅仅是科举。人多力量大，为了在地区社会保持发言力，本族团结一致比较有利。作为地方社会秩序的旗手，这样说听起来很了不起，但是在官方的记录中常常被称为"豪强"的这些地方势力，像填补王安石设计推行的社会秩序构想崩溃后的空间似的，在南宋社会大量丛生。

士大夫们对他们的态度是二律背反的。其实虽然这里说"他们"，但是如上所述，士大夫本身就是地方的有权有势的人，所以"他们"有时也就是他们自己。理念上的士大夫与现实中的豪强，虽然在社会上是同一存在，但是随着自己所处的时间和所站的立场以及自己的信念的不同而改变态度，或者说不得不改变态度，他们也有苦恼。所以仅举出史料上留下来的结论部分，就居高临下对当事者的阶级立场说三道四，这种方法是不足取的。

记录他们的纠纷的典型史料是作者不详的《名公书判清明集》（以下简称《清明集》）。"书判"意思是审判的判决书。征税和审判自古就是地方官僚的两大职务。南宋末期编撰的这本文集，可能是作为地方官的指南书籍编撰的。除此之外，宋代还面向地方官编写了关于饥馑对策和治水方法等各种各样的指南书籍。全国有超过一千个县，各县有知县、主簿（财务长）、尉（公安局长），再加上府、州，仅各种官职就有几千个。每三年定期进行人事调动，而且通常基本上不能连续就任实际职务，所以单纯计算就有数万地方官预备军存在。这说明指南书籍的需要量很大。包括上述《书仪》、《家礼》等，宋代是一个流行编撰各种指南类书籍的时代。而使之成为可能的是印刷出版文化的普及。

《清明集》很早就被看作逸书，仅有宋刊本的残页流传到日

判决与刑罚

直到引进西洋法律体系为止，中国没有刑事审判和民事审判的区别。话虽如此，但是实际上当然存在国家对嫌疑人进行刑事处罚的案件和受理当事者的控告后国家对当事者之间的利害冲突进行审理判决的案件。这两者在制度上不加区别，均按下表所示程序处理，这里充分反映了以"礼治"为宗旨的儒教国家的特征。判官（地方知事兼任）的最大的任务是建设一个没有纷争的社会。话虽如此，实际上却是刑事案件多发。宋代的《宋刑统》基本上继承的是唐律，只是新增加了用棍棒抽打的勘丈和收监刑的编管。《水浒传》中好汉们也差不多都吃过这样的刑罚。

府和州中相当于中央政府中刑部的职责由司理参军担任。法务是用"理"来表现的。由此也能看出第五章叙述过的"理"字的活跃。

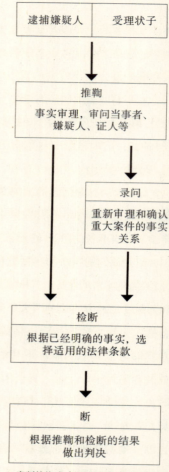

· 审判的构成（根据大泽正昭《自我主张的"愚民"们》一书制作）

本。在内容偏于制度和思想、文学的文献资料中，这些残页作为窥视宋代社会现实的重要史料一直受到研究者的重视。及至二十世纪八十年代上海图书馆发现了几乎完整的明代刊本后，在全世界的宋代史研究者中掀起了一场"清明集"热，解读和分析都有长足进展。

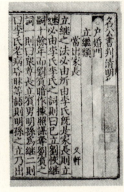

50 宋版 《名公书判清明集》（东京 静嘉堂文库藏）

《清明集》是一本把日常生活中的吵闹争斗活生生记录下来的很贵重的文本。这里描写出来的是与中央政府统计数据趋向不同的宋代社会现实。但是，不得不承认，因为内容引人注目，所以对内容的分析研究进步很大，而忽略了对执笔目的和编辑方针这个重要问题的分析研究。这本书收录的不是一般的公判资料，原则上都是"名公书判"。也就是说，这只不过是一本这位不明身份的编者心目中理想的判决文集而已，其内容绝没有、也不可能完整反映宋代社会。

从此书看到的宋代社会的实际情况我们留待第九章介绍，这里想说的一点是有关上述宋代人的纠纷。写这些判决文的地方官们，他们自身都是地方社会出身。这里没有一个人的祖先是中央官僚出身的。而他们在这里却要批判横行乡里的有权有势的"豪强"（亦称"豪横"、"豪民"）。对于他们来说作为政府官员，当然应该采取这种态度。但是，从这些文本中有时能看出他们的感叹："他们为何这么不明事理呢？"以及无奈："这些家伙真是没办法！"借用一位研究者的话来说就是，由此可以看出他们这些"奋斗的民政官们"希望实现理想社会秩序的苦恼。

"名公"辈出的思想集团的视角

《清明集》所收判决文的作者们，也就是"名公"们中的很多人都是朱子学派的人物。开头三篇文章（不是判决文，而是对官吏的告诫）的作者就是那位真德秀；接着上场的是蔡杭（图50中的"久轩"是他的号），全书收录他的判决文超过七十篇，自祖父以来他们家三代连续师事朱熹。由此可见，本书的编者应该是属于朱子学系统的人物，由此体现的就是他们的地方统治的理想形态。这些判决文中频繁引用《论语》和《大学》中孔子的语言。"我作为一个判官虽然只有跟别人差不多的能力，但是我追求的，却是没有诉讼的社会。"如果按这个标准来看现在称霸世界的某个大国，实在是令人感慨万端。

《清明集》中出现帮助人们诉讼的"讼师"。虽然是帮助原告被告按要求写成诉讼状的代笔人，但是暗中也经常主动挑起诉讼。用现代社会的标准来看应该算作律师吧。

另外，位于官僚机构最末端、处理日常工作的地方公务员"胥吏"，也作为坏人出现。地方政府中由中央派遣的官僚只有知事（知州、知县）及其辅佐官等仅有的几个人，其他日常实际行政业务，比如征税、维持治安等，都要靠这些胥吏来执行。而任期只有三年，初到人生地不熟的地方的中央官僚们，大部分时候都只能是这些胥吏的傀儡。大错不犯度过任期后，带上薪酬和作为地方民政官得到的各种好处，然后再去另一个新的地方或者回家养老，这才是他们这些士大夫官僚的处世术。所以他们与地方的豪强和胥吏之间一般都保持一种互惠互利的关系。这就为"名公"的活跃准备好了舞台。

《清明集》所收录的判决文显示的是"奋斗的民政官"的英姿，所以虽然都是真实的判决文，但并没有统计学上的意义。"奋斗的民政官"只是少数，也正因此才被称作"名公"看作典范。本来，把地方的有权势者用带有贬义的"豪强"一词称呼，就是因为这些"名公"们把他们看作国家秩序的公敌。通过《清明集》我们现在能知道"名公"与"豪强"的对立，但是我们不应该忘记的是，这是从辈出"名公"的思想集团一侧的视角看问题，过分强调了对社会现状的无奈这个事实。

不仅豪强和胥吏。属于一般老百姓范畴的人们，以及"名公"们的眼中的"愚民"们，也作为诉讼的当事人出现在判决书中。这可以说是展示了成熟了的普通百姓的英姿。但是虽然确实可以这么看，同时却也能看出他们这些"名公"们不愿意对"愚民"们动辄启动暴力装备，用控告等法律手段压制，而是希望进行教育，令当事者心服口服的志向。在这里他们也拿出圣人的说法来说教。这意味着从来主张"礼不下庶人，刑不上大夫"（《礼记·曲礼》）的儒教的变质。这种希望把普通百姓也包摄进礼教秩序的志向，与上一章论及的他们对于淫祀的态度相同，都顺应着"文明化过程"的潮流。

这些判决书是编者用自己的价值标准判断的著名裁决，所以才被收进《清明集》，因此决不是宋代判决的一般形象。可以想象宋代也有很多不分青红皂白恣意判决的酷吏和收受贿赂偏向判决的贪官。正因为如此，编者才编辑了这部书刊行，希望成为更多的地方官的参考。但是我们在这里还想再次强调一下，正因为先忧后乐是一个理念所以才限定了士大夫的人生。虽然只是一部分，但是有这种模范判例存在，这件事本身就具有重要的思想文化意义。

宋代地方官有事时向治下民众发布的告示总称谕俗文。朱熹特别赞赏庆历士大夫陈襄的谕俗文。虽然不光是道学者发布，但是道学系地方官谕俗文布告却特别多见。谕俗文用三纲五常，也就是儒教自古强调的区别人与禽兽的人伦，来要求人们遵守礼仪规范生活。如果说谕俗文是地方官居高临下发布的文书，那么"乡约"则是地方豪强与乡民协商共同建立伦理的誓言。张载门生吕大临兄弟与乡亲们一起商定的乡约，被朱熹修改成《增损吕氏乡约》，成为朱子学有关乡村秩序的规范。如果说《家礼》是以家庭为单位的宗族血缘组织的规范，那么这就是以乡为单位的地缘组织规约。"奋斗的民政官"退休回乡，就成为"劝善的素封家（无官爵的富豪）"。

以上，我们述说了道学或者称朱子学作为回答人的心性问题的学说出现，作为使士大夫的社会存在意义正当化的言说而得到普及。但是，如果这些对于现实政治秩序的安定没有实际贡献，也就是说如果实效性微乎其微的话，那也就仅仅只是一种观念论而已。如果只是关心"心"的问题，真就成了字面意义上的"唯心论"了。

　　但是实际上并不是这样。朱子学的思维，也有扎根现实的技术知识所支持。正因为如此，朱熹把八条目中的"格物"训为"至事"，说"即物穷理"。下一章，我们就来看看宋代的各种技术。

第七章

技术的革新

印刷出版

装订样式的变化　　　　正如上一章所述，宋代社会以科举制度
为轴心展开。虽然科举制度本身是隋代
开始的，但是宋代的重要性被世人重视的理由是，这个考试竞
赛的参赛选手扩大到了社会各阶层。隋唐时代科举给中下阶层的
贵族子弟提供了登龙门的机会，而宋代任何一个祖宗八代与官界
无缘的人物，都有可能一举成名，进入中央官界，成为高级官僚。
而使这成为可能的，是作为知识传播媒体的书籍的流通，换句
话说就是印刷技术的普及。

　　在版木上浮刻左右反转的文字，然后涂上黑墨，在上边铺上
纸，把文字转印到纸上，这种技术其实在唐代已经确立。敦煌

51 敦煌出土印刷佛典《金刚般若波罗密经》（大英图书馆藏）

出土的佛典和历书等，都能看出是用这种技术制作的。

　　仔细想想，这种印刷技术与印章其实没有什么两样。两者的区别只有是给放在平面上的纸盖上刻有文字的东西（"印"），还是把刻有文字的东西面朝上，然后从上边铺纸往纸上刷字（"刷"）。但是，就是这么个小小的区别，却改变了书籍的形状，并给读书行为带来了决定性的质的变化。

　　在纸发明以前，中国人文字记录用的是把竹子或木条的表面削平一条一行写字的"简"、"册"，和有一定宽幅和相当长度的绢，也就是"帛"。所以正如本套丛书第三卷《始皇帝的遗产》所强调的，从汉代以前的墓葬发掘出土的陪葬品中，其内容改写了以往的历史记述而备受注目的出土资料，被称作"竹简"、"木简"、"帛书"。记录材料的这种形态，在纸张开始使用后也没有变化。书籍用相当长度的"卷"为单位保管。所以阅读某部作品时，各

52 百万塔与百万塔陀罗尼（日本千叶国立历史民俗博物馆藏）

卷的开头部分马上就能看到，可是如果要看中间的某个部分，必须把"卷"整个打开。要把卷书（称作"卷子本"）全部打开，就必须要有相应的空间。要查资料进行比较研究，就得把几种书卷同时打开，这是很困难的。这样说还不如说这种研究方法本身可能就不会存在。书籍不应该随时打开参照，而应该把内容全部记忆在脑子里。

但是用印刷技术制作书籍，却改变了书籍的样式。用木版印刷时，印刷好的纸张以木版的横幅为标准叠放在一起，这时产生了表示木版横幅的"页"的概念。当初估计是把"页"粘连成长卷，后来发明了按"页"折叠的方法（折本）。因为这样容易阅读。传真机发明当初，读者大概都有过收到印在卷纸上内容很长的传真时，按每页的折叠线正反折交互折叠的体验吧？就是那种感觉。直至今天葬仪和法事的时候念经的和尚从怀里拿出来的经还是这种形状。宋代的大藏经就是这样装订的。

后来，也不折叠了，发明了裁断后叠放一起的方法。这就像现在的会议资料用夹子夹一样，可能订了一头。也就是说是流水

53 折本

54 蝴蝶装

账方式。但是，这种方式对于有厚度的书是不合适的，打开书要版面的两倍面积的地方。由此又发明了把页的中心用线装订、重叠起来的向外折的页打开看这种形态。页面打开的时候像蝴蝶的形状，所以也称作蝴蝶装。宋代的书籍主要都是这种装订形式。因此，页的中心因为要装订，所以不但不印内容，反倒是为了装订线断了的时候能按书籍的原顺序重新装订，印上书名、卷、页码等。与此相反，以页的中心向外折，把纸头装订，也就是现在的线装书普遍采用的方法的普及，还在更后的时代。现存宋版图书这样装订的，都是后世重新装订的结果。不管怎么说，我们从上小学开始就用的稿纸[18]，中心一列不写内容，就是来源于这种蝴蝶装。

这种装订为读书行为带来了革命性的变化。首先，哪怕是一本再厚的书，即使书的中间，也不用全部打开，随时都可打开必要的部分参照。夹上书签就更方便了，马上就能打开想要看的地方。模模糊糊记忆的东西，马上就能找到原书的出处进行确认。而且，只要有与版木一样大小的地方，就可以打开一本书看。同时打开很多书，互相比较也成为可能。"甲书是这样写的，乙书同样的事情却是这样写的"——这是兴起对于一字一句的校订作业，或者对于有关某个事件记载的考证学风的技术前提。即就是没有超人的记忆能力的一般人，也能参加到这种工作里去了。比如岳飞孙子岳珂的《刊正九经三传沿革例》，就是校订当时流传的各种经书版本后，把其中的异同罗列而成的。

印刷的功绩与副作用　　当然，不用说印刷的一个重要的功用就是可以大量复制同一书籍。只要有钱，谁都可以把自己的书斋变成知识宝库。不会像抄本那样，因为抄写手的性格和心情影响抄本的信用度。当然也不存在因字丑或潦草而看不懂的情况。

印刷带来了文字的规范化。初期的印刷刻的是类似唐代颜真卿书法那样的粗壮的书体。雕刻师可能也觉得这种线条粗壮的字好刻吧。但是，到了商业印刷小型普及版的时候，线条清瘦、庄重大方、现在还作为电脑字形广泛使用的所谓"宋体字"开始受到青睐。可能也是为了节约纸张，字里行间没有空白，也没有标点符号，黑麻麻印满细字的书籍，绝不是什么容易阅读的东西。可是，排列整齐文字规范的印刷书，作为当时的高科技产品，完全吸引了宋代人。

说到这个话题，我每次都要引用并介绍苏轼的感想：

余犹及见老儒先生，自言其少时，欲求《史记》、《汉书》而不可得，幸而得之，皆手自书，日夜诵读，惟恐不及。近岁市

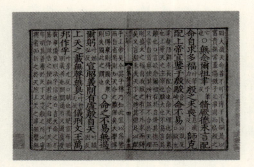

人转相摹刻诸子百家之书，日传万纸，学者之于书，多且易致……（《李氏山房藏书记》）

55 宋体字例 选自朱熹《诗集传》，中国历史博物馆藏。该本刊印精绝，纸墨如新，为传世孤本

这篇文章正说明苏轼的时代恰处于转换时期。他接着批判"现在的年轻人"："而后生科举之士，皆束书不观，游谈无根……"由此可见，"束书不观"之恶习，作为印刷技术的副作用，远在九百年前就已存在。

印刷出版扩大思想影响　最早把印刷技术利用到自派思想传播上的是佛教组织。他们印刷经典，进行宣传活动。宋太宗时更得到国家财政支持，佛教经典和教义大全（《大藏经》）得以刊行出版。稍晚一些，儒教经书注疏全书也作为国家事业刊行。包括第一章介绍过的五朝宰相冯道和继承其政策的宋真宗任命邢昺等校勘、刊行的经书的疏，以及王安石的《三经新义》。

朱熹也是一个最大的典型。作为在野势力，道学也活用印刷出版，自筹资金刊行古今典籍，扩大自己学派的影响。他们有时甚至利用地方官的特权动用公款。朱熹弹劾吕祖谦的同乡唐仲友时的罪状之一，就是"乱用地方政府公款印刷刊行书籍"。唐仲友刊行了荀子和扬雄的著作，朱熹认为那些都是不值得用公款出版刊行的书籍。如果唐仲友刊行的是《论语》或者《孟子》，或者干脆就是朱熹的"集注"的话，难道朱熹还会问他的罪吗？

唐仲友仅仅是为了学术的发展，在常识范围内动用公款印刷刊行了自己觉得应该刊行的书籍。在法律意义上说，唐仲友的做法确实属于违法行为，但是这是当时各地地方政府都做的、已经被社会所默认的行为。但是朱熹却故作正人君子，挥舞正论大棒，控告并搞掉自己的论敌。朱熹真是一个令人厌恶的家伙。从他们之间的交往看，我们都能想象他甚至收到了那些书籍的赠书。或者说因为唐仲友没有给他"赠书"，朱熹内心嫉恨就下毒手。啊，可怕可怕！

但是，并不是因为刊本出现就把从前的抄本一干二净全部取代。宋代刊本还是很昂贵的，从朋友那里借来刊本自己手抄收藏的事例其实很多。笔者在当穷学生的时候为了节省复印费，也借朋友的笔记整本整本抄写过。不过，这样内容更容易记住。上边举的苏轼的感叹，也许只适用于家庭条件好的士大夫。另外，自费出版也很不容易，所以宋代更多的著作是通过抄本保存下来的。也许正因为刊本很宝贵（纸张质量也比较好），所以现存宋代书籍刊本比较多。

实际上，确有因为只有抄本所以失传的事例。南北朝时代梁的学者皇侃所著《论语义疏》就是一例。邢昺《论语疏》本来是以皇侃《论语义疏》为底本作的，但是因为邢昺本被朝廷印刷刊行，市场的需要也集中在这里，所以皇侃的疏反倒没有人光顾了。好像连朱熹都没有看到过。也就是说，在南宋中期已经失传。因此，自那以后很长时间，中国人一直以为这本书已经从地球上消失了。但是，其实并没有消失，日本的足利学校还完整保存着。十八世纪，印刷刊行了这本抄本，出口到中国，当时清朝的考证学者们看到后大为吃惊。那当然！因为他们虽然一直批判宋代以来的学术，可是所依据的却都是宋代以来印刷刊行的文献。宋代以前的书籍实物，他们几乎从来就没看到过。

邢昺以后，宋代出现了很多《论语》注释书，被印刷刊行后广泛流传。其中最终取得胜利的，是朱熹的《论语集注》。皇侃的《论语义疏》后被收进四库全书，被人们用来挑剔朱熹论语解释的恣意性。

木版印刷——中国印刷文化的主角

如上所述，如果没有印刷技术的发达，朱子学的普及是不可想象的。如果模仿"没有古登堡就没有宗教改革"的说法，那么我们就应该说"没有木版印刷就没有朱子学"。

这里我们想再次强调，中国印刷文化的主角是木版印刷。笔者以前曾经读过一本以西洋为中心的有关书籍历史的书，其中提到的中国人只有三个，一个是秦始皇，一个是蔡伦，一个是毕昇。秦始皇是因为焚书，蔡伦是因为发明了造纸术。本来，他们两个的这些事情都不过是传说，是否真实无人知晓。第三个人毕昇，是宋代的人物，因为发明了活字印刷术。沈括在《梦溪笔谈》中介绍了毕昇发明的活字制法。从西洋史的角度看，只有活字的发明，才是意味着印刷文化的主角、大红人儿登场的大事件。因此他们才把发明者大加宣扬。

但是，汉字是由大量的表意文字组成的，这是一个只有二十来个字母的西方人所不可能想象的世界。如果要全部制作几千几万的汉字来排版，那需要巨额的物力和大量的人力，还需要巨大的保管场所。能用活字的，仅限于使用惯用字句排版，初版印刷后马上分解，然后再利用使用过的活字排另一个版这样的情况。比较适合于需要紧急出版但不需要再版的状况，比如时事性的宣传册以及纪念性出版物等情况，不适合于出版受到好评后继续再版的那种商业出版。因此，在东亚地区，活字没有得到全面普及。用西洋的尺度评价东洋文化，一定得谨慎小心。把毕昇选为中国书籍史有代表性的三人之一，笔者不敢苟同。

世界上最早盛开印刷出版文化之花的是宋代。除上述种种以外，还有各种各样的技术和知识，通过书籍流传开来。本章后述各节，还是以书籍为中心论述。原来只有宫廷图书馆是知识的宝库，只有能进出其间的御用学者才有可能独占和利用。后来一段时间佛教寺院也发挥了一定作用。但是，印刷物的普及，把人类自古以来的智慧播及街头巷尾。不仅新发现、新发明，包括唐宋变革本身，也与文化的普及密不可分。

医、药、食

印刷出版也波及医学书。太祖开宝年间由国子监（国立大学）刊行了两本本草（药学）书。虽然现在已经失传，我们无法确认，但是如果从比之早十年刊行的《三礼图》来看，估计是有插图，相当于植物图鉴的书籍。印刷技术使得图版复制变得容易。特别是因为不是活字，而是在一块木版上图文一起雕刻的技术，所以不论字还是图，需要的技术和所花的劳力几乎没有区别。这样就形象性地传达了知识。

二十年后，太宗淳化三年（992），刊行了网罗所有治疗法的《太平圣惠方》。仁宗天圣五年（1027）由王惟一领衔校勘并刊行了《黄帝内经素问》和《难经》等古典注释书。王惟一在针灸方面，也制作了表示穴位的铜人两尊，并刊行了有关穴位的图经。四十年后，英宗时期，以林亿为中心，相继出版了《伤寒论》校勘本和《黄帝内经素问》注释修订本等许多医书。虽然现在都已经失传，但是现在通行的版本都是以这些版本为底本的，所以中国医学史专家们都高度评价，认为这些都是非常重要的文化事业。虽然受濮仪影响后世对英宗朝代评价比较低，但是仅从这些医学书的刊行来看，对文化事业的贡献不小。再有，徽宗时还重新编纂了《太平惠民和剂局方》等处方书和本草书，一直到南宋，还被不断再版。

这些书因为实用，所以马上就被带到外国。日本直至现在还保存有好几种南宋版医书，说明这些都是被郑重请来，珍藏起来

56 人体穴位　选自《太平圣惠方》（东洋医学善本丛书 21，东方出版社影印版）

的。高丽在十一世纪中叶开始独自印刷刊行医书，说明中国英宗时期医书刊行热起来后，他们马上进口。元祐八年（1093），高丽的朝贡使节团购买了有关中国历史和制度的书，还有《太平圣惠方》准备带回国，被苏轼阻止，并上奏希望采取措施禁止这些书籍的出口。苏轼这样做，自有他阻止最新科学技术无偿外流，企图把对宋朝和辽进行脚踩两只船外交战术的高丽吸引到自己这边来的深谋远虑。一国的国力，并不只是由军队的强弱来决定的。宋朝作为文化国家，得到周边国家的尊重。在医书出版领域，到了南宋，与儒教学术书籍同样，也是地方比中央更加积极。

宋朝传来的医学书，毋庸赘言，对日本产生了巨大影响。但是，这里也出现了与前边皇侃《论语义疏》一样的情况。日本与中国本土不同，更早传来的抄本也很珍重，所以到了江户时代随着古方派的兴隆，这些抄本书重见天日。《黄帝内经太素》等好几种医书，反倒又从日本再出口到中国。

在医学理论方面，就像"金元四大家"称呼所显示的，十二世纪到十三世纪金朝治下的华北和十四世纪元朝治下的江南比宋朝更辈出优秀医学家。他们运用运气论对医学进行了体系化建

设。这个理论体系，试图运用阴阳五行说对身体内部的各种机能和病理进行统一的、整体的说明。在这个意义上，与儒教精神非常接近。实际上也确实能看出儒教精神的影响。我们有必要特别关注这个理论没有在南宋，而是在金朝出现这个事实。这对于搞清金朝的思想和文化的特征很有帮助。

前边已经说过，宋代为当地方官的士大夫编辑出版各种指南和手册。其中与医学有关的是刊行了几种司法验尸用的教材。其中附有淳祐七年（1247）自序的宋慈编著的《洗冤集录》，作为一部系统的法医学书，受到后世高度评价。此书于1779年，在革命前夜的法国被翻译出版。在当时的法国，启蒙主义思想家们把中国也作为一个理性的国家高度评价。不用说，日本过去也在实际的验尸过程中利用了此书的内容。

宋慈相当于朱熹的徒孙。从《洗冤集录》中也能看出企图把个别的具体事例进行全体性、体系性地统合的意图。比如通过进行化学实验，观察遗体和金属的变色情况；从生理学上检证绝命时的状况等，其中许多做法直至现在还通用。另一方面，给遗骨上滴活人的血液，从能否渗透来判断两者有否血缘关系等记载，从现代医学和化学的立场上来看，确实完全是迷信。但是，这里包含有当时人认为祖先与子孙心气相通的信念。中国的宗族非常重视父系血缘关系。滴血验亲可说是这种特征的一个表现。

宋代烹饪的特征　　　中国人讲究"医食同源"，就是说饮食很重视维持和增进健康。其特征主要表现在烹调方法上。中餐作为世界上代表性的精益求精、美轮美奂的餐饮文化，不论动物还是植物，不论山珍还是海味，任何材料都能用火调理成大餐小菜。今日我们能看到和感受到的这些特征，其实也是唐宋变革的硕果之一。

与唐代烹调技术相比较，专家们总结出宋代烹调的特征如下：

① 现在烹调用语的大部分，都出自宋代；

② 发明了用豆子和谷物做的调味品"酱"。现在川菜多用的豆瓣酱也是此时发明的；

③ 面条类从"饼"中分离出来。就是说把面条和煎饼区别；

④ 面条凉吃时，变凉面蘸调味汁调成凉拌面吃；

⑤ 最重要的，是食用油加热方法的改良和进步；

特别是⑤的进步，给中餐增加了炒和炸两大加热法，极大丰富了菜品种类。与食用油使用量的增加相呼应，煤炭使用开始普及，植物性油脂产量大量增加。这些变化，改变了从来用小火慢慢煮或从动物身上提炼出少量油（猪油等）拌菜然后再慢慢加热的烹调方法，使得用大量的油和大火力瞬间加热这种我们所熟悉的爽快的烹调方法成为可能。

即使南宋灭亡后，竟然也还有前述"金元四大家"之一的朱震亨有个亲戚，因为每日吃鲤鱼而患病的病例。这说明随着经济的繁荣，成人病也开始蔓延。希望健康、改善生活习惯的苗头，在宋代就已经出现。把这些介绍到日本的，是"导言"中提到过的那个荣西著的《吃茶养生记》。

关于吃茶的事情，我们留待下一章详述。此书分上下两卷，下卷其实大部分都说的是有关桑的效用。针对饮水病、中风、食欲不振、疮病、脚气等症状，桑粥、桑汤疗效显著。桑枝做的牙签能防治虫牙、桑木枕头能治头疼等。荣西虽然只说其理由是"因为桑树是菩萨的神木"，但他说这些疗效是听人从宋朝的医生那儿传来的，所以没错。实际上荣西自己肯定也尝试过其效用吧。连笔者现在都不分早晚每天服用桑精。

为了求佛经西渡中国的秀才们，不光给我们带回来了精神修行的技术，也带回来了保持身体健康的各种知识。

农耕法与交通

江南的新田开发　　饮食生活的改善，离不开农业技术的发展。靖康之变二十年后，宋金第二次和议成功，江南地区复归和平。绍兴十九年（1149）刊行了一本有关农业技术的书。这就是陈旉的《农书》。他自称"西山隐居全真士"，无详细传记，据估计应该是苏州或者湖州，也就是今江苏、浙江两省交界一带的在野士人。比这更早的古典农书是六世纪的《齐民要术》。《齐民要术》完整记载了华北干旱地区的农耕法，而陈旉的《农书》却作为记载江南稻作农耕盛况的史料，备受珍重。

陈旉《农书》共三卷，比一百五十年后王祯编著的《农书》二十二卷少得多，记载也比较简略。作为杭州也就是当时临安府的周边地域江南，其农耕法到了南宋末期，与王祯《农书》描写的情况应该相当接近。但是我们还是坚持自己的守备范围，这里只来看一下陈旉的《农书》。

《农书》三卷的构成是，上卷是关于水稻耕作，占一半以上字数；中卷是关于耕牛饲养，下卷是关于养蚕。作为经济作物，江南桑叶种植很普及。我们从上述荣西的记录已经知道，桑叶不只是用来养蚕。虽然构成上分量很不均衡，但是中卷分配给耕牛，下卷分配给养蚕的理由有二：一是对当时流行一种耕牛病的危机感；二是"男耕女织"的男女分业观念。这个分业观念可以说是重视经书以来儒教知识分子的固有观念，甚至反映到皇帝夫妇举行的各种祭祀上。第三章已经记述过，徽宗就是这个观念的实践者。另外，"夫耕作，妻机织"也是地方官发布劝农公告书中的惯用句。不用说，日本江户时代理想的农民形象和明治以后天皇和皇后的形象的理念都是起源于此。南宋明州士大夫之雄楼钥伯父楼璹有一套作品叫《耕织图诗》，画有耕图二十一幅，织图二十四幅。

在唐宋变革期，江南的农耕法迎来了巨大转机。支撑大唐帝国繁荣的，开始是华北地区的小麦生产，但是后来帝国的财政重点转移到江南，利用隋炀帝修筑的大运河从江南把大量物资

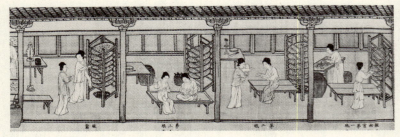

57《蚕织图卷》（部分 黑龙江省博物馆藏）

运送到黄河流域。南唐的小康和吴越的独立，都离不开江南生产力的恩惠。当初因为用水方便，只是在山间盆地和河谷平野耕作，后来发展到把三角洲地带的湿地和湖泊的一部分围起来改造成水田，这就是所谓圩田、围田。大量新田被开发，水稻和小麦的轮作也得到普及。

治水派与治田派

到了宋朝，这种趋势更加鲜明，出现了占城米等水稻的新品种，低地三角洲也开始被开发。在这样的情况下，位于江南中心地区的巨大湖泊太湖的治水问题被提上议事日程。提案者就是那位范仲淹。他主张浚渫河川，保护已有的中小圩田。这种流派被称作治水派。相反，主张建造贯穿东南西北的水渠兼运河，国家主导围水造田的流派被称作治田派。王安石的农田水利条约（这里的"条约"相当于"条例"）就是治田派的政策。与此对抗，旧法党差不多都是重视民力的治水派。杭州知州苏轼所采取的政策就是后者。蔡京掌权后，作为国营事业，进行更大规模的新田开发。

徽宗时臭名昭著的花石纲，作为这些政策的一环此时也出现改正的苗头。此外，北宋后期围绕黄河治水，随着政争的加剧也争论不休。

越州（绍兴府）曾经有一个鉴湖，本叫镜湖，因避讳太祖祖父赵敬，宋朝初年改称为鉴湖。估计应该是因为湖面非常清澈，因此这么称呼吧。但是，这么好的湖却因为大规模围水造田，到北宋中期几近消失。由此造成的问题是，下游利用这个湖水灌溉的耕地全部受害，无水灌溉。地方官们也采取了很多措施，但是没有任何根本的改善。关于此事的来龙去脉，唐宋八大家之一曾巩有名文《越州鉴湖图序》详说细述。此文是熙宁二年（1069）曾巩赴任越州通判后不久所写。当时正是王安石政权成立的时候。虽然曾巩他们都做过种种努力，但是鉴湖最终还是消失，只剩下一条运河。

同是越州，位于鉴湖西侧、面向杭州湾深部的萧山县，借鉴鉴湖的这些教训，摸索利用新水源开发新田。熙宁政策实行后，根据当地民众提案，计划引钱塘江支流浦阳江水建造人工湖。但是因各方面的利害对立，计划不能实现。到徽宗初期，计划重新被提出来，这次萧山县知县发挥了强有力的指导作用，终于在政和二年（1112）修建成功人工湖，名叫湘湖。这位优秀的知县为何人也？他就是杨时，道学的创始人之一，在徽宗时期新法党政权下，作为一个地方官，强有力地推行了该政权的农地开发政策。

58 圩田（选自王祯《农书》）

到了南宋时期，背负临时首都的江南的重要性更加显著。三角洲水域的湖泊一个接一个被改造成耕地。企图利用新田开发获得暴利的"豪民"与希望保护水利公益的"公义之士"之间的冲突不绝于耳。有人认为由此产生了中国社会政治的公共空间。

陈旉的《农书》就是在这样的时代背景下编撰的。因此，说这本书介绍了当时最先进的农业技术，还不如说作者作为一个江南地区的地主豪绅，总结了自己的经验。

唐代就已经把城市居民的排泄物作为肥料买卖。到了宋代更是出现了多种多样的施肥方法。这从陈旉的《农书》中也能看到。他推崇的肥是把草木和土蒸烧后加人粪尿。

穿梭河渠的河船

正如成语"南船北马"所示，江南以百万都市临安为首，苏州（南宋中期改称平江府）、秀州（南宋中期改称嘉兴府，现嘉兴市）等大城市每日产生的大量排泄物，通过大运河等四通八达的河渠被运送到农村各地。而农村收获的粮食、布匹、食用油等日用经济作物，也通过这些河渠被返运到各个大消费地。北宋时虽然运到首都开封距离相当远，但是河渠还是在内陆。宋代中国具有代表性的船，不是我们第九章将要介绍的海外贸易用帆船，而实际上是这种穿梭

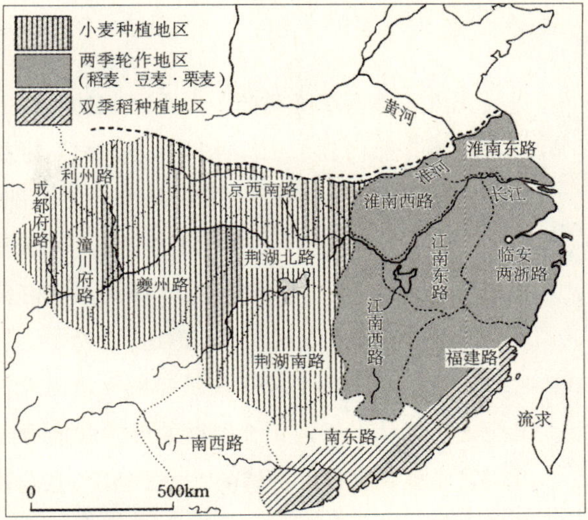
小麦种植地区
两季轮作地区
（稻麦・豆麦・粟麦）
双季稻种植地区
黄河
淮南东路
淮河
长江
利州路
成都府路
京西南路
淮南西路
潼川府路
江南东路
临安
两浙路
荆湖北路
夔州路
江南西路
荆湖南路
福建路
流求
广南西路
广南东路
0
500km

59 南宋农业分布图

河渠的河船。河船在河渠中有时划行，有时曳行。

虽说是内陆河渠专用，但是这些河船的大小却是各种各样。要复原这些文字史料不如绘画资料更形象。日本有研究人员把《清明上河图》中精确描绘的所有船都绘制成设计图进行检证。通过这些检证我们发现，这些船的结构，与我们一直以来想象的有许多不同。

宋代，特别是南方人与物主要靠船沿河渠移动。这样乘船的人也轻松。以高产诗人著名的陆游的《入蜀记》，就是他乾道六年（1170）作为地方官从故乡绍兴府赴任四川的旅途日记，所有旅程几乎全是用船。晚上因为要在沿岸停泊，所以如果停泊地离州城、县城等城市比较近的话，当地的士大夫就会带来诗画进行交流。第六章所说的士大夫之间的关系网，可以说就是通过这种河渠旅行建成的。苏轼被贬海南岛时往返都尽量用的是船，朱熹从建州建阳县赴任泉州同安县时，沿闽江首先到面海的福州，然后再换乘船去。他们完全没有"木板下边是地狱"那种恐怖感。这说明宋代的造船技术高超，值得信赖。在史书上找不到名人因船舶沉没溺水身亡的记载。

《清明上河图》描绘了大量船舶在运河通行的样子。优先水上交通，这从架在河渠上的桥的形状就能看出。这里的桥都是"虹桥"，也就是日本所谓的"太鼓桥"。这与现代社会为了汽车通行方便，让过街的行人喘着大气上下过街天桥完全一样是一个鬼主意。在来往行人气喘吁吁爬上爬下的虹桥底下，满载货物的河船悠然自得地来往穿行。

虽然如此，但是在南方城市的近郊、市内以及穿越分水岭等的时候，还是离不开动物的腿脚。牛、马、驴、骡、骆驼、甚至人力，有时当然还是行人自身。当然也使用马车、轿子等交通工具。朱熹的家乡就面向从福建通往长江流域的山道。从浙江到福建、江西一带，是这种山间盆地相连的地区。相比之下，有四通八达河渠的平原地区，牛、马等主要用来耕地。这里也能看出陈旉《农书》的地域性。

陈旉《农书》还有一点令人很感兴趣。上卷在用十二项篇幅解说水稻农耕法后，用很长篇幅写"祈报篇"，他认为饥馑的原因是没有执行先王以来的正确仪礼。一直以来的研究认为这一部

60《清明上河图》中的虹桥和曳船

分是残存的非科学的信仰。本书的基调是要说明农业技术水平如何高，而饥馑是不得不提到的一个话题。

　　这种说法也许没错。但是，在罗列人工技术后，又解说祈祷的效用，这种构成难道不是并没有完全否定天人相关思想的宋代人精神世界的投影吗？宋代确实拉开了新时代的帷幕，但是与欧洲同样，并没有完全做到神人分离。

天文地理

异常天象与上天意志

　　就在宋朝朝野上下为了当朝皇帝的生父如何祭祀而争论不休、政局混乱的同时，遥远的西方有一个军团从欧洲大陆的诺曼底渡海进攻英格兰。侵略者进攻的前方天空出现耀眼的彗星，他们认为这个现象是上帝赞许自己征服大业的吉兆。这支军团的首领后来号称"征服王威廉公爵"。几百年后，征服世界七大海，给中国带来"西洋的冲击"的那个国家的基础，就是这时建立的。

同样的天文现象，宋朝也在治平三年（1066）观察到并记录到史书中。不用说，濮议中批判政府的一派把这作为自己批判的论据，强调这是天意。因为彗星出现，为了表示对上天的敬畏，英宗皇帝也不从正殿出行了，饮食也简素了。不用真刀实枪而用笔杆子争斗的政局，第二年因英宗的驾崩和参知政事欧阳修的下台而落下帷幕。由此可见，这个时期，不论中外，天体的异常现象都被看作是上天（神）意向的显现。

数百年后，高举理性旗帜启蒙后的欧洲人，开始嘲笑欧阳修的后人们见天变就变脸是迷信行为。学了一点儿西洋学问的东洋知识分子，也开始用无可奈何的表情看自己同类的窘相。天体的异常现象只能是万物之长的灵长类的观察对象，绝不是什么值得烦恼的事件。日蚀、月蚀、行星大接近而发出的异常光亮、雨一样降下的流星群等，所有的现象都只不过是我们灵长类可以预测的现象而已。认为那是什么凶兆的，只能是还没有被启蒙的"愚民"。如此这般，当年狂言"天变不足畏"的那位宰相，就被高度评价为罕有的先知先觉者。

但是，果真如此吗？中国远在古代就已经开始天文预测，实际上也一直在预测。但是，人们还是把那些现象看作上天的警告。就连王安石都在凶兆日蚀因阴天多云看不到时，向皇帝上奏"恭

年号	公元	中心人物	名称
（后周、显德三）	956	（王朴）	（钦天历）
建隆四	963	王处讷	应天历
太平兴国七	982	吴昭素	乾元历
咸平四	1001	史序	仪天历
天圣元	1023	张奎	崇天历
治平二	1065	周琮	明天历（1070—1075 重用崇天历）
熙宁八	1075	沈括	奉元历
元祐七	1092		观天历
崇宁五	1106		纪元历
绍兴五	1135	陈得一	统元历
乾道四	1168	刘孝荣	乾道历
淳熙四	1177	刘孝荣	淳熙历
绍熙二	1191	刘孝荣	会元历
庆元五	1199	杨忠辅	统天历
开禧三	1207	鲍澣之	开禧历（开禧历附随统天历施行）
淳祐十二	1252	谭玉	会天历
咸淳六	1270	臧元震	成天历

61 宋代改历一览

喜恭喜！"天体的运行难道真与人间社会毫无关系吗？西洋人看作军神的火星时隔六万年与地球大接近的那一年，发生了被称作"文明的冲突"的战争。我们知道这可是最近刚刚发生的事件。

中国人为什么对天体运行一直细心观察呢？科学史家强调中国的天文学特别具有公共性。天文学自古被作为朝廷的秘密学问代代相传，禁止民间人士随便学习。因为这是关乎王权存立的最重要事项。天命的推移如果通过天文观测能进行预测，或者有人那么主张的话，那么搞不好当代王朝就可能成为易姓革命的对象。自己就是靠这个手段获得禅让的现在的皇家，皇位到手后立场逆转，得时刻警惕别人效仿自己。宋王朝也没有什么不同。

天文学与历学

严密观测天象是为了通过各种手段对可以预料到的异常现象进行预测，尽量减少异常现象所可能带来的事件性，或者是为了制作正确预测异常现象中定时发生的日蚀和月蚀出现时日的历书。如表61所示，外行几乎看不出什么差异的历法改革在宋代频繁进行，其实主要原因就在于此。日蚀如果没有在该月初一预报的时刻发生那就麻烦了。相反的，那些误差正好是检证和确认历法精度的决定性要素。南宋初期，优秀天文官被劫持到北方去后，朝廷遂命令一位虽没有任何官位，但能正确预测日蚀、名叫陈得一的人做新历（统元历）。后来还进行过很多次改历，理由都是因为观测到的天体实际运行与正在使用的历法的理论数值有误差。

以观测为主的天文学与数理上的历学，在中国虽然是被划分成两个学问，但是却也是紧密结合的。中国自古就把恒星按位置排列在天空的坐标上，然后用线连接制作成星座图，称之为星宿图。

星宿图是平面图，其实中国人还制作了通过立体模型再现恒星位置的天球仪——读者可以想象小型天象仪，称作浑仪。宋代代表性星宿图是现在还保存在苏州的孔庙内的淳祐七年（1247）制作的石刻天文图，而代表性的浑仪是元祐七年（1092）苏颂等人受命制作的浑仪。苏颂等把他们制作浑仪和别的观测仪器的经过以及成果编写成三卷《新仪象法要》。《新仪象法要》收录有浑仪上的星座的平面图。令人注目的元祐浑仪是用水做动力的。

苏州的天文图和元祐时期的浑仪，都没有显示宋代的独特性，而且也不是宋代独一无二的。苏州的天文图的原图是绍熙年间初期（1190年前后）一个叫黄裳的人画的。据传苏州的天文图是仿照四川的图摹刻的。黄裳的图也不是他自己一个人画出来的，他是根据以前国立天文台的观测结果制作的。浑仪远在先秦时代就已经存在，宋代一共制作过六次，都在北宋时期。太宗时太平兴国五年（980）是第一次，第五次是熙宁七年（1074）沈括设计制作的。《梦溪笔谈》卷七和卷八有详细记载。

作为天文学基础的纯数学　　可是，《梦溪笔谈》的这些记载却都在"象数"篇里。"象"（现象的类型）和"数"作为宇宙的构成要素自古就被中国人认识。最早解说象数原理的是《易经》。历法的数值总是摆脱不了易学影响的原因就在于此。被看作唐代历书最高杰作的僧一行的历也被用《易经》的术语称作"大衍历"，就是因为其理论背景是易学。沈括的《梦溪笔谈》的"象数"篇就是从介绍这个大衍历以来的改历经过开始，然后才是关于历、天文、占术、气象、病理、音响物理等的话题。这些都被划入"象数"一类。奠定了这些科学技术进步的纯数学，在宋朝也取得了伟大成果。

宋朝最有名的数学家是南宋末期的秦九韶。他其实并不是一个只会闭门造车的理论数学家，他对天文、音乐理论、建筑等都有很深的造诣。秦九韶所著《数书九章》（亦称《数学九章》）全十八

62 天文图（右）、地理图（中）、帝王绍云图（左）（内藤氏原藏　现京都大学人文科学研究所藏）平江府（今苏州）所立石碑拓本

卷，虽然是按中国数学书的惯例都是应用题及其解答，但是问题的类型却分为九类，各类九问，共计八十一题。这个构成充满了数的神秘主义思考（明眼的读者由本书的章节排列肯定已经看出了什么。易的筮竹数为五十根，司马光解释为"五乘十"）。

使秦九韶名垂青史的是他发现了高次方程的数值求法。而这个求法西洋人六百年后才发现，他们用发现者的名字命名为霍纳算法（Horner algorithm）。中国出版的科学史书籍为了宣扬民族主义，还给第一发现者正当权利，提倡应该称作"秦九韶算法"。这是一个合情合理的倡议。但是秦九韶发现这个求法运用的是易的理论，这点却是日本研究家们指出的。由此可见易学作为奠定所有自然科学基础的学术，君临于宋代人的意识形态中。

知贯天地人

　　我们把话题再返回现在苏州的那张天文图上。这张图其实是总四张图中的一张。四张图中的一张现已不存。另外两张为地理图和帝王绍运图。帝王绍运图其实就是历代皇帝一览。地理图就是大宋帝国的山川城郭图。现代日语还在使用的天文、地理，其实是一对具有古老历史的词汇。

　　既然有描绘天体状况的图，当然就应该有描绘地面状况的图。但是详细的地形图作为军事机密有泄漏给敌国的危险。前边介绍过的苏轼的忧虑就在于此。详细、正确的地图，是进军时必不可少的。

　　但是，我们这里想关注的是苏州地理图所描绘的范围。这里描绘的并不是宋国实际统治的南宋地区，而是理念上的宋国，也就是统治华北、势盖燕云十六州的理想中的中华帝国的全姿。

军事与建筑

发明火药——军备火器化落后金朝

　　与辽朝之间的澶渊盟约以来持续四十年间的和平，因党项族王朝西夏国的建立、西部国境告急而破灭。事件发生后，为了重新整顿防卫体制，朝廷主导编纂军事大全。庆历四年（1044），

63《武经总要》中的火炮

以曾公亮和丁度两位大臣编纂的《武经总要》共四十卷完成。根据序文我们知道此书本来的构成是制度十五卷、边防五卷、故事十五卷。但是现在流行的版本只有二十卷。

其中卷十五里有关于"指南鱼",也就是磁石的记载。磁石的原理早在先秦时代就已经被发现,是中国四大发明之一。但是,在某些军事技术书籍的解说中我们可以知道,当初设计的用途就是在陆地行军途中查找行军和撤退的方向,或者作为占卜的工具使用。用作航海的罗盘针,那是要到远洋航海的西方"蛮族"们胡闹的。中国都是内陆河渠和沿海航路,一般来说不用担心迷路。

《武经总要》中,在近代的技术史、战术史研究中备受关注的是有关另一个四大发明之一火药的制法的记载。因为这是现存世界上最早的关于火药的记载。也是后来给全人类带来无限恩惠和无穷灾难的起源。而且具有讽刺意味的是,清末以来一百年间给中国带来巨大灾难的,正是活用了罗盘针和火药的西方列强的"坚船利炮"。吸取鸦片战争的教训,加强国民国家建设的明治日本,最后也不是把矛头,而是把枪口对准了中国大陆。中国的这个受难的世纪的远因,如果用春秋笔法说,就在这个庆历政府。

但是,宋朝的军队其实并没有把火药完全实用化。宋军虽

64《蒙古袭来绘词》（部分　日本宫内厅藏）　画有火药爆发的新式武器"铁炮"

然有过用火药把炮弹打往远方的事例，但是真正把火药用以爆炸却是金军在先。当时宋朝的书籍中就记载有韩侂胄曾受到金军"石火炮"攻击。《水浒传》有一个情节是官军中有一位火药师，给梁山泊好汉们带来很大损伤，后来由于他投诚，形势逆转。但是这个情节似乎没有时代的合理性。根据《东京梦华录》的记载，在徽宗皇帝的阅兵式上燃放了"爆仗"，说明普罗米修斯的礼物被徽宗朝廷只是在仪典上和平利用了。其后，到了南宋，与爆仗一起，爆竹也被使用。徽宗军队用大炮攻打梁山泊英雄好汉，似乎是不可能的。《水浒传》是明代完成的，在完成过程中被润色的可能性很大。只赋予火药驱鬼功能的宋朝，也许在韩侂胄的时候，照样只知和平，没有危机意识。

十几年后，金朝与新兴蒙古军对战，在汴京（宋朝的开封）保卫战中，初次使用了"震天雷"。"震天雷"应该算是当时最先进的高科技兵器，随着震天轰鸣，飞到目的地爆炸，把目标炸死烧光。此外，金朝还有一种手持筒状花炮的兵器"飞火枪"。宋朝和蒙古也都紧追金朝，期望实现军备的火器化。可能任何时代都是这样，所有技术中传播最快的就是兵器。吓掉集合到博多的镰仓武士魂儿的，就是一种跟飞火枪极像的"铁炮"。种子岛的火绳枪[19]，也不过是受到蒙古和土耳其的刺激，欧洲人三百年间钻研开发出来的飞火枪的子孙的回归故乡而已（但是最近的研究证明，种子岛的火绳枪不是葡萄牙式的，而是源于东亚地区倭寇的技术）。

宋朝禁军——历代王朝最弱的军队

金朝灭亡四十年后，宋军与蒙古军决战襄阳时，蒙古军使用了"回回炮"。这是穆斯林技术人员制作的投石机，原来是广泛用在西亚地区的城池攻防战中、破坏城墙的一种兵器。当然，同样的技术中国自古就有。宋朝在传统技术的基础上，马上模仿回回炮开发了新式兵器配备前线。金庸的武侠小说把襄阳攻防战写成功夫家的个人战，其实当然是集团战。

在此之前，靖康之变以及建炎、绍兴年间同金军的战争，都没有使用火器，只用了五花八门的各种冷兵器。李纲使用的一种叫作"车骑"的战车，停止进军后立刻就能当作兵营使用。岳飞用的"灰炮"，里边装填有毒药，应该算作世界上最早的化学武器吧。

火器直到南宋末期都没有被实用化，由此可见宋军的装备主要靠的是对固有的武器的改良。《武经总要》所述还是属于北宋前期的风习。说它展现了新时代的新技术，还不如说它对旧时代知识进行了体系化。神宗、哲宗、徽宗时期出现在其他领域的各种胎动，在军事技术上几乎完全没有。其原因是否应该从文官支配的科举官僚制度上找，我们得在慎重研究的基础上做出判断。但是至少连超过《武经总要》的书籍的编纂工作都没有做到这点，就是思考宋王朝特征的一个关键。

不仅兵器如此，战争的战略战术，也看不出任何新的发展。这也许就是岳家军的活跃看起来就像是岳飞个人奋斗的原因吧。这到底是仅仅没有被（鄙视武人的文人士大夫）记录呢，还是当时社会全体的风气就是轻视这些。无论如何，在历代王朝中，宋朝的禁军是最弱的。不论是开封还是临安，在少数民族军团面前，都脆若琉璃，一碰即碎。但是，真正的胜者到底是谁，却又是另外一个问题。宋人非常看重的孟子就说："民为贵，社稷次之。"在保有强大军队的国家生活的普通百姓，并不一定就能幸福。

宋代的建筑技术　在把许多按规格加工的零部件装配成一个整体这点上，作为机械具有复杂构造的兵器开发，可以说与建筑基本一样。实际上，在建筑方面宋代也可以说把一直以来的手法集大成，并发展到最高水平。为了真宗的封禅仪礼在泰山修建的岱岳庙，当时是世界上最大的木造建筑。岱岳庙因为后来的皇帝没有人再去封禅，所以逃脱了以改建为名的文化遗产破坏。

宋代还建有其他宏伟壮丽的寺院。在这方面荣西也吸收了大量新技术。重源（1121—1206）死后，东大寺大佛殿在他的指

65 奈良·东大寺

66 镰仓·元觉寺舍利殿

挥下，重新以崭新的宋朝样式巍然屹立在故都奈良。新开发的镰仓地区，禅寺积极采用宋朝样式陆续建立。经过数百年的时光洗礼，现在我们看作代表日本古老优秀文化的这些寺院，在公元十三世纪时，不过是流行的异国情调。

宋代建筑技术史料是元符三年（1100）李明仲所撰的《营造法式》。此书把元祐年间的规格（法式）"围三经一，方五斜七"，变成经七围二十二，方一百斜一百四十一。经是直径，围是圆周，方是正方形的一边，斜是正方形的对角线。也就是说，要按"围三经一，方五斜七"算的话，圆周率应该是3，二的平方根则应该是1.4。如果只是曾经流行的"减负教育"[20]的算术教育也就不说了，可是要是用在实际建筑上，那是绝对盖不起房子的。笔者并不是要批判文部省为私塾做宣传，但这样教育，"正六角形的周长与其外接圆的圆周，不是一样长了吗？"这种极端不正确的数值，如果被实际使用，那么想要"技术立国"就是绝对不可能的。

李明仲可能是一个技术人员，他修改了数字神秘主义者们喜欢的这个比率，使用了与实际测量的数值更为接近的数值。中国

67 石印本《营造法式》中的大木作侧样
（1919−1920 年刊）

68 保国寺大雄宝殿（浙江省宁波市）

式的分数表记当然不能表记无理数，但是上述数值如果用小数表记，圆周率应该是 3.143，二的平方根应该是 1.41。用这个数据规格加工木材的话，肯定能在误差范围内按设计图要求盖好房子。

但是有一点很令现在的研究者感到迷惑，"如何决定计划当初必须有的梁柱之间的尺寸和柱子的高度，或者说标准尺寸，任何地方都没有记载"（竹岛卓一《营造法式研究》1，中央公论美术出版，1970 年）。别的研究者研究认为，一营造尺应为 309 毫米。

度量衡标准

笔者只是臆测，李明仲可能认为，明示长度单位的标准，是一个超出建筑技术图书范围的行为。度量衡标准，中国自古都是用音响物理学决定的。比如"寸"这个长度单位，被规定为一种称作黄钟的能发出绝对音的笛（称作律管）的九分之一的长度。而绝对音的高程，（有各种决定方法，这里介绍最一般的）是由管里能装多少黍粒决定的。黍粒的总体积决定标准管的容积，该容积的管中震动的空气的波长，变成音波传到外边。中国人认为这个音，才是用反映自然界秩序的方法决定的最正确的音调。所以这个管的长度就是尺度单位的标准。

如果觉得难懂，那么想一想我们现在使用的米公制就可以明白。现在米的长度是用铯原子的波长严密决定的。但是二百年前法国发明米公制的时候，其基准却是地球的大小。按地球圆周制作米标准原器，然后按这个基准规定了重量单位和容积单位。中国制定长度时的基准不是地球的大小，而是音的高低。

但是，北宋时期却围绕选什么黍粒（其大小基准）、装进管的数量还是排成一排时的数量、（如果是后者）按黍粒的长径排还是按短径排等等问题争论不休，而且随着方式的不同基准音的高低也产生变化。与此连动，尺的长度也频频改定（实际上因为太不方便，民间似乎用别的方法制定标准）。所以，李明仲即使没有记载这些标准，我们通过高度政治判断另外会决定的。或者说，这是一个像李明仲这样的技术官僚所不可能制御的事情。宋代就是这么一个时代。

顺便提一下，《营造法式》完成数年后，徽宗听取一个叫魏汉津的方士的建白，发布公告，规定黄钟律管的长度为自己的三根手指长度。第二章澶渊之盟说岁币额时也是三根手指，可见宋朝不像现代日本用手指来指代宰相（首相）的桃色丑闻 [21]，而是决定国家大事。手指按关节分为三节，三根手指共九节，有人就此解释为这就是九寸的意思。而且因为当时徽宗的年龄正好是二十四岁（圣数十二的两倍），所以更主张他的身体与宇宙同

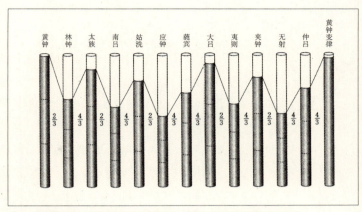

黄钟　林钟　太族　南吕　姑洗　应钟　蕤宾　大吕　夷则　夹钟　无射　仲吕　黄钟变律

$\frac{2}{3}$　$\frac{4}{3}$　$\frac{2}{3}$　$\frac{4}{3}$　$\frac{2}{3}$　$\frac{4}{3}$　$\frac{4}{3}$　$\frac{2}{3}$　$\frac{4}{3}$　$\frac{2}{3}$　$\frac{4}{3}$　$\frac{4}{3}$

69 三分损益法的十二律管生成　以黄钟为标准，音响物理学决定音调

步。对于用铯原子的波长精密确定度量衡的我们来说，这是一个完全不能理解的议论（我们真能这么断言吗？）。理论家们的数字神秘主义，李明仲这种技术官的精密主义。宋代就是一个这两种才智同居的时代，也是能在沈括那样的人物中共存的时代。王安石的吏士合一政策被旧法党葬送后，官人分为负责前者的士大夫和负责后者的幕僚、胥吏两个极端。宋代朱子学的理气世界观与明代阳明学的（字面意义上的）"唯心"主义，正反映了这两个时代的差异。

　　以上，本章走马观花地看了一遍宋代骄人的技术成果。这些成果由具有文字记录能力的人著成书籍传给我们后世，不仅影响了中国，也影响了朝鲜、越南、日本等周边国家。这里可能没有达·芬奇那样的超级人物，但是在各个领域，毫无疑问都出现了新的契机。下边，我们来看一下宋代狭义上的文化的发展。

第八章

文化的新潮流

吃茶与陶瓷

饮料的唐宋变革　　　　常言道："唐诗是酒，宋诗为茶。"这句流俗的标语式说法，虽然不能把唐诗和宋诗就这么简单区别，但是后世人这样表现这个事实本身，却是不容忽视的。说起唐代诗人，比如李白那样的，好像都是酒豪，或者狂放不羁，怀才不遇，借酒发愁，或者想从巴克斯[22]——中国的酒神是谁呢？——那儿得到作诗的灵感。相对的，说起宋的诗人，浮现在我们眼前的，比如苏轼、陆游等，却是虽然政争失败，官场失意，却并不在意，照样与几个志同道合的好友边喝茶边天南海北高谈阔论。宋诗的内容变得好讲道理，也与这些情况有关。不论各时代的诗人饮用什么，能这样被人津津乐道这件事本身，

70 福建茶田

就充分说明了唐宋之间的饮品变化。

茶，才是由宋代开始的近世文化的象征性饮品。当然喝茶的习惯在唐代以前就已经存在。中国人在很早的时代就知道西南山区原产的茶叶可以浸泡饮用。六朝时代，生活在宫廷的人不光饮酒，也开始饮茶。只不过那时茶还完全不能算士大夫的精神象征。茶作为一种文化成立，是唐代后期陆羽的那本著名的《茶经》前后的事情。

到了十一世纪，不仅宋人爱喝，北方异民族王朝也开始饮用，北部与辽以及西夏的国境贸易被称作茶马贸易，茶成了宋朝的一个重要的出口商品。

俗话说"唐团茶、宋末（抹）茶、明煎茶"，不过最近的研究表明，这其实是一个不正确的说法。按实际情况说，唐代人是把茶叶蒸过后制成紧压茶（砖茶），然后用刀削下加适量开水浸泡饮用；宋代人把砖茶打成粉末加开水做成茶汤饮用；明代人把茶叶直接用开水浸泡饮用。现代日本人日常喝茶是明代的喝法，而茶道的做法却是宋代末茶的饮用方法。荣西将茶作为健康饮品，在宋朝亲身体验，传回故国的，就是这个末茶的饮用法，也就是所谓"点茶"。这里的"点"是动词沏的意思。"吃茶"一说当时已经有了，"吃茶去"一语常见于禅宗语录。

顺便再说一句，朱子学的摇篮、福建北部建州地区在宋代就已经是著名的茶叶产地。说"宋诗为茶"，还不如说"宋学为茶"更合适。朱熹的私塾当与禅寺一样，茶也是他们的日常饮品。可惜的是在言词辛辣的朱熹语录《朱子语类》中看不到"吃茶去"一语。

关于宋代吃茶法的文献，最有名的是那位庆历士大夫蔡襄的《茶录》和徽宗的《大观茶论》。福建出身的蔡襄撰写的《茶录》上篇详细解说了佳品茶叶的色、香、味，以及品茗的过程；下篇主要论述的是茶器。《大观茶论》以建阳御茶园产的茶叶为中心，详细介绍了吃茶方法。但是，荣西品味过的浙江寺庙的茶，是把少许粉末茶放在茶盏里加开水搅拌而成的饮品，可能不是这种高级砖茶。与宋代茶书记录的都是宫廷饮用的高级茶相比，他喝的更接近于浙江一带人们日常饮用的茶。无论如何，后来在留学僧和渡来僧的贡献下，禅宗寺院成了日本传播吃茶风习的据点。

陶瓷器——宋代工艺的巅峰

喝茶用的器具，是宋代工艺登峰造极的陶瓷。宋代陶瓷的绝妙的釉色，连技术高度发展的清朝作坊拼命模仿，也只能做出外行一眼都能看出差别的东西，由此可见其美轮美奂的程度。

日本称作天目茶碗的瓷器，中国称作黑瓷。其产地与茶一样，是福建的建州。也许是我们深信不疑的结果，我们觉得，黑色釉窑变出来的那种不可言传的感觉，有一种与朱子学的精神性相通的东西。用该地特产的土烧出来的黑瓷，常有兔毛一样的黄土色纹样（中国称"兔毫"，日本称"禾目"）和银色斑点"油滴"。

能从唐三彩那样的陶器发展到高温烧出的瓷器，与上一章烹饪法介绍过的火力改良有关。瓷器的代表产地首先是磁州（现河北省磁县）。磁州窑的瓷器多为白瓷上画黑色纹样。

提高了白瓷釉色精度的是定州（今河北省定州市）。定州虽与辽接壤，但是在北宋末期，定窑确立了高度的制釉法，施釉极薄，成功地增加了光泽。此外，江西景德镇窑的白瓷也很有名。

但是比起黑瓷和白瓷，当时的宫廷更喜欢青瓷。南方的产地是处州龙泉县（今浙江省）。龙泉窑继承了自古繁荣的越窑的传统。在古老的越州之地，北宋行政区划为越州、明州、台州等，浙江东南沿海地区烧制的瓷器，以自古以来灰陶的传统色调为基调。因为占沿海的地利，所以出口量也很大。另外，钧州（今河南省禹县）、耀州（今陕西省铜川县）的彩色青瓷不是青瓷原色，而是以微妙的浅色变化为特征。以上，北方的定州窑、磁州窑、钧州窑、耀州窑和南方的景德镇窑、越州窑、龙泉窑、建州窑通称宋代八大窑，此外汝州（今河南省临汝县）、吉州（今江西省吉安市）的窑也很有名。除此之外，还有被称作官窑的宫廷御用窑。都城转移后，南宋的官窑被安置到临安近郊。

无论如何努力，以笔者的拙笔陋文要表现这些卓越作品的真正价值是不可能的。读者诸君最好还是亲自到美术馆去观赏。

唐三彩大多作为陵墓的陪葬品，所谓明器烧制——不排除现

存的差不多都是从陵墓中发掘或偷盗出来的这一层意思——相比
而言，宋代的白瓷、青瓷、黑瓷都是日用品。即使作为鉴赏用的，
也是以实用为前提的。不是作为祭器，而是作为日用品烧制，恐
怕这才是能出口到不仅东亚，甚至全世界的最大理由吧。

　　扎根生活的艺术——宋代文化的这个特征，瓷器也具有象
征意义。

金石与名物

古代文字研究　　　　　《水浒传》是从仁宗派到道教圣地的官僚
胡闹，强行打开太古封印的伏魔殿大门，
从那里逃跑了一百零八个妖魔开始的。那张封条上写的是科斗文
字。"科斗"即蝌蚪。古代的字体很像蝌蚪，故这么称呼。宋代
人对古代文字研究也表示出浓厚的兴趣。这里我们还是搬出仁
宗朝名臣欧阳修来吧。

　　欧阳修自称"六一居士"。意思是珍藏书本一万卷、金石遗文
一千卷、琴一张、棋一局、酒一壶与自己一老翁。藏书一万卷，
作为一个屈指可数的大学者没有什么奇怪，琴、棋也是自古以来
君子必需的教养，还有酒（不是茶），这些都是功成名就的高官
身边必有的东西。那么剩下的"金石遗文"为何物呢? 这就是古
今的碑文拓本和带有铭文的青铜器，换句话说，就是文字收藏。

71《集古录》毛伯敦铭（选自《欧阳修全集》卷134）

他把自己的收藏编目并加以解说，编成一本书，叫《集古录》。

《集古录》收集的大部分都是唐代的作品，但是也有比如秦始皇度量衡器等不少秦汉六朝时代的东西。时代再往上推，《集古录》开头还收集有西周时代的青铜器"敦"的铭文。不用说其字体是西周金文。他把这些金文抄写下来，并变换成宋代通行的字体（亦即楷书）。就是说，欧阳修搞了金文的解读工作。因此，欧阳修也被称作金石学之祖。希望复辟夏殷周三代的意志，也催生了这种收集三代文字资料并进行解读的志向。

晚于欧阳修几十年，徽宗命令把宫中收藏的古代器物描绘成《宣和博古图录》刊行。当时还有一个著名的收藏家叫赵明诚。估计不光他一个人，当时应该还有很多收藏家。而使赵明诚名垂不朽的是他把自己编纂的收藏目录献给朝廷，而该目录被后世陆续传抄、印刷、刊行。这个美谈背后还有令人心酸的故事。

赵明诚是一位历任地方官的士大夫官僚。靖康之变的时候正在青州（今山东省益都）任上，被金军追赶被迫逃向南方。在逃亡过程中，自己搜集的大量藏品逐渐佚失，最后连他自己都在流亡中死去。死亡后藏品几乎遗失殆尽。后来是他的遗孀把他陆续写成的有关自己藏品的解说目录《金石录》献给朝廷。所以，这本解说与欧阳修的《集古录》不同，不是眼前现有藏品的解说。

这是靖康之变失去家财和丈夫的一个女性，为了追忆家财和丈夫而编著的书籍。这个伟大的女性就是李清照。我们在本章第四节"文学"中还要与她再会。

72《至大重修宣和博古图录》一种叫做爵的酒器（静嘉堂文库藏）

　　顺便说一下，个人藏书的解说目录，也是南宋开始出现的。现存晁公武《郡斋读书志》和陈振孙《直斋书录解题》。其实"解题"一语本身，就是这个时期由陈振孙等人的目录开始普及的。

　　宫中的图书目录自前汉刘向整理图书以来有古老的传统，但是个人藏书的目录，却与第七章叙述过的印刷出版文化的发达有关。不过，现在存有目录的大藏书家收集的不光是印刷刊行本等流行民间的一般书籍，还收集有大量抄本。与上述欧阳修同样，这个时期有很多人称自己的书斋为"万卷楼"。

王安石的《字说》　　与金石学相关的有名物学。这里的"名物"并不是指某地的土特产，而是考证物体的名目以及该物体本身的学问。在经学中，自古就重视考证《诗经》中出现的动植物与现实中的动植物的对比确定工作。宋代也有人对此下了不小功夫，现存有蔡卞和陆佃的著作。

　　他们两个都是王安石门下的新法党官僚。与他们同样关心此事的，有第七章数次述及的沈括。王安石要把世界秩序在皇帝的治下统一把握和构筑的思想，也波及对物体名目的探究。

本来王安石自身也编纂有一本《字说》，可惜今天已经不传。据传是与汉代许慎《说文解字》相匹敌的大作。许慎把汉字分为四种：象形、指事、会意、形声（其他还有假借等两种），现在我们在小学还这样学。王安石的独特之处是，他不承认有形声字。实际上汉字的九成以上是形声字，所以可见王安石的假说是多么野心勃勃。此书现已不存，虽然无法检证，但是据传他把几万个形声字全部都分类到象形、指事、会意中并加解说（实际上可能都归类到会意中）。因此，他也犯了很多低级错误。批判他的旧法党人士流布很多传说，讽刺他的字书。

逸话之一是：有人问王安石"霸"字为何是"西"字头。王安石滔滔不绝："西方有杀伐之气。"对方看他说得差不多了插话道："啊，对了，'霸'字不是西字头，是雨字头。"但是王安石并没有脸红，而是马上回答说："那是被慈雨感化了。"

逸话之二：苏轼问王安石自己的号东坡的"坡"字。王安石说："就是土的皮。"苏轼开玩笑说："那么'被'就是衣的皮，'波'就是水的皮了吧？"看到王安石很得意，苏轼马上又问："那么'滑'就是水的骨头吗？"

凭良心说，这个传言中王安石的说法确实牵强附会，还是许慎的形声说法有道理。所以到了南宋以后《字说》被人忘掉自有道理。但是，他为什么要花这么大力气来改变汉代以来的文字学说呢？不认真研究这本奇妙的字书，可能也就不能完整理解王安石的新法精神。只找出与近代相通的地方，然后重新建构王安

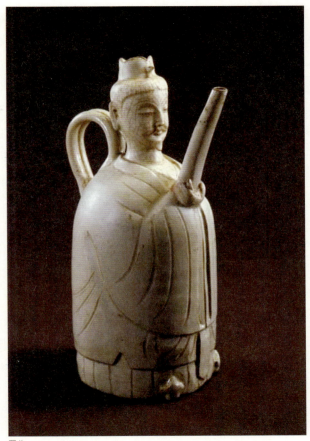

图八

图八　青白釉人形瓷注子 北宋——景德镇窑制品，通高23.9厘米，口径2.2厘米，瓷注呈人形，戴冠，披长袍，手捧壶嘴。（安徽怀宁县文物管理局所藏）

图九 图十

图十一 图十二

图十三 图十四

图九　白地黑花壶——磁州窑

图十　白釉印花缠枝牡丹纹碗 北宋——定窑（四川宋瓷博物馆馆藏）

图十一　天蓝釉窑变玫瑰紫钵式碗——钧窑

图十二　青白釉凤首流水注 南宋——景德镇窑（四川宋瓷博物馆馆藏）

图十三　褐彩开光飞凤纹罐 宋——吉州窑（武汉博物馆馆藏）

图十四　粉青釉圆口洗 南宋——龙泉窑（四川宋瓷博物馆馆藏）

【风流天子宋徽宗】

宋徽宗是中国文化史上最大的推动者之一。其"风流"在带来文化繁荣的同时，也招致国家的灭亡。

图十五

图十五　芙蓉锦鸡图，北京故宫博物院藏

图十六

图十七

图十八

图十六　柳鸦芦雁图（局部），上海博物馆藏

图十七　瑞鹤图（辽宁省博物馆藏）　政和二年（1112）旧历正月十六日傍晚，宫城正门宣德楼飞来二十只丹顶鹤，此为纪念这次奇瑞现象而作

图十八　竹禽图，美国纽约大都会博物馆藏

石的思想是不充分的。只是有关这本已经失传的字书，目前还没有什么值得报告的具体研究成果。

考古学风

正像欧阳修收集、解读古代文字，王安石探求圣人创造的（被这样认为）文字本身的由来一样，宋代出现了考古学风。经常有一种误解，认为宋代人比较有观念性，具有与清代人考证学相反的精神。实际上并不是这样。宋代也存在考证学，后来的考证学家就举出好几个宋人是他们自己的源流。但是宋人的考证，不是为了考证的考证，不是消磨时间的个人兴趣，而是为社会为人民，用当时的话说就是为了经世济民所做的一个基础工作。他们为了复原远古的圣人们制定并完成的各种制度并进行模仿，就有必要对那些制度的细节进行详细的考证。

王安石学派以外也有一些学者具有这样的学风。这里我们仅介绍一下活跃在南宋末期的两位明州士大夫。一个是王应麟，一个是黄震。

王应麟祖籍开封近郊，南宋后代代居住明州。父亲为吕祖谦系谱的科举官僚，王应麟自身曾师事朱熹、真德秀等学者。年少中举，官场得意。但是，生不逢时，当时不但宋王朝自身已经岌岌可危，而且北方蒙古的威胁也日渐增大。王应麟虽然常常冒死直言，但是不被当时的宰相贾似道接受，最后南宋终于灭亡。南宋灭亡后二十年，他坚不出仕蒙古元朝，隐居乡里，专心著述。

王应麟著述甚丰，其中最著名的是《困学纪闻》。《困学纪闻》是对经书、史书从内容到制度全盘的考证罗列，受到清朝考证学者们的高度评价。

另一位黄震，虽也是明州出身，但却是远离州城的慈溪县出身。与第四章介绍过的杨简同乡，但信奉的却不是陆九渊系统之学，而是朱子学。他作为地方官业绩显赫。其著作《黄氏日抄》也是对古书内容的考证集成。后受到自称其子孙的明末黄宗羲以及清代活跃于宁波（明州）的全祖望等高度评价。

清代出现对朱子学的批判风潮后，这两个人作为"宋朝也有具有考证学风的人物"的事例受到重视。这里不排除人为制造虚像的因素，但是其实王应麟、黄震都自认为是最忠实的朱子学家，他们的存在正证明了朱子学的真实性。实际上朱熹自己也做《诗经》注释，非常重视名物学。

王应麟有一本面向初学者的学习书《小学绀珠》，是一本网罗所有物事的全集。全书共一千九百多项，基本上都是"数词＋名词"的形式，从天道类的"两仪"，也就是天与地开始，到动植类的"三异"，也就是"虫不犯（好官治理的土地）境……；化及鸟兽……；竖子有仁心……"等。王应麟在自序中说"小学为大学之本"。学习三纲领八条目的理论的高等教育，只能是受过名物学的初级教育的人才可能。没什么基础就教授什么理气论、心性论等高深的、哲学的话题是不可能的。

书画

宋朝四大家

元符三年（1100）九月，苏轼因新皇登基获恩赦，踏上了回开封的旅程。二十四日，在康州端溪县（广东省）的溪流荡舟游览后，在岩壁上刻字纪念。去中国旅行过的人肯定都看到过，美景胜地的岩石上肯定刻有古代文人墨客的题字。为了能看清楚，还特意用红油漆描画。就是那种字。这与已经西化了的近代人保护自然景观的感觉完全相异，访天下名胜，留文章墨迹，是中国古代文人的雅趣。对苏轼来说，这当然不是第一次。

但是我们为什么要特意举出这一次呢？这是因为与下边将要介绍的两点关系密切的缘故。

第一，因为他弃舟登岸后又在纸上写了另外的文章。题写在岩壁上的是他常写的粗壮的书体，而是否是有意的现在不知，他这次在纸上却用的是与自己平时不一样的字体，他自己称之为"瘦妙"。遗憾的是现在已经不存，所以我们不能一睹尊容。而且，翌年他在路途病逝，所以再也未能写出这种开辟新境的作品。

第二，是因为这个地方。有书法造诣的读者早已看出，这里是著名的端砚产地。他是否用的就是这里产的端砚写的字我们不得而知，但是当时这里的砚台生产已经达到相当规模。喜欢苏

73 赵孟頫绘东坡先生像

74 苏轼《前赤壁赋卷》（局部 台北故宫博物院藏）

轼的南宋高宗，在自著《翰墨志》中对端砚有如下评价："色紫如猪肝，密理坚致，潴水发墨，呵之即泽，研试则如磨玉而无声。"

多才多艺的苏轼，在书法上也号称宋朝四大家之一。其他三人为蔡襄、黄庭坚、米芾。蔡襄已经介绍过，是庆历士大夫官僚。擅长楷书，书风端正。苏轼也很尊敬这位书法前辈。黄庭坚是苏轼的门人，文章继承欧阳修、苏轼的古文精神，诗更开辟江西诗派。书法擅长草书。米芾习王羲之平淡天真书风，是初期徽宗朝廷的大红人儿。

不过，除了这四人以外，还有其他很多著名书法家。特别是徽宗，几乎与他们齐名。其书体精瘦纤细，号称"瘦金体"。上述苏轼晚年书写的"瘦妙"字体，说不定与此特别接近。另外，蔡京书法也很有名。他的书体与徽宗正相反，笔画粗壮，刚劲有力（参看第三章图 23）。有一说称，宋朝四大家当初有蔡京，后因政治理由换成蔡襄了。其实，他们两个人是同族。

宣和五年（1123），徽宗钦命编纂的宫中所藏书法作品目录《宣和书谱》完成。同样因为政治原因，此书却完全没有提及苏轼和黄庭坚，而是把宰相王安石和蔡京大加吹捧。王安石的书法，连政敌苏轼都评价"荆公书得无法之法"，高度赞扬王安石不拘一格独树一帜的才能。

苏轼还是一个书法评论家。他说："人的书法在工拙以外，还另有味道，能反映一个人的人格好坏。"与唐代以字本身的优劣为标

75 蔡襄《颜真卿自书告身跋》（东京 台东区立书道博物馆藏）

准评价书法不同，他主张应该承认每个人的个性，从中看出这个人的人性。由这个视点我们可以看出，书法领域也有唐宋变革。

同一平台上的"书"与"画"

从形到心，这个标语式的艺术论，在绘画领域也能看出。这么说，其实是因为宋代的一个特征是把书法和绘画放在同一平台上论述。徽宗在宫廷设立的书画院，不但编纂了《宣和书谱》，还编纂了《宣和画谱》。崇宁三年（1104），在前一年设立医学（医术专门学校）、算学（算术专门学校）的基础上，徽宗又设立了书学、画学，积极培养画工。不过，书学和画学很快即被废止。

令人感兴趣的是，《宣和书谱》和《宣和画谱》两书中都收录有日本的作品。《宣和书谱》的最后列举了各国政府公文中书法比较优秀的，与五代、南唐、大理国一起，还有"日本国康保伪告"两篇。康保是村上天皇年号，相当于公元964—968年，宋朝的太祖时期。"伪"，大概是因为作品上有这样的日本年号。"告"是公文的一种。这些文件应该是奝然带去的。而《宣和画

76 黄庭坚《松风阁诗卷》（局部　台北故宫博物院藏）

77 米芾 草书帖《元日帖》（大阪市立美术馆藏）

谱》在山水画中列举有"海山风景图"一幅和"风俗图"两幅共三幅作品，从解说上看，也是斋然带去的。估计因为语言不通，题名只是按画上的图案随便起的。因为是进贡的作品，所以可以想象肯定是使用金粉等精心绘制的。这是别的国家所没有做到的。所以编者高度评价道："非礼仪之地，而能留意绘事，亦可尚也。"事实是《宣和画谱》中收录的外国作品，只有日本的这三幅。

顺便说一下，北宋时期日本刀作为艺术品也很受欢迎。欧阳修就曾作有一首诗《日本刀歌》。到底是学者欧阳修写的，这首诗虽然说的是日本刀，后半却感叹说两国文化交流不够紧密。

前朝贡献屡往来，士人往往工词藻。

徐福行时书未焚，逸书百篇今尚存。

令严不许传中国，举世无人识古文。

先王大典藏夷貊，苍波浩荡无通津。

令人感激坐流涕，锈涩短刀何足云！

欧阳修这首诗作于十一世纪中期以后。一百年后，在平氏政权[23]统治下，日宋贸易兴隆，南宋有许多文物传到日本。宋朝沿海的贸易港为第九章将要详细介绍的明州（今宁波），因此被日本的寺院收藏并保存至今的宋朝绘画多为明州制作。主要的当然是表现他们信仰的如来、菩萨、罗汉、僧侣等佛教绘画。在中国本土，后来因为宋代繁荣的佛教寺院要么渐渐败落，要么在战乱中被破坏、烧失，其结果，在日本反而保存了大量宋代绘画。

78《五百罗汉图》(周季常、林庭珪 全82幅 京都大德寺藏)

于是这般，日本人便在茶室挂上中国传来的绘画，然后跪坐画前，品鉴在宋瓷茶碗中做的抹茶。这种清静孤寂（WABISABI）的光景，在今天的我们看来完全是充满传统"日本情趣"的光景。可是，其源流，却是承袭唐宋变革的中国东南沿海的地方文化。

宫廷画师的活跃

我们还是把话题拉回来。《宣和画谱》的存在就说明，当时绘画最大的买主和最大的收集家其实是宫廷。五代十国各王朝都拥有宫廷画师。宋统一后，他们都被集中到了开封。其中特别是从南唐宫廷来了很多优秀的画师。他们画的障壁画装点了开封皇城内建设的大量宫殿

79《早春图》（郭熙　台北故宫博物院藏）

和官厅建筑。这是一个从视觉上象征华北王权吸收江南文化，作为大唐帝国的继承者君临天下的事业。

一百年后，也就是我们在第三章述及的元丰官制改革后，一部分的官厅建筑被改建。装点新建设的厅舍的，是当时非常著名的画家郭熙的障壁画。这个事业对大宋帝国有庆祝重建财政取得成功、重获发扬国威自信的意义。另外，当时尚书省的墙壁没有用绘画，而是用翰林院的职业书法家书写的《周礼》装饰。因为《周礼》是元丰官制的榜样。

郭熙是华北系统的山水画家，继承和发展了宋朝初期李成的画风。只用墨一色描绘山水这个画法，据传是源于唐代的泼墨技法。先泼墨于纸上，然后按偶然泼出的模样构思绘制成山水。李成是大唐帝国皇族出身，家住山东平原地带，创造出了"平远山水"的画风。郭熙在李成的画风上融和了范宽描绘的陕西地方高耸的岩山"高远"画风。郭熙儿子郭思编辑的郭熙画论集《林泉高致》论述了高远、深远、平远的构图法和山、木、人的配置法以及云和霞等的画法等。徽宗对郭熙也给予高度评价。

徽宗自己也画画。不过他画的不是山水画，而是花鸟画，也就是运用色彩真实描绘动植物的生态。他接受的是宫廷画家崔白系谱画家的指导，并开拓了自己独有的境地。他的画风，因与翰林图画院有关，故被称作院体画。

与徽宗本人命运一样，他的作品也被移送到北方的金国，后来成为清朝宫廷的珍藏品。也有一部分流传到民间的作品，后来流传到国外，成为世界各国美术馆的珍宝。日本也珍藏有《桃鸠图》等数幅作品。笔者熟悉的波士顿美术馆收藏有《五色鹦鹉图》。恰在笔者客居波士顿时，该馆曾经展示在同样来自开封宫廷的瓷器上层的展室。此画有徽宗亲笔书写的其独创的瘦金体题跋。

士大夫绘画——文人画

靖康之变后，以徽宗宫廷画家李唐为中心，形成了南宋院体画派。李唐与山水画家郭熙的画风不同，他开辟了笔致简洁、表现物体质感的画风。属于该系谱，临安出身的夏珪的画风后被称为浙派的流派所继承，该流派对十五世纪从日本来游学的雪舟[24]产生了很大影响。与以上院体画相对的，是士大夫们的画，即所谓文人画。明代出现南宗画概念后，两者常被混用。但是文人画从本来的语意上来说，意指"业余画家的画"，并不是一个特定流派的概念。而且宋代也没有"南宗画"这个概念。这个系谱其实（与朱子

80《西园雅集图》（部分　The Nelson-Atkins Museum of Art 藏）

学等同样）是后世创造的。而文人画的名家则是苏轼，盟主也是苏轼。

北宋后期士大夫们形成沙龙。其中一个原因是因为党争。前边已经叙述过，反王安石的士大夫都集中居住在洛阳。苏轼周围也集中了敬慕他的文人墨客，他们吟诗、写字，（可能也）谈论政治。这样的现象，被形容成一种叫做"西园雅集"的宴会。实际上似乎并没有这样的宴会，但是通过十六个同好聚会的设定，成功把苏轼的沙龙理想化、理念化，并传给后世。所使用的媒体当然是绘画。这一派画家中最有名的是李公麟。他因为绘制了这些人物的肖像画而著名。

其实我们现在所说的肖像画就是从他们这个时代开始的。就像皇室有神御殿、景灵宫一样，一般士大夫祭祀祖先的时候也开始使用肖像画。因此，肖像画重视描绘对象人物的个性等，描绘方法也在不断创新。程颐曾经提倡从宗祠撤去肖像画，安置牌位。他的论据之一就是"一根头发画不好，这幅画就不叫真容"。当时非常重视精细的写实摹写，由此可见一斑。

有人认为这个现象也与文学艺术作品的作者诞生有关。作者何时何地，为何创作该作品那时也兴起了诸如此类的研究，出现了编纂作家年谱的现象。比如对于杜甫的诗，也开始从"杜甫是何时，在何种状况下创作此诗"的视点鉴赏。从这里也能看出心性层面的唐宋变革。

与他们同时期还有一位著名的书画家米芾。他曾经兼任上述书学和画学的博士（教师）。米芾的作品，枯瘦淡泊。米芾虽属徽宗的宫廷画派，但同时也是文人画的开拓者之一。

可是这幅作品画的是什么呢？所谓"研山"，其实也就是盆景。

**庭园建设
——宋人的自然观**

从外地运来石头装点庭园，人工制造自然景观，据说始于唐代的白居易。他从自己任职的苏州和杭州等地把自己喜欢的石头运回洛阳家中装点自己的庭园。唐时都城西为长安，东为洛阳。到了宋朝长安称作京兆府，为永兴军路政府所在地，地位比四京还低，仅为一地方城市。而洛阳，虽然只是宋朝京西北路的中心河南府城，但是却作为西京具有陪都的地位。太祖时依然向往洛阳，甚至曾设想迁都洛阳。到了神宗时期，开封已经确立了首都的地位，但是因与开封保持有适当距离，洛阳遂成为批判新法党的代表人物的聚居之地。他们因为被迫远离政治实务，只能

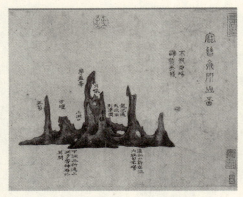

81《宝晋斋研山图》（米芾　北京故宫博物院藏）

住在洛阳悠闲度日，不免互相走动，高谈阔论。而走动议论的一个重要场所，就是庭园。

当时李格非编著的《洛阳名园记》介绍了洛阳十七所庭园。其中最著名的要数司马光的独乐园。司马光在编纂《资治通鉴》困乏时，有时一个人，有时同许多朋友一起游园消遣。这些庭园大部分都是在唐人庭园的基础上重建的。白居易故居大宁寺，《洛阳名园记》中也有介绍。

这些庭园不像早于白居易五十年的诗人王维在长安郊外修建的那个著名的辋川山庄那种"空山不见人"似的规模宏大。正因此，才有必要在院内极小的空间内修筑山、挖水池，从远处运来巨石配置，人工制造迷你深山的感觉。在都市空间人工创造自然，然后通过这些人造自然享受自然，他们创造的就是这么一个倒错的现实——虽然对于我们现代的文明人、城市人来说是一个极端日常的现实。

其中规模最大的，当数徽宗的万岁山（艮岳）的建设工程。宣和年间，徽宗听从道士的劝告，为了求生皇子，在开封宫城东北建设人工山。当时徽宗已经有后来的钦宗和高宗等皇子，但是他还有让宠爱的妃子给自己生皇子的欲望。此时他刚满

82《祥龙石图》(徽宗 北京故宫博物院藏) 跋文也是徽宗书

四十岁。

　　为了建设这座庭园，要通过大运河从江南的太湖大量运送该地特产的巨石"太湖石"。为此组成的船团就是"花石纲"（"纲"为船团之意）。承担此项营造任务的是造园师朱勔。朱勔因此后来在政界也被重用，与蔡京、童贯并称三大"君侧之奸"。一心要找徽宗和蔡京政权岔子的江南士大夫们，认为就是花石纲拖垮了国家经济，最后招来金人入侵。

　　但是，当时喜欢石头的不只是皇帝一个人。即使没有能力组成船团来搬运，但是建造庭园也是离不开巨石的。不仅造园，他们甚至把石头都搬进了室内。大部分都是为了观赏，但是如果能作为文房道具使用，他们就称之为砚台或文镇。据传南唐后主李煜就是把一块有三十六"峰"中心凹陷的石头当作砚台使用。

　　米芾也是一个用盆石装点书斋的爱好者。他在名石产地当地方官的时候只管收集奇石，不用心工作，受到按察使杨杰（跟随王安石改革礼制的一个人物）的诘问。可是他不正面回答，只是

83 太湖石

从自己的袖口里一个接一个拿出奇石给杨杰看。这个传说的结果是，杨杰终于也被米芾的石头所迷惑，捡了一块说"太美了，这块给我！"拿上就走。这个传说是想说明杨杰其实也有爱石之心。庭园变成了迷你的盆石，士大夫们从盆石中看到大自然的风景。不用说，盆栽也是出于同样的审美观。

这种心性，也与禅的思想相通。日本人都知道禅宗寺院的庭园是大自然的象征，而其枯山水的源流，其实就在这里。

朱熹的故乡在福建的山区，他在真正的大自然中生活、思索和写作。但是朱子学的自然观——在个别中看体现宇宙的理——与宋人全体的艺术观并非无缘。在他们看来，不论纸上写的字、淡墨画的山水、掌中的怪石，都寄宿有宇宙，寄宿有神灵。

文学

文体的改变

我们已经说过，苏轼年轻时受到欧阳修赏识。他中进士的时候，正是欧阳修当考官的时候。其实年近五十的苏洵带着苏轼、苏辙两个儿子上京赶考，最照顾他们的就是欧阳修。不仅他们父子，连王安石，都因为受到同属江西出身的这位先辈官僚的推荐，才在中央政界崭露头角。

　　我们在高中文言文（日本高中国语课有中国古代文言文原文阅读课程。中国古代文言文日本称作"汉文"。高考国语科目中也有"汉文"考题，其难度与中国高考古文难度相当）学过的唐宋八大家中，除了韩愈和柳宗元以外，其余六人都是同一时期的。就是上述五个人外加一个曾巩。与其他七人相比不太突出的曾巩能进"八大家"，据说是因为朱熹特别喜欢他的文章。关于曾巩我们在第七章讲述农业问题时曾经提到过。不管怎么说，这八个人作为"古文"的名家，受到后世推崇，并编辑刊行收录他们代表作的文集。其中特别是清朝沈德潜编著的《唐宋八大家读本》深受欢迎，后被带入日本，刊行有各种木板刊本。收集包括他们的作品在内的古今名作《古文真宝》，在日本也深受欢迎。

　　北宋初期古文还是非主流派。虽然有推崇韩愈的文人们小规模地开展着古文运动，但是这不过是与中央政界保持距离的一部分中下级士大夫的行动而已。当时垄断朝廷的是擅长骈文的文士们。其领袖人物是翰林学士杨亿，他们的文体被称作西昆体。

　　庆历改革也带来了文体改革。太学直讲石介一改欧阳修平明流丽的文风，提倡险怪奇涩的文风，其文体被称作太学体。苏轼作为欧阳修的继承人，痛批太学体。用现代日语解说不容易，百闻不如一见，我们具体举出这三种文体看一看吧。

　　杨亿《景德传灯录序》（给禅僧传记写的序）节选：

不立文字直指心源，不践楷梯径登佛地。

逮五叶而始盛，分千灯而益繁。

达宝所者盖多，转法轮者非一。

石介《答欧阳永叔书》（对欧阳修批判的反论）节选：

今天下为佛老，其徒嚣嚣乎声，附合响应，仆独挺然自持吾圣人之道。今天下为杨亿，其众哓哓乎口，一倡百和，仆独确然自守圣人之经。

苏轼《正统论》（关于欧阳修和章惇就王朝正统论争的评论）节选：

始终得其正，天下合于一，是二者，必以其道得之耶？亦或不以其道得之耶？病乎或者之不以其道得之也，于是乎举而归之名。

显然苏轼的文体平易近人。

叙景诗——景色的文字化　　苏轼无可非议是代表宋代的一个诗人。其作品叙景诗很多。这其实是宋诗全体的特点，感情也寄托在风景中表现。这种表现方法令人想起给朋友送旅途风景明信片，诗与画在一种共通的基础上成立。上一节说过的把人的人品和长相完全象形化的肖像画，和展现在眼前的风景变成文字化的叙景诗，这两者之间有一种表里一体的关系。我们介绍一首苏轼有代表性的叙景诗：

春 夜
春宵一刻值千金，花有清香月有阴。
歌管楼台声细细，秋千院落夜沉沉。

　　最后一句描写的是在夜深人静、明月当空的庭院中，只有秋千静静地摇摆着。这是一首让人在静谧的气氛中能感到凛然意境的作品。另外，现在虽然不太受人关注，但是王安石作为与苏轼齐名的大诗人在南宋时期也大受崇拜。在诗论随笔的诗话中，经常出现王安石的大名。

　　南宋也有许多著名诗人。其中陆游以高产出名。现存诗作一万余首，一生创作估计超过两万首。他的祖父是本章第二节"金石与名物"中提到的王安石派的陆佃。

　　虽然不是诗，我们在第七章中提到的《入蜀记》就是陆游于乾道六年（1170）乘船从故乡绍兴赴四川任地的旅途日记。可能经过他自己的润色，总之该作语言平易（与其血统相异），与他崇敬的欧阳修和苏轼的诗作相通。用时达五个月的这次长途旅行，在每个停泊地他都要与当地的地方官员和社会名流交游——当然他们之间会有诗作的交流，但是《入蜀记》却没有相关记录，游览激发诗兴的名胜古迹，非常悠长优雅。这里完全看不到十年前海陵王率领金军侵略时的那种紧张感。但是，如此优雅的陆游其实是有名的主战派，也因此到了近代才被当作爱国诗人评价。苏轼以后，宋人虽然喜欢杜甫，但是至少在南宋的诗人诗作中，看不出杜甫的那种忧虑现实、凄凉悲怆的情感。

作词盛行

说到宋代韵文作品，还有一种"词"不能不提。我们现在说"作词作曲"，不说作"诗"，就是因为"词"是用"曲"来演唱的作品。先有曲子，然后给既有的曲子配上相应的词，叫做"填词"。所以，原有的曲子的曲名"词牌"与填词作品的题名毫无关系的现象很普遍。

"词"本来的意思是"词汇"。现在日语的"辞典"在中国被称作"词典"，与以汉字为主的"字典"相区别。"词"的日语发音与"诗"同音，为了区别，中国文学专业的人之间习惯用汉语发音"cí"，或者用"诗余"——那种认为词的价值低于诗的说法称呼。

苏轼在词的领域也是最著名的。北宋前期有名的古文家柳永也是一个作词的名手，但是苏轼把词提高到艺术领域。有一位比他晚一辈的女词人叫李清照，就是我们在本章第三节"书画"中提到的《洛阳名园记》作者李格非的女儿，第二节"金石与名物"中介绍过的金石收集家赵明诚的妻子。我们举一首她的代表作：

醉花阴　九日（选）

东篱把酒黄昏后，有暗香盈袖。

莫道不消魂，

帘卷西风，人比黄花瘦。

　　题目中的"醉花阴"是这首词原来的曲名（词牌名）。五句一阙，上下阙反复，共五十二字。我们引用的是下阕。"九日"是这首词的题目，咏唱的是九月九日重阳节自己一个人寂寞的心情。思念的当然是丈夫赵明诚。

　　这首词还有一个轶闻。李清照把这首词寄给丈夫，赵明诚完全被感动，也自愧不如，遂下决心也想作首比这还好的词。此后好几天他闭门谢客，废寝忘食，作得词五十首。他把李清照的词夹到自己做的词里给朋友看。朋友看后说只有三句写得好："莫道不消魂，帘卷西风，人比黄花瘦。"说明他还是比不过自己的老婆，李清照到底是一位卓越的词人。

　　丈夫早逝，艰难度过南宋初期辛苦生活的李清照，一直被看作是代表宋代的女性。不过，能不能把她当作宋代女性的典型来看，还有商榷的余地。她像欧阳修、范仲淹的母亲一样，作为士大夫的子女，体现了男性文化。男人们（任何时代皆如此？）在追求作为自己精神伴侣的女性的同时，为了一时的快乐还追求妓女。有很多词就是歌咏那些华丽淫靡的青楼世界的。

文化娱乐

娱乐文化的大众化

　　苏轼随笔《东坡志林》记录有小孩听人讲故事的段子。据记载，小孩们听讲三国时代群雄割据，当听到刘备胜利时兴高采烈，听到形势对曹操有利时则喝倒彩。简直就像迷上三国志电子游戏的现代的孩子们似的。

　　宋代正处于从正史《三国志》到小说《三国演义》的演变过程。被正史编者陈寿诋毁为"应变将略，非其所长"的诸葛亮演变成百战百胜的稀代军师；"骄于士大夫"的关羽演变成仁义之士；而敌方的曹操则演变成残忍无情的奸雄；刘备成为抵抗奸雄曹操、捍卫汉王朝、保卫民众的正义之士，在他的周围聚集了众多仁人志士、英雄好汉。既然如此，可是为什么他们却不能统一天下（这些人物被如此美化后，对这个"为什么"真是很难解释）？他们的理想在五丈原的秋风中以失败而告终。宋代的小孩们可能在入迷地听着这些历史故事的同时，也把他们自己的将来投射到故事中。

　　讲三国故事的人当时叫做"说三分"。记录徽宗时代开封的那部《东京梦华录》在所列举的各种有人气的艺人中所介绍的"说三分"的名嘴是霍四究。同一"说话"部中还有说五代乱离的，说世态人情的，说插科打诨的等。其他的，还有木偶剧、杂技、摔跤、模仿叫卖等。传说"小唱"的妓女李师师就是徽宗的情人。

这些演艺一年四季在瓦肆（演艺棚）中演出。小说《水浒传》虽然反映的是明代的社会，但是也描写了开封等其他城市的这些阶层的人情世态。这是与勤勤恳恳耕田种地的农民完全不同的市民社会，与黑社会也有关系。

从这里我们也能看出唐宋变革后文化的变质。变革以前的演艺是王公贵族独享的。现在歌舞伎界还在使用的雅称"梨园"，是唐玄宗的宫廷歌舞团的别称。郊祀等朝廷主办祭祀活动时老百姓偶尔也能看到这些演艺，但是它们平时只能是供一部分特殊阶层的人取乐的存在。本来唐朝的城市实行坊市制度，每个坊都有木门，开闭都有严格的限制，所以不可能在花街玩到深夜才回家。而到了宋代，花街却成了不夜城。饮食店的美酒、妓楼的美女等，人们为了除去日日的烦恼，需要这些娱乐。在道学先生们看来，这些艺人们绝对不是良民，但是宋代人却通过鉴赏他们的演艺，花街柳巷一天。或者说正是因为民间娱乐的这些大发展，才导引出了扮着道德家面孔的老夫子们"不像话"的哀叹。不论何时何地，伦理观都是从批判现实产生的。

民间演艺的文学化　　我们仅从《东京梦华录》等其他史料就能看出，宋代还有一个与唐代不同的特征，那就是缺乏国际色彩。没有类似吸引了长安人眼球的胡旋舞那种令人感到异国情调的节目。这明显反映了作为世界中心的大唐

84《清明上河图》中的繁华街道　画有二层高的大规模酒店

与仅限于汉族世界的大宋的国力和政治力量的差异。但是，也正是因此，才带来了个别艺术的深化和发达，传给我们今天在中国大陆和台湾还能看到的那些民间艺术。

与此有关无关我们不可而知，总之现在演出的历史剧中以宋代为题材的还很多。其中表现官界的戏剧的主人公中最著名的有文官包拯和武官狄青两人。他们两人都是活跃在仁宗治世后期、庆历改革与熙宁新法之间的政治停滞时期的真实人物。

包拯科举合格后步步高升，直到重要官僚地位。据传记记载，他在当扬州天长县知县的时候巧抓盗牛人，当康州东边的端州知州时一改前任弊习，坚决不用有名的端砚行贿。他被人们亲切地称为"包待制"，是因为他曾任天章阁待制、开封府府尹。与江户男町奉行大冈忠相同样，包拯也是首都的行政和司法长官。其实话应该这么说，大冈传说的大部分，都是包公传说的翻版。或者说实在的大冈其实是以包拯为榜样的。

清廉洁白、刚正不阿的包拯，实际上在官界也并不是完全没有是非。因为他当御史中丞时弹劾了三司使（三司长官）张方平，而后来自己却当了三司使。因此被人骂说"拯所谓牵牛蹊田而夺之牛，罚已重矣，又贪其富，不亦甚乎"。骂包拯的这个人不是别人，就是欧阳修。在虚构的世界里两人齐心协力帮助仁宗统治天下，可是在实际官场，却似乎并不和睦。

85 包拯像

另一个狄青是从一介士兵干上高官的军人。宋代基本上是文官指挥军队，但是狄青却少见，竟然当上枢密使。当时兵士被迫刺字，纹身的狄青站在宫廷的官僚中被士大夫们当作异己分子看待，受到相当排斥。而排斥狄青的中心人物，也是欧阳修。

欧阳修这个人物，擅长把自己的门徒和部下配置到重要岗位，并通过这些人事组成派系，从而在政界和学界获得重要地位。他为范仲淹写的《朋党论》，主张君子的党派应该是为国家的。但是他却因为得到苏轼、黄庭坚这些有名的宣传员的宣传，使自己的党派占领天下，他的名字也如雷贯耳，至今都在宋代史上焕发光彩。然而，他的人品果真是否就是"君子"，那又是另外一回事了。

我们跑题了，以宋代为题材的说话和戏剧，后来都被写成文本，成为读书的对象。就是说民间演艺走过了一个文学化的过程。说话产生了章回小说，演剧产生了戏曲。从元朝到明朝，这些部类作为非主流文化，形成了一个与士大夫的"文学"相异的文学世界。

本书到此为止，几乎全都是说的士大夫的政治和文化，读者诸君可能已经开始看腻了。"占绝大多数的老百姓的生活又是怎样的？快点儿说！"别急别急，话已到此，想停下来也不可能。要知宋代百姓生活，且听下回分解——章回小说的话应该就是这样连接下章吧。

第九章

平民的生活

税制与阶层分化

生产关系诸相　　宋代一般老百姓到底过着怎样的生活呢？

想复原他们的生活可是一件很不容易的工作。主要原因在于史料。在王朝体制下，"史学"从来不会关心老百姓的生活。他们主要关心的是记录朝廷的人事和仪式，记录王朝兴亡的过程和经纬以作为后世的教训。这些才是史学的主要任务。

引进西洋的近代历史学后，史学家们尝试改变一直以来的观点。但是，所用的史料也只能还是从来的文献。史学家们从那些官方记录中寻找能看到当时社会、经济情况的蛛丝马迹；从随笔、小说等文学作品中寻找能作为历史史料活用的材料；花费

86《纺车图》（王居正　北京故宫博物院藏）

大量人力财力收集和整理古文书；或者吸取考古研究和图像研究的成果等，他们通过多方面多角度企图实证当时的生活。经过这些不懈的努力，当时的生活状况在相当程度上被解明。换句话说，本章将要介绍的内容，与迄今为止的内容不同，不是单纯地罗列古来的文献材料，而是大量介绍前辈研究者们辛苦努力的成果。

那么，宋代一般老百姓到底过着怎样的生活呢？我们这里单纯地想象一下当时极为一般的、耕田种地的农民形象：他们全家出动辛勤劳作，最后还要把仅有的收获上缴给皇帝和地主。所以生活绝对不可能轻松。稍遇旱涝灾害，不是饿死就是妻离子散、背井离乡。到上一章为止我们介绍过的那些士大夫的华丽文化，都是建立在这些勤苦的农民的辛勤劳动之上的。

这个想象的形象，基本上不会有什么问题。因为宋代基本上还是一个农业国家。人口的绝大多数从事农业，他们缴纳的税金和实物（粮食等），养活着统治阶级等非农业人口。马克思主义唯物史观，关注这种生产关系，确有道理。

特别是从 1949 年到 1976 年的这一时期——用笔者不喜欢的直译说法就是"二十世纪第三个四半期"，不论中国还是日本，宋代生产关系状况研究成了宋代史学研究的中心课题。毛泽东路线带来的革命成功，使得众多的宋代史研究者开始关注

87 《耕获图》（北京故宫博物院藏）

这个问题（中国大陆主要是从政治潮流出发）。当时的农民是一种什么样的阶级立场？是奴隶还是农奴？是小作农（佃户）还是自耕农？毛泽东逝世后，"文革"结束，随后的改革开放带来年鉴学派以及结构主义等研究方法的改变，使中国和日本都失去了对此问题的关心。但是，当时大量的研究成果，对解明宋代农村社会的诸相作出了巨大贡献。

日本把这个议论作为划分时代的论争展开。宋代到底是近世还是中世？如果主要生产关系属地主和佃户的单纯契约关系的话那就是近世，而如果存在人格上的隶属关系，那则是中世封建社会。围绕士大夫们所著的政治文书中的只言片语，研究者们争论不休。同一史料，有人说是近世社会的证据，有人说是证明了中世的特点。

王朝政府所遗留下来的文件记录，大部分是为了在税制上把握民众的有关资料。因此，企图搞清楚当时的农业生产关系的现代的历史学研究者们，也对此进行不休的争论。即有关主户、

客户的论争和户等制问题的论争。

宋代把缴税的农民以家庭为单位，按主户和客户划分。具体数据各县、各府、各州军、各路统计，最后归总到中央政府。该数据中的一部分被各种史料所记录，直到今天我们还能看到。

其中元丰三年（1080）完成的《元丰九域志》记载着以州为单位的主户客户数据。比如东京开封府主户十八万三千七百七十，客户五万一千八百二十九；鄂州（今武昌，湖北武汉市）主户五万三千一百五十，客户七万二千一百零七。

但是，到底什么是主户，什么是客户？这成为研究史上争论不休的话题。大致说，主户就是持有土地的农民，客户就是没有土地的农民。但是这与"田主和佃户"的划分是否一样？既然是"客"，那么当然应该指的就是从别的地方新搬迁来的人吧……从上述数据也能看出，因地方不同主户和客户的比例也很不相同。全体户数还没有首都开封一半的鄂州，却有着比开封还多的客户。因此有人分析认为这反映了新开发地区的特征。类似这些问题，都是笔者这样的门外汉判断不了的。

另外，主户按所有财产多寡分成五个等级，即所谓户等制。这个户等制是农民负担各种赋税和徭役的基准。政策的意图是提高第一等到第三等这些上等户各种赋税负担，以进行财富再分配，增加社会公平度。但是，节税行为古今中外都存在。被指定为上等户的农民为了节税，把土地在名义上转让给具有免税特权的官僚或者寺院，自己装作佃户，或者细分户籍变成下等户

（诡名析户）等，采取各种手段逃脱赋税。这些行为几乎都是打法律的擦边球，但是他们没有忘记用各种手段打点上边，而且他们也有打点上边的财力。

齐民思想的理念与现实　　如此这般，世上总是老实人吃亏。老老实实申报自己的财产，所有家产都被政府掌握的农民，连逃税漏税的人的税金都要负担，最后只有破产。《文献通考》卷四引用治平年间"会计录"中的"所不加赋租者，十居其七"一文，说明因为乱用免税特权，租税体系事实上已经崩坏。王安石改革的一个目的就是要纠正这些租税上的不公正。

第三章介绍过的募役法就是改变了原来农民直接负担徭役的做法。一直以来被免去课税的所有人都得根据所有资产缴纳税金，政府再用这些税金直接雇用参加劳役的人。

《长篇》卷二百十五引用《吕惠卿家传》说"其坊郭等第户及未成丁、单丁、女户、寺观、品官之家，旧无色役而出钱者……"。都市城墙内的住民一直被划分成十等，称作"坊郭等第户"，其他还有户主没有成人的、只有一个男人的、（没有男人）女户主的、寺院道观以及官僚之家等，因为种种理由他们过去都被免除了各种徭役（色役）。但从今往后大家都要公平负担。

旧法党的反对意见是，"女户单丁，盖天民之穷者也"。对他们征收赋税不是更不公平吗（苏轼）？两者都有道理。问题是税制体系整体的目标是什么？新法党的目标我们说过几次，是想由

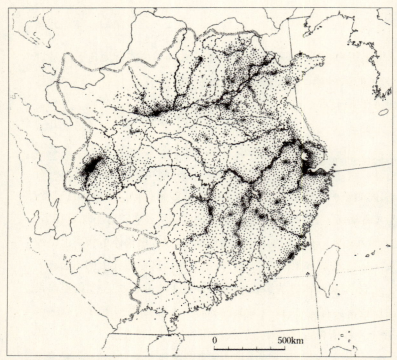

88 北宋崇宁年间户数分布 一点代表 3000 户（根据陈正祥编著《中国历史·文化地理图册》绘制）

中央政府一元管理并掌握全体国民的生活。所以不允许存在遗漏。从装穷的人那里也征税，然后完善救恤设施，救济真正贫穷的人。

中国历代王朝的人口统计叫做"户口"。户以家庭为单位，口以个人为单位。宋代人口只记录丁数，也就是成人男子人数。这说明政府掌握人口的目的是为了向成人男子课税和分派徭役。本来，日本律令制度所模仿的唐代的均田制，就是政府把土地租借给良民耕种，收获后良民应该给政府缴纳租庸调。这个制度到底具有何种程度的实效性，现在还在研究中。但是这是一个存在于把所有良民——除了贱民——同等对待的齐民思想理念背景下的政策。两税法使得这个理念事实上崩坏。但是即使到了宋代，齐民思想还是国家的基本政策，所以还是努力试图掌握户口数。然而因为实际上存在上述各种舞弊行为，所以统计的户口数据到底在何种程度上值得信赖却不得而知。而且本来是以征税为目的的，所以也有按耕地面积规定的两税额在桌面上推算的情况。这样一来齐民思想也只能是一个空洞的理念。王安石的改革，就是企图参照《周礼》模式，用强权实现这个理念。值得注意的是，他在承认社会现实存在贫富差别的基础上、摸索真正的公平负担到底为何这个问题。

**农村的阶级分化与
乡村秩序的建立**

到了南宋时期，农村阶级分化更加深刻。有钱人投资开发新田，并且积蓄财产，而贫穷人因为贫穷，失去劳动积极性，借钱生活，越来越穷，最后只好变卖土地。无家可归的流浪汉的增加，从社会治安的角度来看，对于富裕阶层来说也不是一件好事。因此，为了社会安定，他们也进行了一定程度的财富再分配。但是这次行动的主体已经不是中央政府，而是地方的豪族们。他们吸收没有土地的农民作为劳动力，耕种新开垦的耕地，并在这些地方建构新的乡村秩序。第六章介绍的乡约，能被朱熹关注，说明还是有一定的真知灼见。当然这个活动直到明代才被广泛推行，但是当时的社会状况其实已经达到了发生质变的水平。

人口增加与移居，可以说是宋代农村的特征。虽然中国历史上一直存在着这两个现象，但是其表现形式以唐宋变革为界产生了巨大的变化。汉唐时代总人口一直徘徊在六千万人左右，但是到了徽宗时代，终于突破了一亿，并且往后一直持续增长。这些数据虽然确实只不过是统计上的数字，但是正因此才具有重要意义。

另外还有一个现象：直到唐代为止，穷民一直都被称作贱民或奴婢，是一种私民现象，可是到了宋代，基本上全部作为佃户良民登记。这个统计数据具有多么高的可信度我们先不去管，但是进入统计这个事实本身就说明问题。有观点认为，这表明单婚家庭的小农经济取代了大规模的庄园经济，表明政府在政策上根据传统的齐民思想要保护取得自立的农民家庭。

国家并不总是只考虑如何掠夺无辜的民众，为政者有时甚至更想积极支援民众自立。虽然有全部没收断绝香火家庭的财产上缴国库的规定，但是大部分地方官们不但很少实行断绝香火的政策，反而大力推行过继政策，以图达到维持家庭（户）的存续。这个问题当然也不能单纯化，如果管内的户数大幅下降势必会影响政绩这个现实问题也起着作用——这也许就是上述诡名析户被默认的理由之一——但是不管怎么说，增加经济实体，也就是作为纳税单位的户数，成为为政者的一个重要职责。这点也就是我们从第五章以来一直指出的，宋代的一个重要特征可以说就是庶民终于成为政治关心的对象。这与唐代被任命地方官就意味着左迁，意味着事实上的流放大为不同，时代的风向已经大大转变了。

农民抒怀

佃户的生活　　　　　二十世纪前期，日本研究者与当时的军国主义侵华政策保持着一种微妙的关系。在那个政策框架中，他们在中国的华北地区农村进行了访问调查。该访问调查记录了实际生活在当地的人真实的声音，非常珍贵。当然，宋代没有类似的调查记录。下边是我们根据"如果有的话"这个假设创作的材料。虽然是虚构，但是这里所记述的内容，却是笔者理解和整理有关宋代社会经济史研究成果的结果。访问的对象，也是一个叫做"国权"的明代史书中真实存在的人物。

时间：端平元年（1234）夏。即端平更化之年。

地点：江南东路建康府句容县。

叙述人：农民。男。四十岁左右。

＊＊＊

你晓得我们是怎么过日子的吧？那听了有什么意思呢？还说呢，以前我住的那个地方叫饶州（今江西省鄱阳市），听说老早老早以前，那边有个叫野处的老先生，老坐在家门前的马路上，看到有人路过就问："有什么奇怪的事吧？"听说在朝上当过大官，所以死了好久了还蛮有名的呢。有人说他把听到的事情都写成书了。你也跟他一样是吧？我可没看过什么鬼呀怪呀的啊。我也不会说啥话，你还愿意听吧？（调查者注：所说当为洪迈《夷坚志》。）

唉，大老远来的，那我就说说吧。什么？名字？哦，我叫百六，我的父亲叫仲八，大哥叫六二，二哥叫十二，我是家里第三个儿子。

我姓"朱"，就是这个字（用手指在自己手心写）。嗯？这有什么了不起的？自己的姓当然会写了。我还会数钱呢。跟您老人家不一样，我们都是省钱过日子。最近有的时候能看到上边发的纸钱，我才不相信那东西呢，我马上就找给人家了。我就相信铜钱。装在自己身上重是重，本来我也没有多少钱要装身上。

这村叫朱家巷，人差不多都叫"朱啥啥"的。近亲不结婚，所以老婆都是外姓人。我的老婆就是旁边陈家庄的，当然也姓"陈"（也在手心写）。

怎么会写字的？小时候到镇上的先生那块学了几个月。不过真记住是被生活逼的。不会写名字，怎么会写租地的地契呢？要往上面告，状子是找人写，可自己的名字起码要自己写吧。

嗯？啊，我也告过人。为我老婆老爸死后分家嘛。嗯？为什么女人家也能分娘家的钱财？喔，你也那样想的啊？人都是那样想的。你不晓得，饶州女儿嫁出去了也能跟儿子一样分一半家产呢。我可不是瞎讲。刚才我讲了，我年轻的时候在这边儿犯了事，到饶州躲了一阵子，那个时候晓得的。所以我以为这边也一样，就告了。结果？结果吃了闷鳖，还让县衙门给抓过去关了几天。我说的道理没的人听，还被教训说"你们兄弟要和睦相处"。结果还得给诉讼师交钱，吃大亏了。你知道为什么不吧？啥？"那可能是饶州那边特殊的规定吧？"哼，那，为什么有那样的规定呢？"不知道"？好好查查么，这可是个大事情啊。

老头子死了家产就是女人的了。我们村就有这样的女地主呢。老头子死得早，老婆在家照顾老婆婆，带小孩，老老实实过日子。先生简直夸死了。先生讲是跟我同姓的那个朱什么的徒孙，那个朱什么的告诉女人绝对不能再嫁。书上就这么写的。老头子死了就得一辈子老老实实照顾婆婆。还那么年轻，多好的女人？我都觉得可惜。人家钱多，所以能这么过日子。我要是哪天死了，我老婆一个人就只有饿死了。

这块地是租给人家的，那边能看得见的那块地是我的。老爸留下来分给我的。所以我也算"主户"呢，当官的一会儿要这个一会儿收那个的，折腾死了。

农民么，好好种地，没事再做点小生意，也能卖点钱呢。你

89 《秋庭戏婴图》（部分 台北故宫博物院藏）

知道不，最近这边老有军队过。那些家伙去打仗的时候瞎花钱呢，我们就在路边等，有的时候还到他们住的地方去，什么都卖，他们也什么都买。要送死了，一个比一个流氓，想要给村里的姑娘表示表示，能送女人的东西卖得最好。

哦，你晓得这一仗打得什么情况吧？听说刚刚把金人打败了，又要跟那些蒙古人闹上了。你这有学问的人晓得不？不要闹大了就好。刚才讲的那个先生讲，一百年前就有过这事，那个时候连皇帝都给人抓走了（调查者注：所说当指靖康之变）。

这次讲是讨伐呢，可是这次一起打的比以前那个还坏呢。我们跟人家打架的时候还要看跟谁一起呢。真是的。坏人的敌人就是朋友？事情没那么简单。开什么玩笑！嗯，说也没用，跟我也没什么关系。

啊，跟你讲的这么长时间天就黑了。我跟你不一样，趁天亮还要到地里干活呢！热怕什么啊？老婆这个秋天又要生了。第二个。要还是个男的，以后我的那些地他们弟兄还得分啊。还得再挣点儿钱再买些地。给孩子们留下地他们才会感谢，等我死了以后也会给我烧柱香。

走了啊。回到京城替我给皇帝报个平安。这几年托皇帝的福风调雨顺。希望明年还能有这样的好天气，让他好好祈求一下上天啊。

＊　＊　＊

此年秋天，朱重八生下第二个儿子，取名叫"朱四九"。但是第二年他能顺利收获粮食吗？他担心的事终于发生了，这一年蒙古军开始第一次南侵。这次南侵的经过我们留待下一章根据史实详细叙述。单说他的孩子辈儿的人，轮来轮去，轮到给持续了三百年的王朝送终。

谁能想到这次调查的一百三十四年后，朱重八的玄孙，也就是朱四九的曾孙，一个叫做朱元璋的人竟然在这建康登上了皇帝的宝座，成为全国民众祈祷丰收的祭司。朱重八也被当作帝室的始祖，以"德祖玄皇帝"的名义祭祀在都城的庄严的宫殿里。

货币经济

经济空前繁荣　　　在对朱重八的架空访问调查中已经出现过，货币对于宋代的农民来说也是必需的。因为只要不是住在深山老林，他们的生活并不完全是自给自足的。

本来两税法规定的就是夏季上缴钱,秋季缴纳粮。不过虽然规定如此,但是实际上夏季似乎也可以缴纳收获的东西,如小麦、丝绸、麻、棉等。因为货币还没有充分流通和满足需要。

五代十国时期,各地王朝自己发行了独自的货币。有铜钱和铁钱两种,兑换比率也不一样。宋朝初期铸造了"宋元通宝",淳化元年(990)发行了刻有"淳化通宝"字样的货币。货币上刻印的是太宗亲自挥毫书写的真(楷)、草、行三种字体。这个货币,开了通货用年号冠名的先例。

后来宋朝为了建立全国规模的经济圈,基本上推行重视铜钱的政策,但是实际上根据现实情况铁钱也并用,特别是四川和淮南地区,基本上全使用的是铁钱。朝廷虽然逐渐增加了铜钱铸造的数量,但是没有多大显著的变化。这里也是王安石的改革才带来了巨大变化。

有评价说王安石推行的青苗法,给货币下乡带来了划时代的变化。青苗法的出纳用货币结算,农民借钱度过青黄不接时期以后必须卖自己劳动的产物挣钱来还贷款。旧法党人批判青苗法时常用的言辞就是——"为了征收本来不必要的货币强行损害农民利益"。确实,在新法实行过程中,各地普遍出现各种混乱和地方官员的苛政。但是我们先不说青苗法的是非,单从通过货币政策给帝国带来新鲜血液这个事实来看,在当初的改革理念的意义上是成功的。因为中央政府的统治波及了普通农民的腰包。旧法党怀旧的道德家们批判的"让百姓买不需要的奢侈品",才

90 宋钱（东京大学大学院经济学研究科藏）
左起：至和元宝、嘉祐元宝、宣和元宝、建炎通宝

正是希望刺激经济活跃的王安石的政策意图。

人并不是天生勤勉的动物，都是为了获得某种利益才努力工作。这种现代经济人类学的观点，当年的王安石已经实践了。结果全国经济进入前所未有的活跃期，也给国库带来相当收入。当然有一种观点认为这不过是疯狂掠夺了民间财富，使得国民生活更加贫苦。不管有没有高深的统计理论，从来就存在推行计划性通胀，还是保持一定程度上的稳定这两种立场完全相反的经济政策。而且，到底实行哪种政策才是正确的，不看结果是不可能知道的。我们从以上历史事实也能看出这点。宋朝成功实行了几十年。如果没有靖康之变的话……

另外，众所周知，宋钱作为当时的国际硬通货广泛流通，也大量传入日本。

通货政策　　宋朝甚至前近代的东亚地区全体都存在一种今天的我们很难理解的惯例，叫做"短陌"。"陌"为一百。用几十文当作一百文，也就是不足一百文却当作一"陌"支付。这个比率因商品、宋朝的时候因地方和时期不同而不同。《东京梦华录》中有如下记录：

官用	七十七文
街市通用	七十五文
鱼肉·蔬菜	七十二文
金银	七十四文
宝石、雇用保姆、宠物	六十八文
文字（书籍）	五十六文

从作者孟元老特意罗列的这些数字我们可以看出，在他记录的南宋初期，存在比率不太相同的短陌。其中官用比率是太平兴国二年（977）的正式规定。南宋的算术教科书中收录有如下应用题。他们在日常生活中总是要碰到计算这类题目的时候。"九十六贯二百五十文，七十七短陌等于多少贯？"（答案是一百二十五贯正）。

关于这个惯例，最近有研究者认为是商品流通孤立性的证据，有研究者甚至对用"惯例"一词总称此现象表示怀疑等，研究史上迎来了大的转机。

宋朝通货政策值得特别提及的是，开始使用被称为会子、交子的纸币。这个被冠以"世界最早"的纸币，作为取代携带不便的铁钱的代用通货，最早在四川地区开始出现。当时并不是永久通货，三年期限，到期回收。新法党政权时期扩大了发行量，到了徽宗时期甚至有过脱离固定发行额度的情况。此即为不兑现纸币化现象。但是这种情况很快被撤废，南宋还

a	80 陌	官告	天圣四（1026）	
b	80 陌	输官	北宋中期	
c	85 陌	麴	至熙宁四（1071）	开封
d	99 陌	给高丽进奉使的赠品	熙宁五、六、九	明州
e	80 陌	封赠钱	北宋末	
f	94 陌	市舶条例	绍兴元（1131）	
g	80 陌	银	绍兴年间	桂阳军
h	99 陌	和籴	乾道五（1169）	绍兴府
i	98 陌	银	淳熙十（1183）	广东
j	99 陌	家屋田地典卖	嘉泰四（1204）—开禧二（1206）	苏州
k	98 陌	银	淳祐十二（1252）	广东
l	98 陌	园地收买	宝祐六（1258）	明州

91 国家使用的短陌（省陌公定后）（宫泽知之《宋代中国的国家与经济》）

a	48 陌	诸州私用	太平兴国二（977）	
b	72 陌	市井交易	咸平五（1002）	开封
c	74–75 陌	衣服绵帛	大中祥符三（1010）	开封
d	98 陌	米	熙宁元（1068）	
	72 陌	鱼肉菜	北宋末	开封
	74 陌	金银	北宋末	开封
	68 陌	珍珠、雇用、虫蚁	北宋末	开封
	56 陌	文字	北宋末	开封
	75 陌	街市通用	北宋末	开封
e	60 陌	绢丝	乾道六（1170）	磁州
f	70、96 陌	贿赂	淳熙九（1182）	台州
	96 陌	糯谷	淳熙九（1182）	台州
g	70 陌	土地赁钱	淳祐元（1241）	建康
h	50 陌	贿赂	南宋	

92 民间使用的短陌（宫泽知之《宋代中国的国家与经济》）

是按保证到期交换的形式继续发行。交换的期限称作"界"。及至南宋后期，与国家困穷的财政状况互动，纸币的信用价值也趋向低落。

这类纸币到底在普通百姓中普及到什么程度，现在还没有完全搞清楚。上一节"朱重八"说的，当然是笔者的架空创作，对他们来说这类纸币估计没有任何用处，甚至连是什么东西可能都搞不清楚。上述议论，存有一定的从现代的视点对宋代纸币使用状况进行过高评价之嫌。所谓纸币，其实只不过是政府发行的信用支票，在这个意义上，有人认为那其实只不过是当时民间广泛使用的一种叫"交引"的结账用的政府版支票而已。再用上边举过的例子来说，现在使用现金比使用信用卡价格优惠，或者相反，使用信用卡支付按支付额加算优惠点数等，通货问题，任何时代任何时期都是一个复杂和微妙的问题。

市镇的勃兴

商业集落规模扩大　　　　但是，至少可以说唐宋变革以后，农民们也被卷进了流通经济的汪洋大海中。他们生产超过自己消费、为了销售的物产，或者相反的，从别人那里购买自己没有生产的生活必需品。而且这个行为不是在自己的村庄内部、左邻右舍之间进行，而是更为广域的，通过专门做此生意的商人进行。由此，在农村地域出现了进行交易的恒常性设施。其小规模的叫做"店"、"步"、"市"等。"店"在陆路的街道两边，"步"是船停泊地出现的商业集落。

其中"市"是最常用的一个叫法，现在的日语也用"市场"一词。"市"本来是经书中早有的一词，指的是都城内的商业地区（即市场），现在则把出现在都城以外，商业设施聚集的地方也叫做"市"。变成熟语后史料中常常出现"墟市"、"村市"、"草市"等词语。这些市场规模扩大，显示出城市的样态后，官方则用"镇"来称呼。

本来中国的统治理念是人们集中居住的是政治据点——或者相反，把人们集中在政治据点居住—— 城市的基本单位是县城。其他也仅有矿业都市"监"、商税征收据点"场务"、酒税征收据点"酒务"等。除此之外如果出现新的商业城市，其实可以采取把那些城市都升格为县的方法。但是追求行政区域固定化的历代王朝，尽管人口增加以及商业发展，却并没有采取增加县的做法。人口总数超过唐代五倍的清代竟然还基本保持着全国一千几百个县的总数量。

因此，现在的问题是应该给新出现的这些县以下的城市一个名称。这个名称就是"镇"。以前有过军事据点"寨"、"堡"，矿业城市"场"，但是其数量远不及各地新设的镇多。镇在徽宗时期就已经有两千多座。对城市这个概念的理解不同可能看法也不同，但是至少可以说在数量上，宋代以后中国城市的中心是镇。

县城作为行政中心，是由政治逻辑决定其设置地方的。但是镇是在流通过程中自然形成的。当然话虽如此，流通也还是受到行政上的许多限制和影响。比如县与县之间要进行物资交流，在两县交界处就有设置交流场所的需要。笔者要举的例子不知是否妥当，这就比如现代国家之间的国境贸易。国境两边都必须要有交易地区。宋代的镇也有许多这种类型的。这样的时候，虽然是一个镇，但是在行政上却以境界线分属两个县。因此，政府统计时就会分别统计成两个县的两个镇。所以上边的两千多个镇的数字，与实际数字可能不符。由此也能显现出仅靠政府的统计数字不能再现历史的真实这种研究者的无奈。

城市化的趋势　　可是，当时的城市与农村人口比例到底是多少呢？因为存在上述统计上的问题，所以不可能推算出确切的数字，但是有研究认为熙宁九年（1076）保甲法记载的丁男数，市和镇两者加起来约占全体的百分之三点四二，也就是约三十分之一。不过这个数据并不能就代表当时的城市化比率。这从河北东路（今河北省）和秦凤路（今陕西甘肃）的数据远远高于开封近郊这个事实就能看出。所以说这个数据仅有参考价值。但是也足以说明当时商业据点急剧扩大的趋势。该研究指出，就连福建山区的汀州在南宋的几十年之内，城市人口都增加了六倍。到了南宋末期，汀州地区总人口的三分之一居住在城市。另有研究指出（参见表 93），南宋的坊郭户（城市居

地区	年代	总户数	坊郭乡村户数		%	资料来源
真州 扬子县	嘉定 (1208—1224)	12,711	坊郭	5,855	46.06	申嘉瑞《隆庆仪真县志》卷6"户口考"
			乡村	6,862	53.94	
镇江府 丹徒县	嘉定	42,900	坊郭	15,900	37.06	俞希鲁《至顺镇江志》卷3"户口条"
			乡村	27,000	62.94	
	咸淳 (1265—1274)	22,779	坊郭	8,698	38.18	
			乡村	14,081	61.82	
汀州	南宋初 (1127—)	150,331	坊郭	5,285	3.52	《永乐大典》卷7890《汀州府条》引《临汀志》
			乡村	145,046	96.48	
	宝祐 (1253—1258)前	222,361	坊郭	72,626	32.66	
			乡村	149,735	67.34	
	宝祐	223,433	坊郭	73,140	32.74	
			乡村	150,293	67.26	
扬州	绍熙 (1190—1194)	35,951	坊郭	4,226	11.75	盛仪《嘉靖惟扬志》卷8"户口志"
			乡村	31,725	88.25	
	嘉泰 (1201—1204)	36,160	坊郭	3,637	10.06	
			乡村	32,523	89.94	
	宝祐四年 (1256)	43,892	坊郭	7,975	18.17	
			乡村	35,917	81.83	
台州 临海县	嘉定以前	73,997	坊郭	10,000	13.51	陈耆卿《嘉定赤城志》卷15"版籍门1、户口条"、楼钥《攻愧集》卷3"寄题台州倅厅云壑图"
			乡村	63,997	86.49	
汉阳军	嘉定	23,000	坊郭	3,000	13.04	黄榦《勉斋集》卷30"申京湖制置司办汉阳军籴米状"
			乡村	20,000	86.96	
庆元府 鄞县	宝庆 (1225—1227)	41,617	坊郭	5,321	12.79	罗濬《宝庆四明志》卷13《鄞县志二·叙赋篇》户口条
			乡村	32,692	87.21	
抚州	嘉定	247,320	坊郭	30,588	12.37	许应嵘《光绪抚州府志》卷14"建置志"载李绂《清风门考》引《景定志》
			乡村	216,733	87.63	
楚州 盐城县	嘉定元年 (1208)	34,000	坊郭	4,000	11.76	刘克庄《后村先生大全集》卷148"方子默墓志铭"
			乡村	30,000	88.24	
漳州 漳浦县	嘉定八年 (1215)	43,383	坊郭	5,000	11.52	罗青霄《万历漳州府志》卷19"漳浦县志、户口条"、叶适《水心先生文集》卷10"漳浦县圣殿记"
			乡村	38,383	88.48	
严州 淳安县	开禧三年 (1207)	18,726	坊郭	1,335	7.13	董弅《严州图经》卷1"户口条"、《宋会要辑稿》"瑞异三、水灾篇"开禧三年6月15日条
			乡村	17,391	92.87	
徽州 歙县	乾道八年 (1172)	27,874	坊郭	1,931	6.92	罗愿《淳熙新安志》卷1《州郡志》户口条"、卷3"歙县户口条"
			乡村	25,943	93.08	
徽州	宝庆三年 (1227)	134,942	坊郭	3,887	2.88	彭泽《弘治徽州府志》卷2《食货志一》户口条
			乡村	131,055	97.12	
绍兴府 嵊县	嘉定	33,194	坊郭	1,194	3.6	高似孙《剡录》卷1《版图篇》
			乡村	32,000	96.4	
荆门军	绍兴 (1131—1162)	（主户） 3,000	坊郭	（主户）500	16.67	洪适《盘洲文集》卷49《荆门军奏便民五事状》
			乡村	（主户）2,500	83.33	

93 南宋都市化比率（根据梁庚尧《南宋的农村经济》制表）

〈北方〉 / 〈南方〉

贯	西京 府州	县	镇等	河北东 府州	县	镇等	淮南东 府州	县	镇等	江南西 府州	县	镇等
50万未满 — 30万以上	1											
10万以上												
5万以上							2					
3万以上	2			1	1		1	1		1		
1万以上	1	3		8	2	2	5	3		4		
5千以上		10	1	3	2	2	1	4	2	5	4	
1贯以上		35	51	6	22	97	1	16	32		32	14
1贯未满		3			2			3				

贯	京东东 府州	县	镇等	河北西 府州	县	镇等	淮南西 府州	县	镇等	荆湖南 府州	县	镇等
50万未满 — 30万以上												
10万以上												
5万以上							1					
3万以上	1			1						1		
1万以上	5	1	7	6			5	2	1	2	1	
5千以上	3	8	4	5	2		1	7	1	3	5	1
1贯以上		19	45	5	36	43	2	4	34	2	13	16
1贯未满						1					7	

贯	京东西 府州	县	镇等	河东 府州	县	镇等	两浙 府州	县	镇等	荆湖北 府州	县	镇等
50万未满 — 30万以上												
10万以上												
5万以上							2					
3万以上	1			2			2					
1万以上	2		1				8	7	3	2	1	
5千以上	4	7		5	1		2	19		5	1	2
1贯以上		22	25	12	53	50		32	48	3	22	29
1贯未满					7	1		2			12	

贯	京西南 府州	县	镇等	秦凤 府州	县	镇等	江南东 府州	县	镇等	福建 府州	县	镇等
50万未满 — 30万以上												
10万以上												
5万以上				1								
3万以上	1			1			1			1		
1万以上	2			3		1	7	3	1	3	2	
5千以上	4	2	1	2	2	3		7		3	5	1
1贯以上	2	17	10	7	21	71	2	26	19	2	27	51
1贯未满		3			5							

贯	京西北 府州	县	镇等	陕西 府州	县	镇等	〈全国〉 府州	县	镇等
50万未满 — 30万以上							1		
10万以上									
5万以上							6		
3万以上				2			19	2	
1万以上	3			3			70	25	16
5千以上	1	3		7	5		54	94	18
1贯以上	4	26	30	10	53	91	58	486	756
1贯未满		1			8	1		54	3

94 北宋期都市的级别与所对应的商税额（斯波义信《中国都市史》）

民）的比率多为一成左右，但是镇江和真州（今江苏省仪征县）例外，竟达四成左右。这些地方距离金朝的前线地区近，估计因为军队大量和长期驻扎，为军队提供消费服务的商业和娱乐设施集中，所以相对于后方的农村地区容易出现大规模城市。

与"封建社会特有的自给自足经济"这种概念上的成见不同，宋代社会所有阶层都是以交换经济为前提而生活的。虽然粮食基本上可以在近距离的贸易圈得到满足，但是食盐和茶叶等却需要长途运送。政府看到其中的甜头，采取了专卖政策，给商品加上了远远超出成本的税金。同样的，许多日用品也都是特定地方生产，由此形成了进行全国流通的自发性组织。直到现在还存在的"行"就是其同行组织中的一种。而最远距离的商品交易，则是国际贸易。如果说唐朝主要是通过丝绸之路同西方进行陆路交易的，那么宋朝的贸易则主要靠的是船舶和海港。

大贸易港——广州、泉州、明州

**南海贸易据点
——广州、泉州**

如果说镇是最小的贸易城市，那么最大规模的贸易城市就是贸易港。宋代最有代表性的三个贸易港是广州、泉州、明州。

广州位于连接大海和珠江的河口部，自从唐代以来就作为南海贸易的据点得到发展。因为没有直接面向外海，所以是一个天然良港。秦朝的时期已经置有南海郡。虽然经过黄巢的清剿，但是公元917年南汉在此建都称帝后竟还君临五十余年。五代时期的后汉在选定国号的时候完全没有意识到南方的这个独立国，说明南汉处于与中原隔绝的地理空间。南汉也在设立当初就没有逐鹿中原的意图，只是享受着自己国内的和平和安定。

宋朝在开宝四年（971）接收此地后，以广州为广南东路中心城市作为统治中心，设置管理交易、征收关税的市舶司。华中生产的商品运送到广州，以此地为交易窗口向南亚方面出口。宋朝三百年间，广州一直作为巨大的贸易都市持续繁荣。但是其背后的珠江三角洲却因为宋代的技术能力还不足以开发，所以与唐代一样，是一个未开发地区的孤立城市，像后来东南亚出现的好几个城市一样，只不过是一个贸易转运港而已。珠江三角洲被真正开始开发，广东在农业生产上也占有重要地位，那是明代以后的事。

蒙古人统治初期，从意大利来到中国并长期居住的马可·波罗用华丽辞藻赞叹的可惜并不是广州。他赞为世界最大港口的是"Zaiton"。经过众多研究人员的研究，二十世纪初期就已经得出结论，"Zaiton"就是现在的泉州。这样表记可能是取自泉州名产刺桐。

泉州是福建南部的一个海港。严密地说应该在从海口沿晋江上溯几公里的地方。泉州虽然隶属福建，但是从这个名称即可看出，福建也是源于北部闽江中流的建州与河口地区的福州的开发，而泉州在唐代也只不过是沿海的一个平凡的港湾城市而已。十世纪闽国南北分裂后，成立了以此港口为据点的事实上的独立政权，该政权采取了奖励贸易的政策。但是在被宋朝吸收后，福建路的政治、文化中心主要还是在福州。

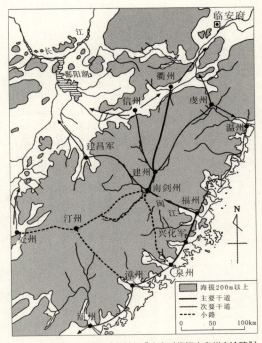

95 宋代泉州内陆交通图（苏基朗《唐宋时代闽南泉州史论稿》）

泉州的发展始于熙宁五年（1072），均输法的负责人、转运使薛向进谏设置市舶司。在此之前，当时的知州蔡襄已经在朝向东部的街道上修建了洛阳桥，开始整备基础设施。经过一些反复，元祐二年（1087）终于设置市舶司。到了南宋时期，尝到船运巨额税收的甜头，不断庞大的皇室的一半左右都移住到这里，同时设置了管辖该地的南外宗正司（西外宗正司为福州）。

广州在唐代就已经设置了名叫"蕃坊"的外国人居住区。泉

晋

江

N

图 例

宋代泉州州厅
城门
唐代城壁
宋代城壁
绍定三年翼壁
桥梁
小山
非居住地带
20世纪的河岸

96 唐宋时代的泉州城墙（苏基朗《唐宋时代闽南泉州史论稿》）

州市内也自然形成了各自的居住区。距港口近的市区成为从外国来的贸易商们的居住地，建设有清真寺等宗教设施。汉人船员们祈祷航海安全的妈祖庙也在此地。另外，市区北部为行政、文教地区，也是当地豪绅们的聚居区。随着城市规模的不断扩大，市内人口增加，城墙外也开始有人居住。后来又围绕这些增加的建筑建设城墙，最终形成内城、外城、罗城等三重结构的城市。

朱熹当初赴任的同安县，位于距泉州西南方向六百公里处。有人推测说他的理学哲学就是在这里接触穆斯林后才形成的。这种说法虽然有意思，但是翻遍他的文集和语录，完全看不到他有过接触异文化的痕迹。不仅他，作为他思想上的后继人的真德秀虽然两次担任泉州知州，对振兴贸易尽心尽力，但是同样看不到任何与穆斯林商人交流的迹象。也许儒教就是作为一种大陆思想出现，本来就没有向海洋开放，这点与华夷思想一起，使得他们的思考回路不可能吸取伊斯兰文明。

泉州作为贸易港的特殊地位在南宋灭亡后还继续保持。当时担任此地市舶司长官的阿拉伯人（一说波斯人）蒲寿庚没有接受临安逃亡到此地的宋朝宫廷的恳求，而是带领水军投降蒙古忽必烈。马可·波罗看到的，就是数年以后的泉州。在蒙古帝国创造的和平环境下，泉州作为海洋贸易的据点，取得了超过广州的地位。

但是，这个繁荣并没有能够持续多久。因为泉州没有面向外洋，大型船不能入港，货物只能靠小型帆船倒装，非常不方

97 泉州湾出土的宋代沉船
（泉州航海史博物馆）

便，所以逐渐被周边别的港口所取代。还有研究认为街道上架桥后，造成了河道的土砂堆积。二十世纪七十年代在旧港口的土砂中发现了基本完整的宋代沉船。可能就是因为触礁后放弃了的。此沉船现在被完整保存在博物馆里。

明朝的海禁政策，也使得受到政治保障的泉州地位下降。因为当时走私贸易非常兴隆，为了躲避官家的耳目，他们只能在泉州周边的港口进行交易。明代后期同安县的厦门和旁边的漳州月港成为福建南部主要贸易港。广州因为直至近现代还在不断发展变化，所以城市容貌变化巨大，但是泉州却因为这个衰退，直至现在还保留有昔日的风采。

具有两个面孔的明州

另一个港口城市明州，以现在还通用的明朝命名的宁波一名在日本也广为人知。宋代有荣西、道元，明代有勘合贸易[25]的日本船都曾造访这个港城。应仁之乱[26]以后的细川、大内抗争[27]，发展到场外乱斗，这个港城曾被烧毁。

明州也不是一个外港。但是，有甬江连接大海，而通过支流余姚江逆上经过运河又可直接通到越州和杭州。再往前，当然与大运河也相连。也就是说，只乘船即可直达中原。唐代这里还没有形成城市，明州官府也在别的地方。把州城移转到余姚

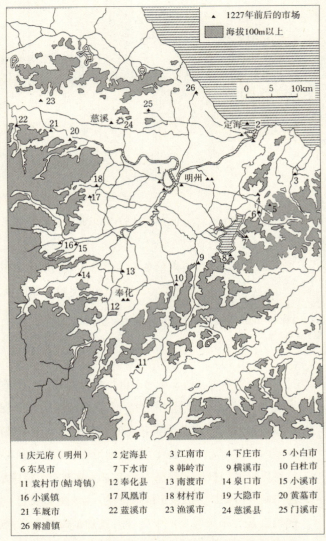

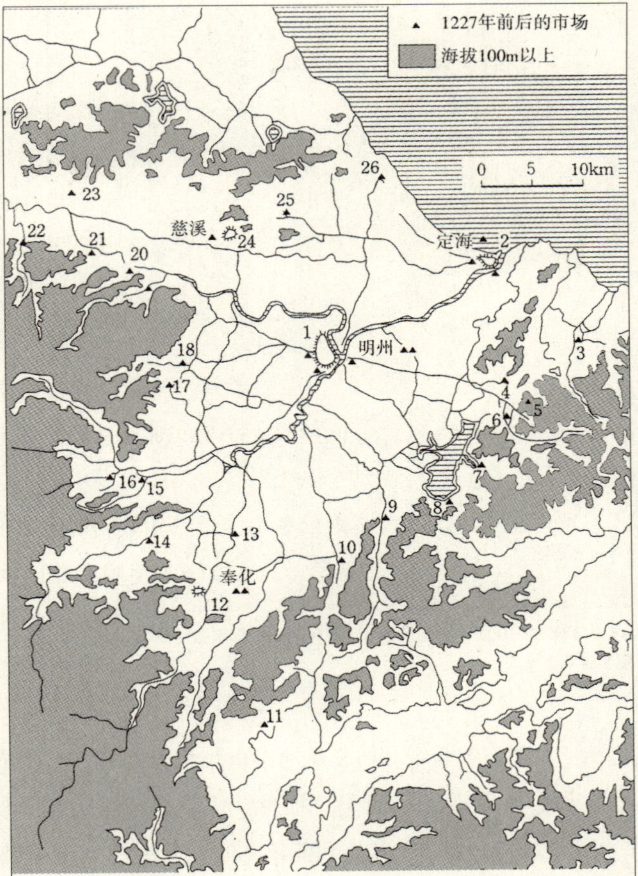
1227年前后的市场
海拔100m以上
0 5 10km
慈溪
定海
明州
奉化
1
2
3
4
5
6
7
8
9
10
11
12
13
14
15
16
17
18
20
21
22
23
24
25
26

1 庆元府（明州）	2 定海县	3 江南市	4 下庄市	5 小白市
6 东吴市	7 下水市	8 韩岭市	9 横溪市	10 白杜市
11 袁村市(鲒埼镇)	12 奉化县	13 南渡市	14 泉口市	15 小溪市
16 小溪镇	17 凤凰市	18 材村市	19 大隐市	20 黄墓市
21 车厩市	22 蓝溪市	23 渔溪市	24 慈溪县	25 门溪市
26 解浦镇				

98 明州附近市场分布（根据斯波义信《宋代江南经济史研究》绘制）

99 北宋时期的东海（根据榎本涉《明州市舶司与东海贸易圈》绘制）

江与奉化江交汇处，还是唐末的事。咸平二年（999），此地与杭州同时设置了市舶司。杭州在当时因曾作为吴越国的首都在政治上也已发展成为大都会，与此相比，明州作为一个平凡的州城能设置市舶司，当然应该是因为上述地理条件所致。位于杭州和明州之间的，是越州。

　　明州的州城，西临运河，东北是余姚江，东南是奉化江，为完全被河渠围绕的一个卵形。因此，城墙的扩张是不可能的，所以城市规模从宋代到清末几乎没有变化。这个城市临近码头的城内东部是与海运业有关的商业地区，北部和西部为政治、文教地区。豪门贵族居住区为西南部。这里距生活用水的水源近，还与城外西郊广大的水田地带相连。第四章我们已经指出过，明州特别是在南宋时期向中央政府输送了大量人才。这些人才利用自己的政治权势获得的财产都积蓄到这个州城，或者在郊外

年代	入港	出港	年代	入港	出港	年代	入港	出港
804	×福州	明州	1078?		明州	1244	×秀州	
	×明州?		1080		明州	1246	○明州	明州
819		扬州?	1081		明州	1246?	○杭州	
838	×扬州		1082	○明州		1249		明州
838	○海州	登州	1084		明州	1249	○昌国	
839		登州	1097		明州	1249		明州
841	○楚州		1097?	△明州		1251	○明州	
842		明州	1105		明州	1254		明州
842	○温州		1105?	△明州		1256?	×泉州	
843		楚州?	1117		明州	1261	○明州	
845?	○常州		1145	×温州	温州	1262		明州
845?	○扬州?		1168	○明州		1262	△明州	
847		明州	1170?		杭州	1262?		明州
847		登州	1172	○杭州?		1265	○明州	
852?		明州	1172		明州	1279	○明州	
853	×福州		1173	○明州		1281		明州
858		台州	1176	×明州		1284		明州
858		明州	1176-		明州	1284?	○温州	
860-871		台州?	1183	×秀州		1292	×明州	
862	△明州		1187	○杭州		1292	○明州	
864		明州	1190	×泰州		1298	○明州	明州
865		福州	1190-92		明州	1305?	○明州	
		明州	1190?	×秀州		1306	○明州	
877		台州	1191		明州	1308?	○明州	明州
877		温州?	1196	○明州		1311?	○明州	
927	△福州		1199	○江阴		1317	○明州	
983	○台州		1200	×苏州		1318	△明州	
986		台州	1202	×明州			×温州	
1003	○明州		1211		明州	1321	○明州	
1019		明州	-1217	×福州		1325	○明州	明州
1026	○明州		1217	×莱州		1327	○明州	
1026	×明州		1223	○明州		1328?	○明州	
1027		台州	1227		明州	1328	○福州	福州
		明州	1235	○明州		1329	△明州	
1069		杭州	1238		明州	1332-36	○明州	明州
1072	○杭州		1241		明州	1342?	○明州	
1073		明州	1243	×福州		1343	△明州	
1077	明州	明州	1244	○明州		1344	○福州	

入港栏的△为入港预定地（是否实际入港不明）、×为漂着等特殊情况下的利用、其他的都用○表示。原则上没有记载经由地。

100 对日交通利用的中国港湾一览（800—1350 年）（根据榎本涉《明州市舶司与东海贸易圈》编）

投资收购耕地。科举官僚的故乡、国际贸易的港口，这两个面貌一直是明州（宁波）最大的特征，直至十九世纪其繁荣的地位让给上海为止。西门旁边修建的天一阁，因明代收集地方志等，给宋代史研究也带来相当大的恩惠。黄宗羲死后，到了清代完成了《宋元学案》的全祖望和编纂了《宋元学案补遗》的王梓材、冯云濠等，都是宁波人。可能也正因此，所以如第八章所述，《宋元学案》给人的感觉就像是宁波学者主导着宋朝末年的儒教正统似的。

广州、泉州、明州，这三个市舶港汇集了来自亚洲全域的贸易商，从事与宋朝的交易。

当过泉州市舶司长官的赵汝适著有《诸蕃志》一书，书前有注明宝庆元年（1226）的序。上卷介绍各个贸易对象国的情况，下卷介绍各个贸易对象国的物产，是一部了解当时贸易状况的珍贵史料。比如上卷最后记述的"倭国"，介绍说现改国号为"日本国"，有八十八万成人男子，人长寿，多有八十至九十岁之人，女性贞淑、不嫉妒等。最后还记载了奝然访问以及奝然与太宗的那次对话。这里也记载了太宗的那个感叹。可见日本万世一体以及贵族世袭的国家体制，给宋代人留下了多么深的印象。

第十章

中华的骄傲

与"外国"的交流

卷入夏国后继之争的宋、辽两大国

宋代正史《宋史》共四百九十六卷，以长达十二卷的《外国传》和《蛮夷传》作结。这是把有关中国以外地域的动向，以与中华王朝的关系为中心记述的部分。这一形式是正史自古以来的形式，著名的《三国志》的《魏志·倭人传》、确切地说是《魏书·东夷传·倭人传》也是这一部分。但是，《宋史》的特点却在于，特别把《外国传》和《蛮夷传》分写，且没有包含辽和金的有关记述。

其原由是编纂《宋史》的是元朝朝廷。宋朝的朝贡国（以及准朝贡国）被称为"外国"，虽在宋领域内却少有往来的少数民族地区称作"蛮夷"。辽与金作为与宋对等的国家，因为分别编纂《辽史》和《金史》，故不在《宋史》中列传。从此事亦可看出，"唐→宋→元→明"这种单线并不正确。关于此问题我们留待以后详述，这里仅介绍《宋史》列为"外国"中的几个国家。

《外国传》全部八卷中最初的两卷介绍的是"夏国"，即所谓西夏国。有关以党项人为中心建立的这个王朝的情况，本丛书第八卷（《驰骋草原的征服者》）将详述，我们这里仅介绍与本书主题宋朝有关的情况。

《宋史·夏国传》以一个叫做李彝兴的人物的传记开始。曰："李彝兴，夏州（今内蒙古自治区）人，原名彝殷，因避宋宣祖（即赵弘殷）讳而改名。"这个记述给人的印象是，他是一个臣服宋朝皇帝的人物。李彝兴本姓拓跋。但是这是他们的自称，并没有什么根据，然而这却说明，建立北魏的拓跋部的权威，在他们之间广为流传。

李彝兴的祖先因为对大唐帝国有军事贡献而被赐予皇室姓氏。与那个后唐的皇帝一族出身相同，可见他自己也与我们在第一章述及的李克用等人同样，作为外族部队的一员活跃一时。宋与北汉交恶时支持宋朝，被任命为定难军节度使，死后追谥官界最高的名誉职称太师和夏王的称号。嗣子克睿也从当初的光睿因避宋太宗（赵光义）之讳而改名。后有其子继筠、继捧继嗣。

然而，继捧袭位的时候，同族的李克文却站出来表示反对，因此继捧在太平兴国七年（982）亲赴开封拜谒宋太宗。对于此事件的评价，学界诸说纷纭。宋朝一侧的记录是说继捧是来交还夏州、银州的统治权的。正好四年前吴越国王向宋朝奉献上了自己的统治权，宋太宗把继捧的行动看作与此是同一性质的行为，是自己恢复大唐帝国版图的一个好机会。但是，继捧其实可能只想要得到宋王朝的支持，能使自己在同族的抗争中取得胜利，重新登临夏王宝座。对于宋朝放弃兵权的命令，盘踞在银州的李继迁造反不服。他在宋朝雍熙三年、也就是辽朝的统和四年（986），与辽通婚，被辽册封为夏王。由此，宋和辽都被卷入到"夏国"的后继之争中。宋朝为了对抗，赐于继捧国姓赵，从此诞生了夏州刺史赵继捧。但是战斗却对李继迁有利，赵继捧最终只能作为宋朝的一介官僚，在华南的任地终结了自己的生涯。

得到辽的支持继承夏国王位的李继迁，有时也采取臣服宋朝的态度，在两大国之间巧妙周旋，巩固了自己的地位。后嗣的德明也展开了两属外交，既在天书降临的大喜时节从宋朝获赐"守正功臣"称号，同时背地里却也毫不客气地接收辽朝的"大夏国王"的册封。其子为元昊。

元昊开始自认为宋朝的外藩。仁宗皇帝改元为"明道"的时候，因为"明"字与父名同字，为避讳而用同意的"显"字，改用"显道"（高丽不用"建隆"而用似乎独自年号的"峻丰"理由相同）。这个事实说明他信奉的不是辽而是宋的年号，而且遵守避讳这种汉族的风俗习惯。但是，这是他最后信奉的宋朝年号，公元1034年，他终于开始使用自己的年号"开运"。这个行动，在东亚文明的文脉上，意味着作为帝国的独立。他接连攻占西方的沙州（今甘肃省敦煌）等丝绸之路的绿洲城市，扩大了西夏的版图。自觉到党项族独自性的夏国，开始创造所谓的西夏文字。

与西夏的抗争

公元 1038 年，李元昊终于自己登上大夏国的皇位，改元为"天授礼法延祚"，向宋朝寄送国书，要求与宋朝皇帝进行皇帝之间的对等外交。"大夏"国号虽然由来于夏州，但是"夏"作为圣王夏禹开创的王朝，对于汉族来说具有特殊的意义。这由中华也可用"中夏"表示即可看出。但是，以上这些解释都是根据汉语文献的记述而来的，其实这个国号在他们唐古特语中的意思是"大白高国"。

夏国的独立，宋朝当然不愿意承认。宋朝剥夺了授予李元昊的官职，禁止同夏国的贸易，并悬赏要拿李元昊的头。为了从侧面打击夏国，宋朝加强了与吐蕃（今西藏）的交流。吐蕃在唐朝时曾形成过强大国家，甚至短时间占领过长安，但是十世纪以后，政治上没有统一王权，军事上也没什么大作为。所以对于宋朝来说也不是什么重要的存在。但是在这个特殊时期，宋采取了怀柔政策，任命其中一个首领为节度使，使之支持自己。而且对于宋朝来说，也有必要从吐蕃进口军马以满足不能从西夏进口军马的空缺。

与西夏的这场战争，宋军在韩琦和范仲淹的指挥下终于取得阶段性胜利。庆历四年（1044），宋朝承认李元昊为"夏国王"，

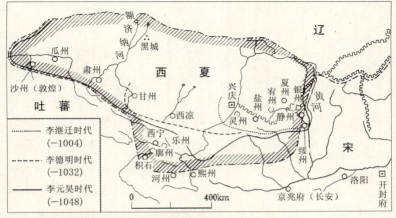

101 西夏领域图（根据佐伯富《宋代的新文化》绘制）

也准许重新开始贸易交流，并且宋朝每年向西夏赐予绢十五万余匹、银七万余两、茶三万斤。

后来，双方虽经几代交替，但是两国关系一直保持良好状态。然而王安石政权的主动出击政策却给两国关系带来暗转。熙宁四年（1071）神宗和王安石采纳了王韶"平取西夏必先收复河湟"的献策，命王韶担任收复河湟地区（今甘肃省兰州市与青海省西宁市之间）的长官，设置包括熙州、河州在内的熙河路。但是，因与本来以这一地区为势力范围的吐蕃纠纷不断，熙宁七年（1074）事实上只能撤兵。

元丰四年（1081），宋趁西夏内讧之机再次出兵，但是立刻遭遇强大反击，翌年在永乐寨（今陕西省延安市北方150公里处）大败，损失二十万将兵。

102《宣和奉使高丽图经》书影

哲宗即位后，在宣仁太后听政时期，对外采取融合政策，与西夏的关系也再次进入良好状态。但是，徽宗政府再次改变政策，转入积极进攻，王韶之子王厚继承父业，积极推行熙河路扩张政策。辽国转而支持西夏，三国进入僵持状态。在这种情况下，金作为第四个要素登场。宋金"海上之盟"对辽夏联盟，公元十二世纪二十年代的这个对立图，给宋朝带来了何种结果，已经众所周知。西夏最终联合金朝，成功扩大了自己的领土。

被金朝占领了华北的宋朝，为了收复华北企图与西夏联合夹击金。献策者是主战派的张浚。但是，还未等取得什么成果，绍兴八年（1138）以后秦桧转入推行讲和政策，结果这个策略也就没了下文。从那以后，宋与夏长期中断了交涉。蒙古兴起后，为了夹击金国，这次是西夏派使者来游说宋朝。但是后来因为西夏的政策变更，这次也没能有下文。所以当宋宝庆三年（不知什么原因，这个时期西夏比宋晚一年采用了与宋完全相同的年号），也就是西夏宝庆二年（1227），西夏被蒙古灭亡的消息风传到宋朝后，对于史弥远等朝廷上下来说，可能就像是一件发生在遥远的异国他乡、与己无关的事情。

高丽的对外政策

下边我们把目光转向东方，看看朝鲜半岛。

接受大唐帝国册封的新罗王国，在公元九世纪末期，随着宗主国大唐的衰落，也逐渐走向衰亡，半岛各地陆续出现独立政权。在这个混乱中展露头角的是一个叫王建的人物，他自称"高丽"王，并自立"天寿"年号。这些都是发生在公元918年的事情。后来，他被后唐王朝册封为高丽国王，以承认自己对半岛的统治权为交换条件，废弃了自己的年号。此后，一直信奉五代诸王朝以及宋朝的年号。

高丽自宋建国初始一直就是朝贡国，与宋朝互相保持着良好的关系。淳化二年（991）派去的使节希望得到刚印刷出版的大藏经，也被允许。给如此良好的两国关系泼了冷水的是辽国。淳化四年（993），辽国侵攻高丽。对于高丽的求援，宋朝因为害怕与辽交战而迟迟不予回答。走投无路的高丽国王只好臣服辽国，重新接受辽的册封。于是宋朝又失去了一个朝贡国。

通过澶渊之盟免去与宋朝的军事紧张后，辽国没有了后顾之忧，放心进攻高丽，把首都开城化为灰烬。这个时候宋朝也完全没有向高丽伸出救援之手。数年后，辽又进攻高丽。期间高丽多次派遣使节求援。成为双方交流窗口的是山东半岛的登州（今山东省蓬莱县）。有一段时期这里曾设置市舶司。但是，当决定臣服辽国后，高丽与宋朝断交长达四十年以上。

两国国交重开于熙宁二年（1069）。这个时期宋朝也正好是新法党政权推行积极政策，希望有朝一日向辽报一箭之仇的时

103 北宋与辽、西夏的榷场　榷场是设置于国境的贸易场所

期，所以对于高丽派来的使节与西夏使节同等礼遇。根据高丽
使节"登州离辽太近，航路容易受到限制"的主张，重新指定明
州为朝贡港口。此后，直到北宋末年都保持友好关系。而苏轼
提出高丽入贡对于宋朝来说有害无益的主张，也是这个时期。

　　这期间，徽宗时曾派遣使节团访高丽。现存有当时使节团的
见闻记《宣和奉使高丽图经》四十卷。从"建国"、"世次"开始，
详细描述了高丽的制度、文物、风俗习惯等。这是一部从宋朝人
的角度看高丽的珍贵史料。

　　靖康之变当然也给两国关系带来很大影响。从建炎到绍
兴初期宋朝首都放在哪儿都定不下来的时期，包括庆贺钦宗即
位——无疑对宋朝来说并不是什么值得庆贺的事情，高丽按规矩
一直向明州派遣朝贡使节。当然他们也许有借此机会刺探宋朝

104　宋金榷场

内情的意图。但是，这些朝贡使节的身影也逐渐疏远，高丽改变政策，与陆地相连的金朝建立友好关系。金朝在华北失利后，高丽被蒙古侵攻长达三十年，最后终于决定接受蒙古年号。此时为南宋理宗皇帝晚年，景定元年（1260）。

独立国——安南、大理

下边我们简单介绍一下安南和大理。

安南也就是现在的越南。汉代以后中原王朝的统治和当地势力的独立反反复复。宋朝初期，因为远在南汉的南方，所以当然没有交往。后来任命有交州节度使，开宝八年（975）任命交趾郡王。请注意，不是"国王"，而是"郡王"。这反映了宋朝认为这里不是外国，而是自己的国内辖区这样的主张。

　　云南一带在前汉时被划入汉朝领土。当时的一个叫云南的县名，成为元代设置"云南行中书省"的语源。在这个意义上，与时而成为中华王朝的一员，时而成为独立国的越南极为相似。从图版中即可看出，君主的服装也是中国式和泰式混杂的样式。我们都不需拉出日中战争中"援蒋之路"来作证，作为通向泰国和缅甸的主要通道，自古以来就是交通要冲。

　　位于其北面的四川，土地肥沃，也是自古以来就是独立王国的摇篮。为人们所熟知的诸葛亮三分天下之计，就是向刘备建议占领蜀地（四川）。五代时期正如第一章所述，前后有两个蜀王朝诞生，而且中原王朝对该地的年号似乎并没在意。宋太宗时发生高举"均贫富"口号的王小波、李顺反乱，而且这成为宋代最大规模的农民反乱。南宋时期也把四川作为一个特别的行政区域对待。蒙古首先占领四川和云南，恐怕不但是为了形成包围南宋之势，也因为这些地区容易分治吧。

·《大理国梵像图》（部分）利贞皇帝夫妻（张胜温 台北故宫博物院藏）

交趾继丁朝、黎朝（为了区别于十五世纪的黎朝世称前黎朝）以后，于宋朝大中祥符二年（1009）李朝成立，定都升龙（今河内），自称大越国。但是，宋朝并不承认，只看作是一个交趾地方的王。元祐二年（1087），升格为"南平王"。虽时有小规模交战，进进退退都有，但是与宋朝的境界基本与现在国境线一致（但是南平国的南方还有一个占城国，所以与现在的越南疆域并非一致）。到了南宋时期，淳熙元年（1174），才终于得到宋朝认可，取得与高丽王同格的"安南国王"称号。宝庆元年（1225），发生王朝交替，陈朝建立。陈朝成功抵抗蒙古的进攻，维持了自己的独立。再往后，除了十五世纪初明朝占领过一段时间以外，再也没有服从过中国皇帝的直接统治。

另外，在"大理石"原产地，现在中国云南省这个地方，唐代曾有一个南诏国。后晋天福三年（938），段思平建大理国，定年号为文德。后来一直使用自己的年号。最早送使节到宋朝是段连义当国王时的熙宁九年（1076）。但是对国内还是继续使用独自年号，是一个保持独立的王国。虽然有一个时期被高升泰篡夺了王位，但是很快就被段氏夺回，段氏王朝在文治八年（1117），也就是宋的政和七年被授予"大理国王"称号，与高丽、安南同级。天定三年（1254），被蒙古消灭。

从《宋史》中同排在"外国传四"里即可看出，安南、大理两国，在宋朝看来，还有在仕元的史官看来，是属于同一范畴的独立王国。但是在后来的历史进程中，一个作为国民国家独立，另一个却被作为中国的一个行政区而编入中国版图。我们无意翻出老账，无事生非。我们想说的是，现在的所谓国民国家的国境，并不是从遥远的太古就定下来的，而只不过是一个历史的偶然产物，这个历史的事实我们有必要重新认识。现在，不论辽、还是金、或者西夏、大理，甚至连吐蕃（西藏），也都与宋朝同样，成为"中华民族"的构成之一。

与日本的关系

通过佛教直接传入的中国文化

对于宋朝来说，"日本"也是一个外国。我们在"导言"中已经介绍过，《宋史》中的"日本国传"满篇都是有关奝然的记述。奝然以外虽然也有喜因和成寻（《宋史》写作"诚寻"）等来访的记载，但是与高丽相比，记载的事情很少。这当然与宋朝和日本两国政府间交流不畅有关。

话虽如此，但并不是说民间交流也少有所为。这点我们已经数度述及。废止遣唐使以后，日本就再没有正式向中国派遣过正规的使节团。受日本政府委托访问中国的，都是佛教的僧侣们。日宋贸易繁荣，以及日本人接受禅宗后，与朝廷没有使节关系的留学僧也大量增加。而开其滥觞，给日本引进临济宗的是荣西。

在延历寺学习天台密教的荣西，于宋历乾道四年（1168）踏上了宋的土地，在天台山等地巡礼半年后返回日本。后来他立志往印度求法，遂于淳熙十四年（1187）再次访宋。但是因为没有得到南宋政府访问印度的许可，遂在天台山、天童山学习临济宗禅法。绍熙二年（1191），日本建久二年归国。因在新建的京都建仁寺等地宣讲加进禅法的密教教义，被后世看作日本临济宗祖师。

105 长命富贵堆黑箱（镰仓 鹤岗八幡宫藏） 下边的照片是底部的朱漆铭

荣西从宋带回日本的东西中，有一件现存镰仓鹤岗八幡宫的长命富贵堆黑箱。通过箱底朱漆铭文可以知道，这是荣西第二次入宋返回日本的前一年，一个叫做"侍郎周宏"的人物赠送给他的。这里值得注意的是其表记的"明昌元"年代。明昌为金朝年号，与宋朝绍熙、日本的建久同年开始。也就是说其元年为公元1190年。但是荣西并没有踏入金朝领地的任何记录。那么，这个堆黑箱就应该是在宋朝领域内送给荣西的，估计当为浙江一带无疑。该地的一个人物为什么要赠送给异国客人一件使用金朝年号的物品呢？事实上没有任何有关周宏这个人物的记录。既然使用金朝年号，那么就不可能是宋朝的官僚，这个侍郎应该就是在金朝的一个官位。可能是派往宋朝的使节团的一个成员，偶然认识了荣西这个日本人吧。无论如何，这是一个证明在宋朝领土内异国人之间进行交流的珍贵史料，值得重视。

106 《吃茶养生记》（镰仓 寿福寺藏）

顺便再提一件事。相传荣西归国时朱熹的两位门人还给荣西赠送了一幅画。这幅画名为"送海东上人归国图"，被指定为重要文化遗产。我们并不清楚这幅画为何被看作荣西的所有物，但是可以肯定的是题赞的是朱熹的门人，而且因为是知名度不太高的人物，所以捏造的可能性不大。画上画的是离岸远去的小船，所以当为在港口相别时所赠。但是最近研究发现，这两人同时师事朱熹当在绍熙五年（1194），与荣西的年代不合，所以这幅画可能是赠送给别的僧侣（姓名不详）的。如果事实如此，那么很可能此人才是最早接触朱熹学说的日本人。当然，即使如此，也毫不会减弱荣西的功绩。

实际上临济宗扎根日本并不是荣西一个人的功劳。特别是渡来僧兰溪道隆，承担着镰仓幕府政治顾问的重责，并受到该政府庇护。建长五年（1253），执权北条时赖在镰仓北部为他修建了取名于年号的建长寺。此后，镰仓相继建立禅寺，开创了与京都和奈良既有的佛教文化不同的、独特的禅宗文化。据传当时镰仓五山通用的是中国话（当时的浙江口语）。这里是直接引进唐宋变革以后的中国文化的一个异样空间。而大陆的宋朝，此时正被蒙古人的侵攻所困扰。

107 明庵荣西坐像（镰仓 寿福寺藏）

108《送海东上人归国图》（钟唐杰·宝从周赞 镰仓 常盘山文库藏）

与蒙古的冲突

蒙古的南侵与金朝的灭亡　　宋朝末期四十年的历史，我们还是从端平更化说起吧。因为端平元年（1234），外交上发生了金朝灭亡这件非常重大的事件。

持续掌权时间最长的史弥远于绍定六年（1233）十月安详死去。接班继任宰相的是从三年前就作为参知政事辅佐史弥远的郑清之。首先摆在新政权面前的难题是，如何应对金朝与蒙古的战争。

蒙古军从第一代铁木真（成吉思汗）时代开始就与金朝交战。在远征西方，消灭了哈喇契丹（西辽）和西夏、平定了中亚地区后，正式开始南下，侵攻金国。在此之前，为了回避蒙古军的锋芒，金国把都城已经从中都（今北京）迁到汴京。但是金历正大八年（1231）初，就连那个汴京城下也出现了窝阔台率领亲征的蒙古军。蒙古军在翌年暂时撤军。但是异常气象使得夏天的汴京寒冷如冬，城内瘟疫蔓延。金朝把政府机关南迁到蔡州（今河南省汝南），准备在此迎击蒙古军。但是，谁都能看出，金朝的命运已如风中烛火，奄奄一息。

这时宋朝又干了一次趁火打劫的营生。为了报一百年前靖康之变的一箭之仇，宋朝与当时同样，决定与新生势力结伙，共同对付金朝。在黄河以南划归宋朝的条件下，宋朝派遣了孟珙与蒙古军一起包围了蔡州。天兴三年（1234）正月，宋历端平元年，金朝皇帝自缢身亡，持续一百二十年的金王朝统治到此结束。

宋朝乘胜企图收回汴京、洛阳等河南之地，但是蒙古人却违反盟约条件，不愿意交还，两国遂进入战争状态。这时的形势跟靖康之变时完全一样。蒙古军分多路开始进攻，端平二年（1235）蒙古军突破当年金国的国境，直逼长江北岸，并顺江东进，破坏掠夺建康对岸的淮南一带。端平三年（1236），长江支流汉水方面的襄阳宋朝守备部队发生内讧，一部分人带上金银财宝投降蒙古，一部分人为了发泄掠夺市内。据史书记载，自岳家军以来作为这一地带战略要冲持续繁荣一百三十年的襄阳市，在这场骚乱过后，空如旷野，一无所有。后来孟珙夺回了襄阳，但是四十年后，这个城市再次成为血腥争夺战的舞台。

**军事上处于
劣势的宋王朝**

所谓端平更化，其实只不过是在如此形势下的一种宫廷改革而已。而且，真德秀和魏了翁并没有掌握实权，端平三年（1236）接替郑清之成为宰相的乔行简，还是史弥远的心腹。而且为了在前线对抗蒙古军，他任命史弥远一族的史嵩之为京湖安抚制置使。史嵩之在嘉熙三年（1239）升为右丞相，淳祐元年（1241）二月乔行简死后，像当年史弥远那样，成为单独宰相，长期独揽大权。

第四章最后介绍过的孔庙从祀改定政策，也是在他执政时实现的。由此可以看出在军事上处于劣势的宋王朝，企图在文化上宣传自己才是儒教的正统继承者这个意图。把朱熹定为从祀者，就是想极力宣传只有自己（南宋）才是孔子的嫡传，而不是金朝（也包括蒙古）。这对内确实意味着朱子学的胜利，但是对外却不免被人看成行将灭亡者的最后的回光返照。当时著名的正义官僚陈眭在淳祐八年（1248）煞有介事地上奏曰："本朝属于火德，所以应该盛大祭祀炎帝神农。"他的这个上奏代表了当时士大夫的心情。他们不仅是想祈求神灵保佑，他们更想通过实践这些仪礼，向世人显示自己王朝的正统性。

即使在这种情况下，蒙古军还是持续不断地骚扰淮南。但是当时宋军还有击退蒙古军骚扰的能力，而蒙古军也还没有到下决心吞并宋朝的阶段，所以战况一进一退，处于胶着状态。淳祐十一年（1251）理宗皇帝问："躲避战争的老百姓都回家了吗？"当时的左丞相谢方叔回答曰："淮南的老百姓都回到原来的土地了，有困难的人政府也照顾着。"不过就是这一年蒙古军也还侵攻过淮南。第二年二月理宗还问，谢方叔回答说："蒙古军在播种以前撤退了，所以损害不大。"估计说的应该是淮南一带播种冬小麦的事情。

前线各地宋军与蒙古军进入对峙状态。从宝祐二年（1254）起，蒙古军在四川方面安营扎寨，开始屯兵垦田，所以不能像以前那样简单赶走了。而更危机更关键的，却是襄阳攻防战。但是，在说襄阳攻防战之前，我们还是先来看一下宋王朝朝廷的样子吧。

理宗时代政界的变迁　第四章我们已经叙述过了，仅看宋代的历史记录，理宗朝以后分量很少。这与王朝自身进行历史编纂有关。

重新解构宋代历史的时候，我们研究人员首先参照和依据的是按年代记事的《续资治通鉴长编》、《建炎以来系年要录》等；事项记是《宋会要辑稿》等。前者两本都是编辑和加工当时流传的各种一手史料而成的二手史料。在此意义上说，如果有一手史料当然更好。比如如果某个人的上奏文保留在其文集中的话，一般情况下我们就会引用那个上奏文。这种年代记原本依据的是朝廷记录的各种政治文书，或者记录官记录的日志、政府高官日记等文献。现在我们能详细知道北宋时代与南宋初期朝廷的动向，就是因为有这两本书。

　　还有把这些文献临时加工而成的被称作实录或会要的史料。明清时期因为这种实录现存，所以我们可以远远超过宋元时期，非常详细地知道当时政府内部的各种动向。宋代的会要在明代初期还存在，编纂《永乐大典》诸项目的时候被明示引用。清代多次有人从《永乐大典》中抽出有关条目，试图复原当时已经失传的该书。《续资治通鉴长编》本身，就是这种复原的成果。宋代的会要也通过这种手法复原了一部分，被命名为《宋会要辑稿》。

　　《永乐大典》本身也失传了，但是到了二十世纪，《宋会要辑稿》的手抄本得以出版，大大方便了研究者们。但是，也许接下来的度宗时代已经没有编纂理宗时代会要的余力，有关理宗时代的记录几乎没有。

　　所以，有关理宗时代的现存史料，只有《宋史》最详细。因为《宋史》的编纂有江南的士大夫们参与，所以可以想象，他们在利用蒙古朝廷传下来的文献的同时，还搜集和利用了他们祖先的文集以及当地的碑文史料等。以下，我们根据《宋史》的记录，看一下理宗时代政界的情况。

　　作为南宋明州士大夫的头目，继祖父史浩以来作为政府首脑随心所欲要弄权势的史嵩之，失势却很突然。淳祐六年（1246）在他正给父亲服丧的时候，一纸诏书就把他免了。其实这就是一次宫廷政变。

　　翌年，替代他接任右丞相的是曾经被任命为名誉职位、已经退居二线的郑清之。郑清之淳祐九年（1249）升任左丞相。后来接任郑清之的则是刚才我们提到的谢方叔。其后，经过一次短命政权后，在谢执政时任参知政事的贾似道被谢方叔看中。贾似道开庆元年（1259）就任右丞相。

贾似道与秦桧、韩侂胄、史弥远并称为南宋四大独裁宰相之一。直至德祐元年（1275）失势为止，作为南宋朝廷中政府正常发挥机能时期最后的一任首脑，他充分发挥了支撑摇摇欲坠的王朝免于倒塌的重大作用。但是，史书对他的评价实在是太低了。《宋史》不假思索地就把他塞进了《奸臣传》。

正如第三章我们论述过的，《奸臣传》占《宋史》卷四七一到卷四七四共四卷，其中前两卷记述的是北宋新法党政权的领袖们（不过王安石除外），第三卷记述的南宋初期讲和派宰相们，其中就有秦桧。最后一卷记述的四人中，一个是韩侂胄，一个就是贾似道。可是，却没有史弥远。也就是说，史弥远不是奸臣。其中一个理由，可能就是因为他是明州出身。对于参与编纂《宋史》的士大夫们来说，说到底，史弥远还是值得亲近的同乡。

祖先参与南宋政权中枢的这些编者的倾向性，浓重地残留在《宋史》中。《忠臣传》的十卷中，有一半记述的是靖康之变的殉职者们，另一半记述的是抵抗蒙古军的牺牲者们。为了不致引起笔祸，他们小心翼翼，把侵略者用"北兵"来表现。但是这些传记，却只能是对业已不存的宋王朝尽忠尽力、死而后已的英雄们的慰魂之歌。如果说对于士大夫们来说"青史留名"是人生最大的目标的话，那么他们通过对蒙古军的顽强抵抗，达到了自己的人生目标。事实上就有明言自己就是因此而殉职的地方官。

贾似道独揽朝廷大权　　我们从这个角度重新审视一下贾似道的传记，就会发现这个人完全是被不把他定成亡国贼不足以平民愤的笔法写成的。导致他的专权的，其实正是当时的士大夫们。他们之中如果有谁批判了贾似道，马上就被当作一个典型发言大书特书。但是退一步说，他们如果是当局的当事人，难道他们就有能力或者方法阻止蒙古人吗？《宋史》用很惋惜的语气记述了理宗政权没有采用白脸书生们理念上的防御论。但是，那些防御方策到底有没有现实意义，却是无法验证的。或者换句话，退一万步说，如果那些方策有效，使得蒙古军没能吞并江南，那么他们这些《宋史》编纂者们其实也就没有可能在蒙古帝国带来的和平环境中安心从事历史书的编纂事业。难道他们没有感到某种自我矛盾吗？

任何时代任何地方都有高谈阔论的人。他们的高谈阔论被看作空论而遭到排斥，但是一旦现实派失败，后世的历史学家们看到这些高谈阔论，便如获至宝大加称赞。但是，这种历史记载难道没有问题吗？我们知道至少近世的实证史学是与这种劝善惩恶的故事分道扬镳的。

贾似道因父亲的恩荫才当官。也就是说他不是一个科举官僚。他的发家起因于他姐姐被理宗宠爱。贾似道宝祐二年(1254)

109 鄂州之战　蒙古军侵攻路线图

受任同知枢密院事（相当于国防大臣代理），从而进入政权首脑部。开庆元年（1259）蒙哥汗率军亲征四川，其弟忽必烈率军攻打鄂州（今武昌以及武汉市的一部）。贾似道受命赴鄂州对岸的汉阳（今武汉市一部）救援，阵中拜命右丞相。恰巧此时蒙哥在四川（合州）阵中死亡，急于回朝争权的忽必烈与贾似道密约讲和后撤军。但是贾似道却把这个撤退当作"自军胜利"报告给临安。这个喜报开创了贾似道造假的历史。贾似道被当作救国的英雄，在万众欢呼声中凯旋。

翌年，忽必烈独自召开库里台大会，即位蒙古皇帝。为了与宋朝讲和，他派郝经前往宋朝。但是害怕密约暴露的贾似道叮嘱地方官把郝经一行扣留到长江北岸的真州（今仪征），自己像没事儿人似的在临安讴歌荣华富贵。

据《宋史》记载，贾似道乱授官位，笼络当时名士（似道既专恣日甚，畏人议己，务以权术驾驭，不爱官爵，牢笼一时名士）。但是，并不是他一个人有问题，被笼络的士大夫们也有责任。当时临安的风气就是逃避现实，贪图眼前享乐。世界形势并不因为他们的努力就会改变。蒙古军的脚步声渐渐临近。而郝经，那以后竟被软禁十年以上。

在这种形势下，理宗驾崩。理宗没有儿子，以侄儿赵孟启为后继。其实这也是贾似道的馊主意。所以改名为禥的赵孟启虽然即位当上了皇帝（度宗），但是他却在贾似道面前抬不起头。本来皇帝叫臣下时直呼其名，可是新皇帝却叫贾似道"师臣"。别的官僚也拍贾似道马屁，把贾似道比作理想的政治秩序建构者周公旦，称贾似道为"周公"。从这个时候开始，贾似道家成为事实上的政府所在地。而他家的后花园，大名竟然是"后乐园"。

贾似道推行的政策中公田法最有名。为了调达军费，政府强制低价征收江南的耕地为国有地。这在《宋史》中也作为一个恶政而备受诟病。但是现在，也有一种观点认为，从现代社会经济史的角度看，这个政策有限制大地主独占土地、重建国家财政的作用，值得评价。这是一种沿袭新法党路线的政策，所以开始推行后备受批判。贾似道开陈自己的观点后辞职，但是理宗认为"不能迎合眼前的舆论，而误导了国家财政"，对贾似道表示支持。所以直到贾似道下台为止，这个政策持续推行。由此可见贾似道并不是一个无为无策的平庸之辈。但是对于士大夫以及地主们来说，这个政策仿佛是王安石再来，只能是一个噩梦。由于这个政策，在高谈阔论的正人君子士大夫来看，足可以把他定为"奸臣"一类。也许就是为了对付这些非难，贾似道新设士籍一项，把士人同一般庶民在法制上区别开来。

在这种对贾似道政府非难和默认互为攻防的情况下，蒙古军开始了对南宋的正式进攻。

襄阳攻防与临安开城

昏君与奸臣的构图

襄阳自古就是汉水流域的战略要地。那位关羽从荆州攻击魏的时候，就是在这儿吃了苦头。还没等到他攻下襄阳，就遇到吴军的突袭，结果可怜一代英雄丧命于此。蒙古军也接受汉人官僚的献策，把这里作为平定南宋的最大难关，在襄阳城下结集大军。咸淳三年（1267），蒙古年号至元四年，为了迎击蒙古军，宋朝派去当襄阳府府尹的是一个叫做吕文焕的人物。此后，在他的指挥下，展开了长达六年的守城之战。

蒙古军痛感需要水军，遂建造五千艘战舰，组织七万士兵每日训练，雨天不能进行水中训练的时候甚至在陆地上画船训练。但是并没有取得什么成果。不过蒙古军也不撤退。与外界断绝联系的襄阳处于孤立无援的境地。其实也不然，严密地说，汉水北岸的樊城起到了襄阳城进出口的作用。吕文焕用铁锁锁住汉水，使得蒙古水军不能通过汉水，然后建造浮桥，使得宋军可以轻松渡过对岸。宋军掌握了相当于制海权的制河权，从水陆两面抵抗了蒙古军的攻击。

咸淳六年（1270）某日，度宗问贾似道说：

"听说襄阳已经被围困三年了，现在到底怎么样了？"

"敌军早就撤退了。谁给陛下打小报告的？"

"嗯，妃中有人给朕说。"

史书写到，贾似道找借口杀害了那个妃子，以后人人惧怕，谁都不敢给皇帝说国境上的事情了。这是一个典型的昏君与奸臣的构图。宫廷的规矩，晚上受到皇帝恩宠的妃子翌日早朝应该向皇帝请安。据说每日向度宗皇帝请安的妃子超过三十人。果真如此的话度宗真是精力惊人。

至元八年（1271）十一月，宋朝历咸淳七年，蒙古朝把用汉字表记的国号取《易经》中的文言，改作"大元"。也就是说采用了一个中国风格的王朝名称。

咸淳八年（1272），襄阳守城满五年，虽然没有援军，但是吕文焕还是顽强坚守。城内虽然还有粮食的储备，但是食盐、薪柴、布匹越来越少。不过反过来也可以说，可见原来储备了相当数量的粮食。这说明端平三年（1236）的那场大失败后，宋朝对战略据点的复兴下了很大工夫，而且宋朝也还具备有复兴战略据点的能力。宋朝也曾从汉水下流的鄂州增派三千人的决死队增援，他们从河渠突破蒙古军的包围进入襄阳城内。

久攻不下的蒙古军没辙，他们改变战略，决定先攻樊城。攻樊城时使用的，就是我们在第七章已经介绍过的回回炮。蒙古军还破坏了汉水的铁锁和浮桥，咸淳九年（1273）正月，樊城陷落。吕文焕急派使者到临安请求增援，但是无人理会。实际上当时在临安多次上演着贾似道向皇帝恳求亲自率军上阵，但是每次都被他提前安排好的其他大臣苦苦挽留，所以只好作罢的闹剧。受到蒙古军郑重劝降的吕文焕，最后只好投降。由此，持续六年之久的襄阳攻防战终于结束。襄阳陷落的消息一传到临安，贾似道马上上奏度宗皇帝，埋怨道："臣始屡请行边，先帝皆不之许，向使早听臣出，当不至此尔。"《宋史》无论如何就是想把他树立成一个厚颜无耻的典型。

蒙古军休养一段时间后，以降将吕文焕为先锋，开始了七年以来新的进攻。咸淳十年（1274）攻克襄阳下游三百公里处的鄂州。到了这个地步，临安也安不下来了。而恰遇半年前度宗皇帝（也许夜生活过多坏了身体）以三十三岁之龄暴死，只能立刚出生的幼子即位。一个小婴儿当然不能亲理国政，只好由理宗的皇后、当时的太皇太后谢氏垂帘听政。

受不了强烈要求丞相亲自出阵的太学生们的舆论压力，改元为德祐的该年（1275）正月，贾似道亲率十三万精兵从临安出发反击蒙古军。十三万将兵加上辎重部队，巨大船队延绵几十公里，经运河等西进，花费一个多月时光才优雅地到达太平州的鲁港。对，就是太平州那个采石矶的上流数十公里。

宋王朝灭亡　　但是这次的对手不是以前自陆路进攻而来的金军，而是天下无敌的蒙古军。况且其前锋是两年前的宋军前线指挥官吕文焕。他们与几个月前在遥远的东方日本国博多湾吃了大败仗的远征军完全不同，他们是蒙古军最精锐的水军。还没开战，宋军就已经吓得矮了三分。宋军七万主力水军在鲁港上游六十公里处的丁家洲布阵迎战，但是一碰即败，完全不是对手。贾似道吓得屁滚尿流，一口气逃到下游扬州。宋军与蒙古军的正面对阵，最终也只有这么悲惨的一次。他们的下场只能是抱上年幼的皇帝，带着后宫的妇女们逃离都城。逃到扬州的贾似道，向朝廷进言离开临安避难。

但是这次朝廷没有听他的。朝廷仿效靖康年代的故事，向全国发出组织勤王的义勇军的号召。二十年前的科举状元文天祥，因为反对贾似道而遭排斥，当时只是江西南部赣州的知州，听到号召，马上组织军队，要奔赴临安，报效国家。

他的朋友劝他说："如今元军势如破竹，你带那点儿义勇军去，与赶着一群羊去跟猛虎搏斗有何区别？"

"你说的那些我也知道。但是国家养育臣民百姓三百余年，到如今国家有难的时候，却无一人出来报效国家！"

此时无奈的形势，聪明的状元当然知道。但是他出兵抵抗的决心很坚强。他抚摸着官舍的办公桌说："乐人之乐者忧人之忧，食人之食者死人之事。"这句源于范仲淹先忧后乐思想的话语，充满了宋代士大夫最后的悲壮气概。在长期占据宰相地位的临安的那位后乐园的主人吃了大败仗后，最后扶持摇摇欲坠南宋王朝的只有这个文天祥了。一年后，在临安被蒙古军包围中，他被太皇太后任命为最后的宰相。

丁家洲大败后仅数十日，建康、平江、嘉定等江南各地有城墙的城市都相继投降蒙古。三月，天空出现两个明星相争、其中一个后来坠落地面的天文现象。这个现象出现得也未免太巧，而且是否真实谁也无法确认。不过当时人通过记录这类天象，象征王朝交替。上边我们说过南宋末期留传下来的记录很少，但是通过记载临安的火灾频仍，异常多见的日食以及彗星等记录，即使是没有多少露骨表现的编年史，也能暗示出王朝行将终焉这个事实。

当时，宋朝的主力部队还驻扎在扬州。建议忽必烈回避宋军主力，突袭临安的，不是别人，正是前年作为使节派往日本的那位叫作赵良弼的官僚。

在秋风乍起的七月，对贾似道的处分终于决定。这个决定也是经过多次反复。贾似道最后在被送往广东、途经福建南部的漳州的时候，被怀恨在心的护送士兵活活凌迟而死。

德祐二年（1276），南宋王朝最后一年的元旦，潭州陷落后的悲剧发生了。任地陷落，逃到此地的衡州知州这天给自己的两个儿子举行冠礼。有人很惊奇地问道："国难当头，你还如此优

110 南宋军败退与灭亡

雅？"他平静地回答说："我想让儿子们作为成人去见天国的祖先。"说完给自家住房点上火，一家老小全部自杀了。听到这个消息的潭州知州也一家自杀。受到这个刺激，城内住民都自杀，据说没有一口井没被填满，没有一棵树上没有吊死的人。

数日后蒙古军兵临临安城下。宋朝朝野上下早已失去战斗意志。一部分皇族和主战派期待日后东山再起离城观望。企图保身的高官们也纷纷逃离都城。剩下文天祥作为宰相代表宋朝政府与蒙古军司令官伯颜谈判。

"我们宋王朝秉承帝王正统，代表着文明世界。你们北朝到底是想存续本朝呢，还是想灭我社稷呢？"

文天祥桀骜不驯的态度使得伯颜大怒。但是文天祥反曰："我在南朝既是状元还当了宰相，我缺的只有以死报国了。"最后以在降表上使用宋朝国号为条件双方妥协成立。

于是这般，二月一日，宋朝幼帝向臣下们公开了给蒙古皇帝的降表。象征天子的传国玉玺也献给了蒙古皇帝。宋朝幼帝和太皇太后以及朝中主要大臣，都被抓到北方幽禁起来。至此，宋朝正式灭亡。此后虽也有主战派中的一部分人拥立新皇帝转战各地，抵抗蒙古，最后在广州的厓山上演了一出惨绝人寰的全军覆没剧，但是这些终究只能是尾声。《宋史》站在宋朝的立场上把这些也都算作宋代，但是清朝学者毕沅编纂的《续资治通鉴》等通史均以临安陷落为界区别宋朝和元朝。因此，宋王朝灭亡为临安陷落的公元 1276 年，也就是陈桥之变的三百一十六年后。

宋代的印象

明代形成的宋代形象

如此这般，宋朝终于灭亡了。但是，其存在后来还对东亚历史继续产生着重大影响。本书最后，简单介绍一下有关这方面的情况。

宋朝对元朝来说虽然是敌国，但是同时也是通过继承传国玉玺，能名正言顺统治江南的前王朝。元朝体制安定后，社会上出现了贬低帮助元朝侵攻的投降者，显彰献身南宋、精忠报国的人物的风潮。在这里士大夫们的大义名分论起了重要作用。把文天祥树立成英雄，就是一个象征性事例。

111 北京的文丞相祠内的石碑和刻字

文天祥在被蒙古军从临安带往北方途中，在镇江一带逃脱。最初投身福州亡命政府，但是因为意见对立，遂独自组织义勇军抵抗蒙古。失败被捕后拒不投降，拒不愿仕忽必烈，做《正气歌》后被处死。元朝的国家修撰项目《宋史》中已经高度称赞文天祥的高洁。因此，在日本江户时代受到水户学系统的大义名分论者们的推崇，被塑造成一个鼓舞幕府末期尊王攘夷志士的英雄。

我们再来看一下明朝建国的经过。元朝统治末期，全国各地武装起义此起彼伏。中心势力韩山童自称徽宗子孙，高举复兴宋朝的旗号。明太祖朱元璋（本书301页出现的朱重八的玄孙）本来是韩山童的一个部下。后来他也为了否定蒙古族的统治，证明自己的正统性，而显彰宋朝。

显彰宋朝的这个基调贯穿整个明朝。这个基调与明朝在制度上文化上受蒙古影响的巨大程度完全是另一回事。或者说，在现实中受蒙古影响越大，为了忘却其诞生的不祥的秘密，明代人越要自认为是宋朝的后继者。对于岳飞以及文天祥的神化只不过是其中的一个小插曲而已。明朝末期，随着具有女真族血统的后金（后改称大清）威胁的增大，人们联想起当年的靖康之变。公元1644年清军入关后，更是唤起了元军入侵的记忆。这些都成为江南士大夫们反清运动的精神寄托。

清朝对于宋代的态度是有两面性的。因为清朝统治以朱子学为国是，所以宋朝士大夫的理念很受推崇。但是对于华夷思想却十分敏感，大兴文字狱，迫害士大夫。但是清朝却承认南宋以及南宋公认的蜀汉为正统王朝，而不是金和魏。考虑到清朝本出自女真，这点值得高度评价。

清末的反政府运动因为采用的是反满运动的形式，所以事态就比较复杂。宋朝灭亡时期不是临安陷落，而是厓山失败一说成为主流。到了民国时期，日本侵略作为现实问题摆在人们面前，所以即使被赶出中原，作为汉族王朝，南宋还是更加被美化和神化。只不过对内来说宋代很尴尬。因为不论中华民国还是中华人民共和国的版图，都是以清高宗乾隆开拓的国境线为基本的。

但是中国改革开放政策却最大限度地利用了作为一个开放的和平文化国家的宋朝的形象。而且王安石的新法，也作为一种未能实现的早期对近代社会的追求而受到高度评价。英国科学史研究家李约瑟认为宋代的科学技术为当时世界最高水平，这个观点也激发了中国人的民族自豪感。宋代在许多方面，至今还发挥着激发汉族民族主义感情的重要作用。

与汉唐不同，宋代的特征之一是军事上非常软弱。但是不论在军事上如何软弱，这个王朝在政治、经济、社会、文化等各个方面，都是东亚世界的领头羊。而且我们现在的许多生活习惯以及文化艺术，都是这个时代产生的。这是超过三百年的王朝时代——比唐朝和清朝长，比汉朝短一百年左右——也正好处于时代的大变革时期，所以宋代给人们留下的记忆就有了一种特殊的颜色。

日本传统文化中的宋朝　　而这个颜色到了日本，其特征就更加鲜明。我们已经在多处提到过这点，恕我不再重复，但是这个王朝与日本传统文化的关系确实非常特别。虽然与汉（"汉字""汉文"等说法）、唐（"唐物""唐人"）相比似乎名不见经传，但是"宋"却存在于我们（指日本人——译注）的内心深处。虽然宋代没有三国时代的多彩，缺乏大唐帝国的华丽，但是通过苏轼的书画、朱熹的学说以及岳飞、文天祥等人的英雄气概，却是一个能使我们产生亲切感情的时代。

明朝灭亡后亡命到日本的朱舜水，给生活在锁国时代的人们带来一个全新的、未知的中国。当人们问他"杭州西湖的苏堤现在还在吗？"时，他回答到："东坡柳为这位风流学士所植。他作为经世家给予民众恩泽，这点远比王荆公高明。"这是一个明代士大夫典型的回答。江户时代的日本效仿中国，对于王安石的评价也很低。明代形成的宋代像在日本得到再生产。明治以后，对于这个形象的反评价直接带来对中国的蔑视："文弱书生的精神文化妨碍了中国的发展。相比之下，我们国家的武士道精神确实杰出。"

可是果真如此吗？日本自古传承下来的有关宋代的印象，以及后来有意切断与宋相关的所谓"日本精神、日本传统文化"的这个虚构。本书就是企图否定这个虚构。但是，令人不安的是，我们也许号称追求宋代的真实面貌，却只不过又创造出了另一个虚像。

本来所有历史书也许都逃不出这个宿命。就像欧阳修写的《五代史记》、司马光编的《资治通鉴》，其实都是以装饰自己的时代为目的的书籍。

结　语

本书是 2005 年面向日本国内出版图书的日文版的中文译版。本来应该趁此出版之际对内容进行修订，一是反映本书出版后这几年以来的最新研究成果，二是增加因为本书当初设定的是日本读者所以没有言及的中文圈的研究内容。但是因为笔者自身的原因，未能做到全面修订，仅限于对一部分内容，面向中文读者做了部分删减。但本"结语"，却与日文版完全不同，是重新写就的。

本书当年在日本快要出版时，我们研究小组申请的日本政府科学研究基金被批准。我们申请的课题是"东亚的海域交流与日本传统文化的形成——以宁波为焦点的跨学科研究"。其后的五年时间，笔者作为此课题的代表，在负责整个研究活动的过程中，学习了大量东亚的历史与文化。如果现在在执笔书写此书，那么肯定会描绘出不同的宋代像来。但是本书已经言及的基本之处，也就是有关日本人通常认为的所谓"日本的传统"，其实是根植于宋代文化的这一点，却更加确信无疑了。

关于这一点，具有以下两个意义。一是认为日本具有自古以来的独立传统，该传统与中国以及韩国具有根本不同的性质这种观点，从历史上看是谬误的。我们生活在东亚的人们，在强调互相之间的相异以前，应该首先回顾历史，找到我们之间的共通点。"大同小异"，应该作为我们的座右铭。

另一个意义是，反过来说，现在的日本可以说是宋代历史文化的继承者。换言之，现在的中国并非中国古典文化的唯一正统和独占的继承者。"导言"提及的那个体验，只不过是笔者和一个中国友人的个人意见而已，在何种程度上具有普遍意义不得而知。但是重要的是，至少在审美意识这一点上，日本人与宋代人是很接近的。当然这并不是谁正确、谁优秀的问题。

宋代文化被日本吸收改良成所谓"日本传统文化"，意味着产生于中国的文化，并不仅限于作为一个政治领域的中国国内，而是广大东亚地区共同的历史遗产。包括韩国和越南，我们迎来了应该共述广义上的"中国文化"的时期。而这点，同时也牵连到对中华人民共和国这个主权国家的来龙去脉进行学问上的探究。

所谓历史研究便是探究"其然"之"其所以然"，而正是这点总是受到政治上的支配与限制。但是一个极为简单明了的事实是，宋王朝的统治版图与今日中华人民共和国的国境线并不一致。认识这一点，并且认识到宋代的文化远远超出其统治区域，给后世留下了广泛深入的影响，才是我们今日研究宋代史的现实意义之所在。

在上述课题研究中，与笔者共同策定研究框架与研究方向、期望描绘出全新东亚历史图像的一个"志同道合"者，于2009年秋不幸逝去。他的逝去对于日本的宋代史研究来说是一个巨大的损失。他试图确立的不是被今日之国境严格划分的国别史，而是地区、都市之间直接交往的交流史。在继承他的遗志这个意义上说，笔者也恳切希望中国的有心之人能理解本书。

附录

译 注

[1] 保元之乱：日本平安时代末期的保元元年（1156）发生的一场动乱。藤原兄弟之间的争斗带来崇德上皇和后白河天皇兄弟之间的对立。七月发生冲突。结果上皇失败，被流放。藤原赖长战死。

[2] 关白赖通：关白，古时日本朝廷最高官位，辅佐甚至替代天皇执政。地位仅次于天皇。赖通，指藤原赖通（992—1074），关白在位长达50年。"关白赖通"为惯用。

[3] 护持僧：守护玉体的祈祷僧。桓武天皇时设置，从天台宗和真言宗的僧侣中选任。成寻在朝宋前长期担任关白藤原赖通护持僧。

[4] 执权：日本镰仓时代辅佐将军的执政官名。

[5] 大名：日本战国时代（十五世纪末至十六世纪末）地方诸侯。

[6] 织田捣羽柴揉的天下年糕：完整的说法是："織田がつき羽柴がこねし天下餅すわりしままに食うは徳川（织田捣，羽柴揉，家康坐享其成吃年糕）"。意思是说日本战国时期织田信长辛辛苦苦结束乱世，推进天下统一，继承织田的丰臣秀吉（羽柴）终于完成统一大业，但是最后坐享其成的却是没做什么的德川家康。此言本是十九世纪中期佚名写的一句"落首"（讽刺诗）。

[7] 汉心：汉意，日语写作"唐心（KARAGOKORO）"，指的是从中国传来的思想、文化、观点、看法等。本是日本江户时代国学家本居宣长提倡的一个概念。与此相对的概念是"和心（YAMATOGOKORO）"，指的是日本古来的心性、精神。

[8] 构造改革：本是日本左翼党派使用的一个术语。是日本左翼运动史上，特别是原社会党内部长年争论不休的一个课题。争论双方消耗极大。后在小泉纯一郎执政时期（此书写作期），被作为一个社会结构改革口号使用。

[9] 风大好卖桶：日本谚语，原文为"風が吹けば桶屋が儲かる"。意思其实就是"春秋笔法"，指两个互不干连的事情，其实在看不见的地方是连在一起的。有时也做贬义使用。

[10] 令外官：律令规定以外的官。比如代替天皇执政的"摄政"、辅佐天皇的"关白"、

贵族参政的"中纳言"等。其实唐代武则天以后就根据社会变化在律令规定官职外设有"员外官"、唐玄宗时相对于"令制官"、设置很多"令外官"。日本在引进大唐律令的同时，也引进了"令外官"制度。

[11] 西周（1829—1897）：日本明治初期启蒙思想家、教育家。以翻译、介绍西洋哲学著名。

[12]《教育敕语》：明治二十三年（1890）以明治天皇名义发表，正式名称为《关于教育的敕语》。该敕语规定了日本人应该遵守的道德规范以及教育基本方针，是明治中期到昭和前期日本国民精神教育的基本方针。1948 年废止。

[13] 内村鉴三不敬事件：内村鉴三（1861—1930），日本基督教思想家、文学家、圣书学家。1891 年内村当第一高等中学临时教师时，在学校讲堂举行的《教育敕语》朗读式上，因为没有向天皇亲笔签名行最高敬礼而受到同事和学生的批判，后社会问题化。两个月后被迫辞职。当时对内村攻击最厉害的就是东京帝国大学教授井上哲次郎。

[14] 四明知礼(960—1028)。天台宗山家派僧。俗姓金,明州四明县(今宁波市)出身。字约言, 谥法智大师。被尊称为四明尊者、四明大法师等。

[15] 成寻（1011—1081）。日本平安时代中期天台宗僧侣。七岁出家，1072 年渡宋。受神宗谒见，做祈雨法要。殁于汴京开宝寺。

[16] 现代日本民俗。日本有年终互寄贺年卡的习惯。但是如果该年自己家中有人去世，则不能寄贺卡，而是提前给应该寄贺年卡的人寄上表示歉意的白色的卡。

[17] 布迪厄：皮埃尔·布迪厄（Pierre Bourdieu，1930 年 8 月 1 日—2002 年 1 月 23 日），法国社会学家。

[18] 日本传统的稿纸类似线装书的某一页完全打开的感觉，分左右两部分，从右向左竖写，中心部分为记录书名等的空行，以后可以折叠。

[19] 种子岛（鹿儿岛县）生产的火枪。一般认为日本火枪的源流是 1543 年最早传到种子岛的西洋火枪。

[20] 减负教育：日本文部省（相当于教育部）为了减轻中小学生负担，改填鸭式教育为启发式教育，于 2002 年开始实施新的教学大纲，俗称"减负（yutori）教育"。具体为中小学教学内容减去三分之一，授课时间也相对减少。最为人诟病的是圆周率只教到 3。后因社会批判势力增加，于 2011 年终止。"技术立国"是资源匮乏的日本政府一直强调的基本国策。

[21] 桃色丑闻：日本习俗，用小拇指指女情人。曾经有一位首相因女性丑闻而辞职。

[22] 巴克斯（Bacchus）：古希腊神话中的酒神。

[23] 平氏政权：日本平安时代末期 (1160—1185) 出现的以平清盛为中心的政权。

[24] 雪舟（1420—1506）：日本禅僧。室町时代（十五世纪后期）水墨画家。雪舟为号。出身冈山县，后移居今山口县。1468 年随同遣明船到明朝，学中国画。其画风对日本画坛影响巨大。

[25] 勘合贸易：指日本室町时代与明朝的贸易。因贸易许可证叫"勘合符"，故俗称勘合贸易。

[26] 应仁之乱：室町时代应仁元年（1467）发生，文明九年（1477）结束的长达十一年的内乱。此乱加速了幕府的衰落，成为战国时代的起点。

[27] 细川、大内抗争：应仁之乱时细川氏与大内氏为争夺与明朝的贸易权而展开的抗争。双方争派贸易船，在明朝指定的与日贸易港宁波为勘合符真伪引发暴力冲突。烧杀掠夺，波及一般市民，明朝官吏战死，宁波城几被烧毁。此事件直接导致明朝中断与日本贸易，为以后倭寇泛滥埋下伏笔。世称"宁波之乱"。

主要人物略传

赵普（922—992）

河北出身的实务官僚。宋太祖为节度使时仕太祖，陈桥兵变时与太宗一起发挥主要作用。964 年至 973 年为太祖朝宰相，981 年至 983 年为太宗朝宰相。他自身虽非科举出身，但是通过远将军，近文官，奖励儒学，奠定了这种宋朝风气的基础。谥忠献。

寇准（961—1023）

陕西出身。979 年进士。深得太宗信赖，被定为真宗辅弼大臣之一。真宗时1004 年至 1006 年和 1019 年至 1020 年两次出任宰相。澶渊之战时力排众议坚持与辽军对峙，促成澶渊之盟，树立了后来长期的讲和体制。因为是一个硬骨汉，不长官宦之术，受同僚排斥，晚年不遇，最后客死海南。谥忠愍。

范仲淹（989—1052）

苏州出身。父早逝，由母亲后嫁的养父养育成人。当初名朱说，以朱说名中1015 年进士。后改回范姓，对范姓认同超越常人，晚年特意在苏州为范氏一族购买义庄（范氏义庄）。1043 年任参知政事（副宰相），提倡政治改革。其主张被称作"庆历之治"。虽被后世高度评价，但却没有实现。晚年历任地方官。有名的"先忧后乐"思想成为表现宋朝士大夫精神世界的代名词。谥文正。

欧阳修（1007—1072）

江西出身。与范仲淹同样，父早逝，被母亲养育。1030 年进士。轻松步入精英官界，参与庆历之治，成为改革派少壮官僚领袖。著名学问家与散文家，打破六朝以来的文风，提倡诗文革新。支持英宗即位，仁宗、英宗两代参知政事（1061—1067）。但是因为濮议，政治改革未能实现。神宗即位后离开中央政界，历任地方高官。晚年反对王安石改革，成为改革抵抗势力。谥文忠。

司马光（1019—1086）

　　山西出身。1038年进士。在同一世代官僚中属于保守派，濮议中与欧阳修对决，后又为反对王安石改革的中心人物。名字效仿《论语》中孔子弟子名称"司马牛"。具有与改革派秀才们相反的特点。神宗驾崩后，于1086年出任旧法党政权宰相，但很快病殁。著作除著名的《资治通鉴》外，还有易学著作《潜虚》、家庭内仪礼总集《司马氏书仪》等。谥文正。

王安石（1021—1086）

　　祖籍江西，实际上是江宁（今南京）出身。1042年进士。神宗时从1070年到1076年任宰相，推行新法政策。日理万机中作为学者亲自注释《周礼》等经书。诗、书亦有建树。晚年隐居江宁，死于该地。谥文。死后曾被追赠王爵，位仅次于孔子。但在南宋时期复被降为公爵。

吕惠卿（1032—1111）

　　福建泉州出身。1057年进士。初受欧阳修赏识。后与程颢、苏辙一起担任初期新法政策实际工作，很快崭露头角，被王安石看中，成为王左膀右臂。1074年曾任一年多参知政事。因聪明过人、点子超多，从而树敌过多，后与王安石也产生矛盾，遂退出中央政界，转任地方官，在失意中死去。谥文敏。注释多书，现仅存辑被引用文而成的《庄子注》。

程颢（1032—1085）、程颐（1033—1107）

　　河南洛阳出身的亲兄弟。少年时代曾有一年时间从父亲部下周敦颐学习。程颢1051年中进士。当初参与王安石改革，后因与人不和请辞。相反程颐却科举未中。两人回洛阳后，因父亲关系与司马光等旧法党派大人物亲交，受该派影响，从反对王安石的立场出发建构成独自思想体系。兄程颢殁后，程颐在中央政界作为学术顾问和幼帝教师活跃一时，门人辈出，形成一大势力。后被新法党政权戴上危险思想家高帽，死于洛阳。程颢谥纯，程颐谥正。一般称兄程颢为明道，弟程颐为伊川。《宋史》入《道学传》。

苏轼（1036—1101）、苏辙（1039—1112）

　　四川出身亲兄弟。父亲苏洵被欧阳修提拔编纂《太常因革礼》。两人随父到开封学习，同于1057年中进士。作为欧阳修麾下年轻官僚崭露头角，最初参与王安石改革，后反为抵抗势力。哲宗时的旧法党政权下与程颐不和，以司马光葬仪为由，发展成包括双方门人在内的党争。经哲宗亲政的新法党时代，徽宗即位后两人都被召回都城。但是苏轼在途中病殁，苏辙也被蔡京政权疏远，晚年潦倒河南。南宋时恢复名誉。苏轼谥文忠，苏辙谥文定。苏轼以东坡号著称。

蔡京（1047—1126）、蔡卞（1058—1117）

福建出身亲兄弟。同中 1070 年进士。作为改革派官僚活跃。蔡卞深受王安石赏识，与其女结婚。徽宗初期两人均为政府重臣，但因双方意见不合，弟蔡卞出任地方官。蔡卞继承王安石学说，有文字学著作，还是一位经学家。他因在新法党时代死去，故被谥为文正。兄蔡京则于 1102 年拜为宰相，直至 1125 年为止，在整个徽宗时代作为事实上的政府首脑治理国家。最后因招来金军入侵，被追究失政责任，死于发配途中。因被剥夺高官地位，生前虽有鲁公称号，死后却无谥。两人均被《宋史》列入《奸臣传》。

杨时（1053—1135）

福建出身。1076 年进士。师事程颢、程颐兄弟。在新法党政权下长期不遇，传道学至南方的浙江、福建等地。南宋时期这些地区成为道学据点都是他的功绩。金军入侵之际，建白皇帝追究王安石责任，剥夺其王爵。南宋初期，在秦桧政权成立前的不安定时期，发挥主战论、道学派顾问的作用。谥文靖。

大慧宗杲（1089—1163）

安徽出身。幼入佛门。1137 年应高宗之诏为杭州禅寺主持，与张九成等多有交游。因为主战论者，受秦桧迫害，流放地方。后获赦，历任杭州、明州名刹主持。被孝宗授予大慧称号。对抗坐禅主义的默照禅，从看话禅的立场出发，对临济派传教活动贡献很大。谥普觉禅师。

秦桧（1090—1155）

江宁出身。1115 年进士。靖康之变时被金军俘虏，后逃脱归南宋。受高宗信任，1131 年出任宰相。虽翌年被解职，但于 1138 年复出任宰相，负责与金朝和议。宰相任至 1155 年。因为在政治上与主战派道学系对立，所以重视王安石系统学术思想。被追赠王爵，谥忠献。但是 1206 年对金宣战后，剥夺王爵，谥也改为"谬丑"。与金讲和后又被恢复。对他的毁誉褒贬随着政治形势（对金政策）的变化而变化。

岳飞（1103—1141）

河南农民出身。靖康之变时在家乡组织义勇军，几年后成为南宋军主力。主张彻底抗战，收复华北领土，与秦桧讲和政策对立，终被逮捕处刑。秦桧死后恢复名誉，谥为武穆，并被授予王爵。子孙为南宋科举官僚。辛亥革命后成为汉族的代表性民族英雄，在政治上被推崇为与关羽同等的武神。

朱熹（1130—1200）

福建出身。父亲为道学派主战论者。在道学派主战环境中成长。1148年进士。虽仕途不顺，但与吕祖谦、张栻等同世代名家交流甚多，提高了知名度。因大量著作成为道学派中心人物。赵汝愚执权时为政治顾问，但很快失势。晚年以伪学名受压。名誉恢复后谥文。直至后来取代王安石，被推崇成继承孔子、孟子衣钵的大学者，广受尊崇。

吕祖谦（1137—1181）

浙江出身。北宋宰相吕夷简第六代孙。1163年进士。身出名门，少年得志，名冠学界。朱熹和陆九渊兄弟其实都是出入其沙龙的新人。设定朱陆会谈（鹅湖之会），编纂各种书籍出版。天赋文才，其作品被科举考生看作范文。因死后被朱熹贬为"杂学"，《宋史》不入"道学传"，而入普通的"儒林传"。谥成，后改谥忠亮。

陆九渊（1139—1192）

江西出身。1172年进士。师事兄长陆九龄。1175年在吕祖谦的引介下与朱熹举行会谈。后在同一道学范围内围绕对于周敦颐的评价和太极观念展开激烈论争。以一中级官僚身份在地方死去。谥文安。死后他的学派虽无多大发展和影响，但因是朱熹的论敌，其学说得以流传后世，对十六世纪阳明学的形成产生一定作用。

史弥远（1164—1233）

浙江明州（今宁波）出身。父为宰相史浩。1187年进士。1208年发动宫廷政变，升任宰相。以后辅佐宁宗、理宗两代皇帝共二十五年，为整个宋朝最长不倒翁。谥与赵普、秦桧一样，也是忠献。死后虽被朱子学派恶评为独裁者，但其实他自身即为道学派系官僚，并且对南宋中期实现社会安定贡献巨大。

真德秀（1178—1235）

福建出身。1199 年进士。当时因为正处于庆元伪学之禁中，因此他未吐自己真正思想信条而合格。因批判史弥远而被发配地方。史弥远死后作为端平更化中心人物被任命为参知政事，但很快因病请辞，继而死去。谥文忠。以朱子学者著名。向理宗讲说帝王学德主要著作《大学衍义》不但在中国，而且在朝鲜和日本也被长期传诵。

贾似道（1213—1275）

浙江出身。因父恩荫而入仕途。作为外戚升进异常快速。1260 年起任宰相，掌权横跨理宗、度宗两代。推行积极财政政策，再建国家财政。以收集家著名，擅长收买士大夫欢心。但是因没能防止蒙古军入侵而失势，被私刑处死。无谥。

文天祥（1236—1282）

江西出身。1255 年科举状元。1275 年在形势危急时组织义勇军保卫临安，被任命为临安知府。作为宰相与蒙古（元）进行投降交涉。后不愿投降，逃离蒙古，转战各地，终被蒙古军俘虏。因拒不仕忽必烈而被处死。死后被元朝编写的《宋史》作为守节忠臣高度评价，谥忠烈。

历史关键词解说

科举

中国古代官僚选拔考试。正确的说法为"选举"。起源为汉代为登用人才举行的"乡举里选"，经过六朝时代的九品官人法，隋朝开始举行书面考试。因有"进士"、"明经"等"科"，故俗称科举。唐朝后期进士科出身的官僚开始掌握政界大权，到了宋朝政府首脑基本上全是科举出身，连宰相的后代也得科举合格才能成为宰相（吕夷简、吕公著父子；史浩、史弥远父子等）。三年一次考试，合格者最多不超过五百人，所以全国同龄男子中只能有一百人左右中进士。按人口单纯计算为一万分之一，在实际参加考试的人中合格率也只有一千分之一左右。当时的社会政治秩序就是以这个精英集团为中心构成。科举制度在社会上、文化上都具有重大意义。

佃户

耕种别人所有或登记的土地而生活的人。其实就是佃农。他们与地主的关系是身份上的隶属关系，还是契约上比较自由的关系，围绕这个问题历史学家中意见分歧。如果是前者，那么宋代还是封建的中世纪社会，而如果是后者，则可以说宋代已经进入重视经济关系的近世社会。但是正因为这两面都有，所以才很难得出结论。况且现在我们所能看到的文本，都是官僚士大夫的作文。他们在自己的文章中言及佃户的时候，为了强调理想的统治与现实的巨大差别，虽然在一定程度上反映实际情况，但是总是含有很大的夸张成分。所以即使看到"佃户不懂规矩胡作非为"、"佃户生活困苦贫穷无边"等说法，也不应囫囵吞枣。

宋钱

宋代铸造的铜钱。不但宋朝国内及宋朝与外国进行贸易时用来结算，也被东亚各国作为自己的国内货币使用。可以说是当时事实上的世界硬通货。宋钱的面额原则上都是一文，但因铜钱的新旧伤痕等原由，并不一定都与面额等值。而且国外还有伪造的宋钱流通，甚至还有在中国国外铸造的宋钱存在。当时人认为铸造货币有一种咒术的神秘力量。再加上本书有关短陌惯习的记述，这些现象用现在的经济学理论是很难解释清楚的。

镇市

不是州、县那样的政治都市，而是因经济上的原因人们自发聚集而成的都市。"镇"本来是军事据点的意思，宋代授予政府认定的县以下的经济都市为镇。景德镇就是一个典型的例子，它是以授予时的年号为名的。"市"在经济学上本指有城墙的都市里边设置的交易场所，实际上却指的是小规模集市，是农村生产和消费物资的集散地。"市"以外还用"场"表现，所以就有了"市场"一词。日语中的"市场 (ICHIBA)"一词当然由此而来。而音读成"SHIJYOU"，作为经济学用语来表现非空间的意思则是明治维新以后的事。可说是经济学概念用语的返祖现象。

五山

古来指以东岳泰山为首的东西南北中五座名山 (或称五岳)，但是南宋却指的是有名的五座禅寺。一说是仿效印度与释迦有关系的五圣地 ("精舍")。五山为杭州径山兴圣万寿禅寺、北山景德灵隐禅寺、南山净慈报恩光孝禅寺以及明州的太白山天童景德禅寺、阿育王山广利禅寺。集中在这一地域，一是因为这里自吴越国以来佛教就兴盛，二是当时的政治形势也起了作用。杭州是南宋的临时首都，而明州则是以有权有势的史氏一族为代表的当时声名显赫的政治家们的故乡。来自日本的留学僧也大多都在这些寺院学习，给日本带回了临济宗、曹洞宗等。日本的镰仓五山、京都五山都是模仿这个制度。

小说

本来的语意是"街谈巷语，道听途说"。汉代在编图书目录的时候，根据各学说的具体内容把诸子百家分成九个流派 (儒家、道家、法家等)，此外还专门设有"小说家"一类 (所谓九流十家)。根据这个说法，以后把汇集怪谈和人物传奇的书籍就称作小说。宋代的"小说"有很大一部分在今天看来都应该分类为随笔。宋代出现对所写情节进行各种加工的短篇，还出现了对历史题材加进一定评论的长篇"评话"体裁。这个体裁到了元代被称作"平话"，成为明清白话小说的源流之一。在这里我们也能看到宋代形成的体裁等对后世的影响。

宗族

父系血缘组成的亲族集团。"宗"是由表示屋顶的"宀"和表示祭坛的"示"组成的会意字,意思是在建筑物里边举行祭祀仪礼;"族"是由"旗"和"矢"组成的会意字,意思是在军旗下集中起来的众人。我们先不管这个解说是否正确,"宗族"既是一个祭祀集团,还是一个军事团体当无疑问。但是古代的血缘集团已解体或徒有其名。宋代士大夫们为了恢复经书理念中的亲族结合,提倡宗族复活论,并亲自实践。虽然在南宋普及程度不是很高,但是其规范性对后世产生影响,成为清代建构礼教社会的基础。

宋学

如果仅看字面应该是"宋代学问"的意思,但是其实是一个思想史用语,指的是具有特定内容的一个学术流派。现代日本辞典多解说为与朱子学同义,但本书却把两者区别使用。宋学是北宋中期兴起的儒教新兴流派的总称,有各种各样的流派,而朱子学开山鼻祖朱熹就是属于其中的道学流派。如果用集合记号表示,应该是宋学>道学>朱子学的关系。到了清代,以朱子学、阳明学为中心的"宋学"家成了那些自称"汉学"家们批判的对象。所以直至今天中国的学术界还有人用来表现自身的学风。

参考文献

以下所列的是相当于英文概论类书中的 Further Reading 部分，并没有网罗本人执笔本书时参考过的所有文献。我首先要向同行诸君申明这点。这里优先介绍用日语书写的专著，以及在图书馆等容易找到的文献。通过这些文献引用和言及的国内外论文，读者诸君可以顺藤摸瓜，看出宋代史研究的全貌。

1982 年以后用日语写成的有关研究文献（包括专著、论文），在广岛大学冈元司先生管理的宋代史研究会网站有按年度、领域分类的目录（http://home.hiroshima—u.ac.jp/songdai/songdaishi—yanjiuhui.htm）。另外，1949 年至 1985 年为止的研究情况，见史学会编《日本历史学界回顾与展望》第十四卷《五代~清》（山川出版社，1987 年），请一并参考。

概论类

（1） 周藤吉之、中岛敏，《五代、宋代》，《中国历史》（五），讲谈社，1974 年。后改题为《五代和宋的兴亡》，讲谈社学术文库，2004 年。

◆（1）为本丛书旧版。笔者执笔本书时非常重视此书。此书反映了三十年前的研究状况，从"宋＝中世"说的立场上，用很多篇幅描述了宋代的土地制度和王安石新法（主要是有关经济关系）。

（2） 宫崎市定编著，《宋和元》，《世界历史》（六），中央公社论，1961 年。后由中公文库复刊。

（3） 佐伯富编，《宋代的新文化》，《东洋历史》（六），人物往来社，1967 年。后由中公文库复刊。

（4） 竺沙雅章，《征服王朝的时代——宋、元》讲谈社现代新书，1977 年。

（5） 梅原郁，《宋王朝与新文化》，《图说中国历史》（五），讲谈社，1977 年。

◆从（2）到（5）均为京都大学教授著作，采用"宋＝中世"说。

（6） 斯波义信、沟口雄三、梅原郁、爱宕元、森田宪司、杉山正明，《五代~元》，

《世界历史大系·中国史》（三），山川出版社，1997 年。

◆（6）为六人共著，所以比前边五册分量都大。因此对时代的描述也相对更精密。书后附录的参考资料也很充实。

（7）伊原弘、梅村坦，《宋朝和中亚大陆》，《世界历史》（七），中央公论社，1997 年。

◆（7）为（2）丛书的翻版。本来（1）和（2）有互补关系。本书执笔时也特别意识了（7）。请一定参考。从后述《社会史、经济史关系》中所举书名即可看出，伊原氏认为宋代为中世。笔者正如本书所述，认为宋代为近世。另有伊原氏与笔者共编的论文集（8）。

（8）伊原弘、小岛毅，《知识分子百态——以中国宋代为基点》，勉诚出版，2001 年。

研究史回顾

（9）内藤虎次郎，《内藤湖南全集》（全十四卷），筑摩书房，1969—1976 年。

◆内藤湖南氏提出"唐宋变革论"，开辟了日本宋代史研究的先河，并提出"宋＝近世"说。（9）能看出其观点全貌。

（10）《森克己著作选集》（全六卷），国书刊行会，1975—1976 年。

◆（10）为日宋关系史研究的经典。此书中的一部分别的出版社有再版计划。

（11）周藤吉之，《宋代官僚制与大土地所有》，《社会构成史体系》三卷第二部《东洋社会构成的发展》，日本评论社，1950 年。

◆（11）主张"宋＝中世"说，对于第二次世界大战后的研究规定了一定的方向。周藤氏此外还有（12）到（16）的评论集（还无全集）。

（12）周藤吉之，《中国土地制度史研究》，东京大学出版会，1954 年。东京大学出版会，1980 年复刊。

（13）周藤吉之，《宋代经济史研究》，东京大学出版会，1962 年。

（14）周藤吉之，《唐宋社会经济史研究》，东京大学出版会，1965 年。

（15）周藤吉之，《宋代史研究》，东洋文库论丛 50，1969 年。

（16）周藤吉之，《宋、高丽制度史研究》，汲古书院，1992 年。

（17）仁井田陞，《唐宋法律文书研究》，东方文化学院东京研究所，1937 年。东京大学出版社，1983 年复刊。

◆（17）是周藤氏同僚，法制史家，与周藤氏共同研究，此书为"宋＝中世"说的实证研究。

（18）青山定雄，《唐宋时代的交通和地志地图的研究》，吉川弘文馆，1963 年。

（19）曾我部静雄，《宋代财政史》，生活社，1941 年。

（20）宫崎市定著、佐伯富及其他编纂委员编纂，《宫崎市定全集》，岩波书店，1991
年—1994 年。

◆（20）包括上记概论以及后记科举研究。第一卷《中国史》、第二卷《东洋
史》、第九卷《五代宋初》、第十卷《宋》、第十一卷《宋元》、第十二卷《水浒
传》各卷都收录有关于宋代的研究。继承和发展了内藤湖南的"宋＝近世"说。

（21）竺沙雅章，《中国佛教社会史研究》，东洋史研究丛刊三四，同朋舍出版社，
1982 年。

（22）竺沙雅章，《宋元佛教文化史研究》，汲古丛书二五，汲古书院，2000 年。

◆（21）与（22）书名虽有"佛教"，但宫崎门下的著者视野宽阔，论文集包含
宋代历史全体。

（23）柳田节子，《宋元乡村制研究》，创文社，1986 年。

（24）柳田节子，《宋元社会经济史研究》，创文社，1995 年。

◆（23）与（24）虽然基本上站在"宋＝中世"说的立场上，但通过独自的分
析，在当时提出了新观点。

（25）斯波义信，《宋代商业史研究》，风间书房，1968 年。

（26）斯波义信，《宋代江南经济史研究》，《东洋文化研究所纪要》别册，东京大学
东洋文化研究所，1968 年。

◆（25）与（26）在继承（18）研究手法的基础上，运用了当时日本还没有的崭
新的研究手法描绘了宋代的经济社会。

另外，由（当时）年轻研究者组成的宋代研究会已经刊行了下记七本论文集。
第八集也将于 2005 年刊行。

（27）宋代史研究会编，《宋代社会与文化》，《宋代史研究会研究报告》一，汲古书
院，1983 年。

（28）宋代史研究会编，《宋代社会与宗教》，《宋代史研究会研究报告》二，汲古书
院，1985 年。

（29）宋代史研究会编，《宋代政治与社会》，《宋代史研究会研究报告》三，汲古书
院，1988 年。

（30）宋代史研究会编，《宋代的知识人——思想、制度、地域社会》，《宋代史研究
会研究报告》四，汲古书院，1993 年。

（31）宋代史研究会编，《宋代的规范与习俗》，《宋代史研究会研究报告》五，汲古
书院，1995 年。

（32）宋代史研究会编，《宋代社会的 Network》，《宋代史研究会研究报告》六，汲古书院，2001 年。

（33）宋代史研究会编，《宋代人的认识——相互性与日常空间》，《宋代史研究会研究报告》七，汲古书院，2001 年。

◆另外，不限定于宋代的，还有中国史研究会编辑的如下论文集。

（34）中国史研究会编，《中国史像的再构成——国家与农民》，文理阁，1983 年。

（35）中国史研究会编，《中国专制国家与社会统合——中国史像的再构成 2》，文理阁，1990 年。

（36）宋元时代史基本问题编集委员会编，《宋元时代史的基本问题》，《中国史学基本问题》三，汲古书院，1996 年。

◆（36）有意识地按研究领域编入了近年的最新研究动向。

翻译

◆宋代文化、社会情况有关史料的翻译介绍，如下所示，梅原郁氏贡献很大。

（37）朱熹编纂／梅原郁译注，《宋名臣言行录》，《中国古典》，讲谈社，1986 年。

（38）沈括著／梅原郁译注，《梦溪笔谈》（全三卷），东洋文库，平凡社，1978—1981 年。

（39）孟元老著／入矢义高、梅原郁译注，《东京梦华录——宋代的都市与生活》，岩波书店，1983 年。东洋文库，平凡社，1996 年。

（40）吴自牧著／梅原郁译注，《梦粱录——南宋临安繁昌记》，东洋文库，平凡社，2000 年。

（41）梅原郁译注，《名公书判清明集》，《京都大学人文科学研究所研究报告》，同朋舍，1986 年。

◆（41）是宋版《名公书判清明集》残版的全译。后明版翻译活动在各地展开，其中一部分已经开始刊行。后列高桥芳郎氏和大泽正昭氏的著作即为该活动的部分成果。

（42）梅原郁编，《译注中国近世刑法志》（上、下），创文社，2002—2003 年。

◆（42）含《宋史·刑法志》。另，虽不是现代日语翻译，但是《宋史》的《选举志》和《食货志》有财团法人东洋文库出版的"译注"。

（43）汤浅幸孙，《近思录》，《中国文明选》四、五，朝日新闻社，1972—1974 年。

（44）市川安司，《近思录（宋·朱熹、吕祖谦原编）》，《新译汉文大系》三七，明治书院，1975 年。

◆《近思录》自江户时代以来，作为朱子学的入门书被广泛传阅，故有很多译本。我们这里仅介绍（43）和（44）两本。有意思的是对比阅读，可以看出因译者不同有些解释也不同。

（45）宇野精一，《小学》，《新译汉文大系》三，明治书院，1965 年。

◆《小学》是与《近思录》齐名的朱子学入门书，也是伦理道德的教材。（45）为全译。

（46）岛田虔次，《大学·中庸》，《新订中国古典选》四，朝日新闻社，1967 年。后收录于朝日文库。

◆《大学·中庸》译本很多，但是（46）的特点是采用了按朱熹的解释翻译的方针，所以可以看出宋代人如何解读该经典。目前为止朱熹《四书集注》还没有完整的现代文译本出版。（47）勉强可以算差不多。大正时代的读书人看这基本上即可理解大致内容。从（48）到（50）收录朱熹文集以及语录的选译。另，近年各地都有宋代思想文献翻译研究会活动，我们期待活动成果早日出版发行。

（47）简野道明辅注，《论语集注 辅注》，明治书院，1921 年。

（48）荒木见悟编，《朱子·王阳明》，《世界名著》续四，中央公论社，1974 年。

（49）吉川幸次郎、三浦国雄，《朱子集》，《中国文明选》三，朝日新闻社，1976 年。

（50）三浦国雄，《朱子》，《人类的知识遗产》一九，讲谈社，1979 年。

（51）陈淳著/佐藤仁译并解题，《朱子学的基础用语 北溪字义译解》，研文选书六四，研文出版，1996 年。

◆（51）是朱熹门徒陈淳编纂，朱熹死后出版的朱子学术语集的全译本。详细解说了"性"、"诚"等字的意思。

（52）圆悟克勤著/末木文美士编/《碧严录》研究会译，《现代语译碧严录》（全三卷），岩波书店，2001—2003 年。

◆禅宗书籍的翻译很多，但是其翻译语言大都难解。本书的特点是尽量用平易的语言翻译。

（53）星川清孝等，《唐宋八大家读本（沈德潜评）》，《新译汉文大系》70—74、114，明治书院，1976—2004 年。

（54）星川清孝，《古文真宝》，《新译汉文大系》9—10、16，明治书院，1963—1967 年。

（55）前野直彬，《文章轨范（谢枋得编）》，《新译汉文大系》17—18，明治书院，1961—1962 年。

◆从（53）到（55）是代表性文言文的选译。除此以外还有许多编译本。

（56）陆游著/岩城秀夫译，《入蜀记》，东洋文库，平凡社，1986年。

（57）范成大著/小川环树译/山本和义、西冈淳解说，《吴船录·揽辔录·骖鸾录》，东洋文库，平凡社，2001年。

　　◆以上两本是认识南宋文人士大夫"看事物的眼光"的最好作品。另外还翻译出版有很多韵文（诗、词）、小说。这里我们仅介绍同一大系中收录的下书（58）到（61）。

（58）前野直彬编译，《宋·元·明·清诗集》，《中国古典文学大系》19，平凡社，1973年。

（59）仓石武四郎编译/仓石武四郎、须田祯一、田中谦二译，《宋代词集》，《中国古典文学大系》20，平凡社，1970年。

（60）前野直彬编译，《六朝·唐·宋小说选》，《中国古典文学大系》24，平凡社，1968年。

（61）松枝茂夫等译，《宋·元·明通俗小说选》，《中国古典文学大系》25，平凡社，1970年。

　　◆有关苏轼的作品译本很多，我们仅介绍下记（62）。

（62）小川环树、山本和义，《苏东坡集》，《中国文明选》2，朝日新闻社，1972年。

（63）司马光著/赖惟勤、石川忠久/新田大作等译，《资治通鉴选》，《中国古典文学大系》14，平凡社，1970年。

　　◆《资治通鉴》还有其他编译本。（63）是笔者中学时代从图书馆借出，读得废寝忘食的难忘的书。当时负责司书的（不知为什么？）体育老师"就你这样的，能看懂这书吗？"的不屑的嘲笑，成了笔者选择研究中国历史为自己的职业的动力。

传记

（64）砺波护，《冯道》，《中国人物丛书》六，人物往来社，1966年。后由中公文库再版。

（65）竺沙雅章，《宋太祖与宋太宗》，清水书院，1975年。

（66）竺沙雅章，《范仲淹》，《中国历史人物选》五，白帝社，1995年。

　　◆关于欧阳修，近年来出版了从东洋史学的立场（政治史和宗族研究）和中国文学的立场（古文研究）写就的两本专著。

（67）小林广义，《欧阳修——生涯与宗族》，创文社，2000年。

（68）东英寿，《欧阳修古文研究》，汲古书院，2003 年。

（69）木田知生，《司马光和他的时代》，《中国历史人物选》六，白帝社，1994 年。

（70）小野寺郁夫，《王安石》，《第二期中国人物丛书》五，人物往来社，1967 年。

（71）三浦国雄，《王安石——伫立浊流》，《中国人与中国思想》七，集英社，1985 年。

（72）竺沙雅章，《苏东坡》，《第二期中国人物丛书》六，人物往来社，1967 年。

◆有关苏轼的书籍除了（72）以外，文学研究家们撰写的传记研究还有许多，我们这里仅介绍扬名世界的林语堂著作的译本。

（73）林语堂著/合山究译，《苏东坡》，明德出版社，1978 年。

（74）衣川强，《朱熹》，《中国历史人物选》七，白帝社，1994 年。

（75）佐藤仁，《朱子——人易老学难成》，《中国人与其思想》八，集英社，1985 年。

（76）佐藤仁，《朱子行状》，《中国古典新书》，明德出版社，1969 年。

◆朱熹的传记除了上记以外，还有很多。（74）的特点是集中描写作为官僚士大夫的生涯；（76）是朱熹门徒黄榦所作传记的译本。

（77）梅原郁，《文天祥》，《中国人物丛书》七，人物往来社，1966 年。

（78）桑原骘藏著/宫崎市定解说，《蒲寿庚的事迹》，东洋文库，平凡社，1989 年。

◆桑原骘藏与内藤湖南一起奠定了京都大学中国文学研究的基础。（78）不仅是一本传记，还是一本描述了南宋末期泉州海外交易情况的名著。

（79）陈舜臣主编，《中国的文艺复兴》，《人物中国的历史》七，集英社，1981 年。

◆（79）通过从朱全忠到成吉思汗的十二人的传记描述了当时的时代。

政治史、制度史、外交史关系
（本书第一章、第二章、第三章、第四章、第十章）

（80）栗原益男编，《五代、宋初藩镇年表》，东京堂出版，1988 年。

（81）梅原郁，《宋代官僚制度研究》，东洋史研究丛刊三七，同朋舍出版，1985 年。

（82）王瑞来，《宋代皇帝权力与士大夫政治》，汲古丛书二八，汲古书院，2001 年。

（83）荒木敏一，《宋代科举制度研究》，东洋史研究丛刊二二，东洋史研究会，1969 年。

（84）村上哲见，《科举逸话——考试制度与文人官僚》，讲谈社学术文库，2000 年。

（85）平田茂树，《科举与官僚制度》，世界史读本（libretto），山川出版社，1997 年。

◆下边我们介绍论及科举制度"再生产"的名著（86）。

(86) 皮埃尔·布迪厄、帕塞荣（Passeron, Jean-Claude）著/宫岛乔译，《教育、社会与文化中的再生产》（La Reproduction. Élé ments pour une théorie du systè me d'enseignement），藤原书店，1991 年。

(87) 寺田刚，《宋代教育史概说》，博文社，1965 年。

(88) 小岩井弘光，《宋代兵制史研究》，汲古丛书，汲古书院，1998 年。

(89) 寺地遵，《南宋初期政治史研究》，溪水社，1988 年。

(90) 岛田正郎，《契丹国——游牧民"希望"的王朝》，东方选书，东方书店，1993 年。

(91) 金成奎，《宋代的西北问题和异民族政策》，汲古书院，2000 年。

(92) 王丽萍，《宋代中日交流史研究》，勉诚出版，2002 年。
　　◆除了以上有关宋代的研究以外，还有如下两本有关王权论的专著。

(93) 渡边浩，《东亚的王权和思想》，东京大学出版会，1997 年。

(94) 棚桥光男，《后白河法皇》，讲谈社选书，1995 年。

思想史、宗教史关系
（本书第五章、第六章）

(95) 诸桥辙次，《儒学的目的和宋儒的活动——自庆历至庆元的一百六十年间》，大修馆书店，1929 年。镰田正、米山寅太郎编，《诸桥辙次著作集》一，大修馆书店 1975—1977 年。

(96) 冈田武彦，《宋明哲学的本质》，木耳社，1984 年。

(97) 荒木见悟，《佛教与儒教——中国思想形成论》，平乐寺书店，1963 年。

(98) 岛田虔次，《朱子学和阴阳学》，岩波新书，1967 年。

(99) 岛田虔次，《中国思想史研究》，东洋史研究丛刊五九，京都大学学术出版会，2002 年。

(100) 今井宇三郎，《宋代易学研究》，明治图书出版，1958 年。

(101) 三浦国雄，《朱子与气与身体》，平凡社，1997 年。

(102) 土田健次郎，《道学的形成》，东洋学丛书，创文社，2002 年。

(103) 市来津由彦，《朱熹门人集团形成研究》，东洋学丛书，创文社，2002 年。

(104) 吾妻重二，《朱子学的新研究——近世士大夫思想史的地平》，东洋学丛书，创文社，2004 年。

(105) 木下铁矢，《朱熹再读——理解朱子学的一个导言》，研文出版，1999 年。

(106) 木下铁矢，《朱子学的位置（一）、（二）——奋斗的民政官们》，《东洋古典学研究》六—七，1998—1999 年。

◆本书使用的"奋斗的民政官"一语源于此论文。

（107）上山春平，《佛教和儒教》，《上山春平著作集》七，法藏馆，1995 年。

◆本卷收录有作者的长篇论文《朱子的〈家礼〉与〈仪礼经传通解〉》。作者虽然不是一个狭义的中国学家，但是这篇论文却是关于朱熹的这两部著作的最权威的概要介绍。

（108）石井修道，《宋代禅宗史研究——中国曹洞宗和道元禅》，学术丛书、禅佛教，大东出版社，1987 年。

（109）铃木哲雄编，《宋代禅宗的社会性影响》，山喜房佛书林，2002 年。

（110）林鸣宇，《宋代天台教学研究——以〈金光明经〉研究史为中心》，山喜房佛书林，2003 年。

◆关于三教的名称、"教"的意思，见下列（111）所收论文。

（111）小林正美，《六朝道教史研究》，东洋学丛书，创文社，1990 年

◆"名公"们如何面对"愚民"？请看：

（112）大泽正昭，《自我主张的"愚民们"——传统中国的纷争及其解决方法》，角川书店，1996 年

◆本书实用的"文明化的过程"一语源自：

（113）诺博特·伊里亚思著／波田节夫等译，《文明化的过程》上、下，大学丛书75—76，法政大学出版局，1977—1978 年。

◆以下为笔者的著作。

（114）小岛毅，《中国近世之礼教言论》，东京大学出版会，1996 年。

（115）小岛毅，《宋学的形成与展开》，中国学艺丛书八，创文社，1999 年。

（116）小岛毅，《朱子学与阳明学》，放送大学教育振兴会，2004 年。

（117）小岛毅，《东亚的儒教与礼》，世界史手册 68，山川出版社，2004 年。

科学技术史关系
（本卷第七章）

（118）李约瑟著／砺波护等译，《中国的科学与文明》（全十一卷），思索社，1974—1981 年。

（119）杜石然等编著／川原秀城等译，《中国科学技术史》上、下，东京大学出版会，1997 年。

（120）薮内清编，《宋元时代科学技术史》，《京都大学人文科学研究所研究报告》，

京都大学人文科学研究所，1967年。

（121）长泽规矩也著 / 长泽规矩也先生喜寿纪念会编纂，《宋元版研究》，《长泽规矩也著作集》三，汲古书院，1983年。

（122）井上进，《中国出版文化史——书籍世界与知识风景》，名古屋大学出版会，2002年

（123）山田庆儿，《气的自然现象》，岩波书店，2002年。

（124）石田秀实，《中国医学思想史——另一种医学》，东洋丛书七，东京大学出版会，1992年。

（125）宋慈著 / 德田隆译，《中国人的尸体观察学——〈洗冤集录〉的世界》，雄山阁出版，1999年。

（126）中村乔，《宋代的烹调与食物》，中国艺文研究会，朋友书店（发售），2000年。

（127）吉冈义信，《宋代黄河史研究》，御茶水书房，1978年。

（128）长濑守，《宋元水利史研究》，国书刊行会，1983年。

（129）山田庆儿，《朱子的自然学》，岩波书店，1978年。

（130）田中淡，《中国建筑史研究》，弘文堂，1989年。

（131）竹岛卓一，《营造法式研究》（全三卷），中央公论美术出版，1970—1972年。

文化史、文学史关系
（本卷第八章）

（132）高桥忠彦编，《东洋茶》，《茶道大学大系》七，淡交社，2000年。

（133）弓场纪知主编 / 出川哲朗文物解说 / 长谷部乐尔监修，《宋、元陶瓷》，《故宫博物院》六，日本放送出版协会，1997年。

（134）石田肇，《五代、宋、金》，《图说书籍艺术全集》七，雄山阁出版，1992年。

（135）角井博监修，《宋、元书籍》，《故宫博物院》十，日本放送协会，1997年。

（136）小川裕充监修，《南北朝~北宋绘画》，《故宫博物院》一，日本放送出版协会，1997年。

（137）小川裕充监修，《南宋绘画》，《故宫博物院》二，日本放送出版协会，1998年。

（138）户田祯佑、小川裕充编，《中国花鸟画与日本》，《花鸟画的世界》十，学习研究社，1983年。

（139）杉村勇造，《中国庭园——造园与建筑的传统》，求龙堂，1966年。

（140）吉川幸次郎，《吉川幸次郎全集》，第十三卷《宋篇》，筑魔书房，1969年。

（141）村上哲见，《宋词的世界——中国近世抒情歌曲》，大修馆书店，2002 年。

（142）船津富彦，《唐宋文学论》，汲古书院，1986 年。

（143）松本肇，《唐宋文学》，中国学艺丛书十，创文社，2000 年。

（144）王国维著 / 井波陵一译注，《宋元戏曲考》，东洋文库，平凡社，1997 年。

（145）冈本不二明，《唐宋小说与社会》，汲古书院，2003 年。

社会史、经济史关系

（均为本书第九章）

◆在"研究史的回顾"中已经介绍过的许多研究都属于这个领域。此外还有下列研究。

（146）日野开三郎，《宋代货币与金融》，《日野开三郎东洋史学论集》六—七，三一书房，1983 年。

（147）河上光一，《宋代经济生活》，欧亚大陆文化史选书七，吉川弘文馆，1966 年。

（148）河原由郎，《宋代社会经济史研究》，劲草书房，1980 年。

（149）草野靖，《中国地主经济——分种制》，汲古书院，1985 年。

（150）佐竹靖彦，《唐宋变革的地域性研究》，东洋史研究丛刊四十四，同朋舍，1990 年。

（151）大泽正昭，《唐宋变革期农业社会史研究》，汲古丛书九，汲古书院，1996 年。

（152）高桥芳郎，《宋代中国的法制与社会》，汲古丛书四十二，汲古书院，2002 年。

（153）岛居一康，《宋代税政史研究》，汲古丛书二，汲古书院，1993 年。

（154）宫泽知之，《宋代中国的国家与经济——财政、市场、货币》，创文社，1998 年。

（155）古林森广，《中国宋代的社会与经济》，国书刊行会，1995 年。

（156）柳田节子，《宋代庶民的女人们》，汲古选书三十六，汲古书院，2003 年。

◆以下为都市史研究。

（157）梅原郁编，《中国近世都市与文化》，京都大学人文科学研究所，1984 年。

（158）谢和耐（Jacques Gernet）著 / 栗本一男译，《中国近世的百万都市——蒙古入侵前夜的杭州》，平凡社，1990 年。

（159）伊原弘，《中国中世都市纪行——宋代的都市与都市生活》，中公新书，1988 年。

（160）伊原弘，《中国开封的生活与岁时——图画中的宋代都市生活》，山川出版，1991 年。

（161）伊原弘，《中国人的都市与空间》，原书房，1993 年。

（162）伊原弘编，《读解〈清明上河图〉》，勉诚出版，2003 年。

◆（162）本为《东亚游学》（勉诚出版）的特集（第十一号，1999 年）。前列
（8）《知识分子百态》同（第七号，1999 年）。下边再举该特集中与本书内容
有关的几册。

（163）第十八号，《宋钱的世界——东亚的国际通货》，2000 年。

（164）第六十四号，《徽宗及其时代》，2004 年。

（165）第七十号，《波动的东亚》，2004 年。

历史年表

公历	年号	中国	日本　世界
875		黄巢之乱（—884）	
894			菅原道真提案废止遣唐使
907		朱全忠即位，后梁建立（唐梁禅让）	
918			契丹建国
			王建即位（高丽建国）
923		晋王李存勖即位，后唐建立。同年灭梁	
932		在洛阳开始印刷经书（953年在开封完成）	
936		石敬瑭在契丹支援下建立后晋，灭后唐。	
946		契丹军攻克开封，后晋出帝被俘。	
947		刘知远即位，定国号为汉。是为后汉。	
951		郭威即位（汉周禅让）	
960	建隆元	赵匡胤即位（周宋禅让）	
962			奥拓称帝（神圣罗马帝国成立）
971	开宝四	在四川开始刊行大藏经（983年完成）。灭南汉，在广州设置市舶司	
973	开宝六	科举开始殿试	
979	太平兴国四	灭北汉（完成统一）	
982	太平兴国七	西夏李继捧归顺宋朝。但李继迁反对并自己即位。	
984	雍熙元	日本奝然入宋，获赠刚印完成的大藏经。	
997	至道三	分全国为十五路，按职务统辖所属州。	
1004	景德元	澶渊之盟缔结，与辽讲和成立（严格地说是公元1005年）	

公元	年号	大事	
1008	大中祥符	天书降临。行幸泰山封禅，归途在曲阜祭孔。	
1016			藤原道长摄政
1043	庆历三	范仲淹就任参知政事	
1054			基督教会东西分裂
1065	治平二	濮议	
1069	熙宁二	王安石就任参知政事，新法改革开始	
1073	熙宁六	成寻受神宗之命在开封祈雨	
1075	熙宁八	《三经新义》颁布	
1076	熙宁九	张载门人吕氏兄弟在陕西实施乡约	
1085	元丰八	神宗驾崩，旧法党夺权（元祐更化）	
1086			白河帝让位，院政开始
1087	元祐二	泉州设置市舶司	
1093	元祐八	哲宗开始亲政，新法党复权	
1096			第一回十字军远征
1102	崇宁元	杭州、明州分别设置市舶司建元祐党籍碑，迫害旧法党人	
1115			金建国
1125	宣和七	金军入侵，徽宗引咎退位	辽亡
1127	建炎元	金军绑架徽宗、钦宗父子。高宗即位，张邦昌称帝建楚，张邦昌归顺	
1129	建炎三	改行在所杭州为临安府	
1130			金国立刘豫为齐国皇帝
1141	绍兴十一	宋金和议成立	
1156			日本保元之乱发生，藤原赖长败死
1161	绍兴三十一	金军入侵，在采石矶被击退	

公元	年号	事件	
1168	乾道四	荣西第一次入宋（第二次始187年）	
1175	淳熙二	吕祖谦·朱熹共著《近思录》	
1185			坛浦合战，平家灭亡
1192			后白河法皇驾崩，源赖朝任征夷大将军
1196	庆元二	实行追朱子学政策（庆元伪学之禁）	
1206			铁木真即位，改称成吉思汗
1223	嘉定十六	道元随师明全入宋	
1233	绍定六	史弥远死，政权交替（端平更化）	
1234	端平元	宋蒙联合军在蔡州灭金	
1241	淳祐元	王安石被从孔庙撤走牌位，取而代之的是周敦颐、朱熹等五人	
1260			忽必烈即位
1263	景定四	贾似道推行公田法	
1268	咸淳四	襄阳攻防战开始（一1273）	
1271			忽必烈改国号为"大元"
1274			文永之战（第一次蒙古来袭）
1276	德祐二	临安陷落。皇帝递交降书，南宋灭亡	
1279		最后坚持抵抗的宋朝流亡政府在崖山全员玉碎	
1281			弘安之战（第二次蒙古来袭）
1282		文天祥刑死	

著作权合同登记图字：版权登记号 20-2012-048

图书在版编目(CIP)数据

中国思想与宗教的奔流：宋朝 /（日）小岛毅著；何晓毅译.
—桂林：广西师范大学出版社，2014.1（2018.11 重印）
（中国的历史 07）

ISBN 978-7-5495-1149-5

Ⅰ.①中… Ⅱ.①小… ②何… Ⅲ.①中国历史－宋代－研究

Ⅳ.①K244.07

中国版本图书馆CIP数据核字(2011)第280505号

广西师范大学出版社出版发行

广西桂林市五里店路9号　邮政编码：541004
网址：www.bbtpress.com

出 版 人：张艺兵

全国新华书店经销

发行热线：010-64284815

山东鸿君杰文化发展有限公司

开本：787mm×1092mm　1/32

印张：12.5　字数：185千字　图片：111幅

2014年1月第1版　2018年11月第9次印刷

定价：46.00元

如发现印装质量问题，影响阅读，请与出版社发行部门联系调换。

现代中国

哈 萨 克 斯 坦

俄

乌兹别克斯坦
塔吉克斯坦
吉 尔 吉 斯 斯 坦 夫

蒙

阿富汗

巴
基
斯
坦

阿
尔
泰
山
脉

准噶尔盆地

乌鲁木齐   吐鲁番

天   山   脉   哈密

喀什   阿克苏   库车   焉耆   额济纳旗

新 疆 维 吾 尔 自 治 区

莎车   塔 里 木 盆 地   敦煌

塔 克 拉 玛 干 沙 漠

昆   和田   嘉峪关   祁   酒泉 张掖 山
                民丰   连
仑   武威

山   西宁

脉   青 海 省   兰

中国实际控制区
总
印度非法占据
(印度实际控制区)

印巴停火线   四 川 省

青   藏   高   原

西 藏 自 治 区   乐山

尼   拉萨

泊

尔   不丹

印   度   云 南 省

孟加拉国   印   度   大理   昆明

缅   老挝

甸   泰国
泰国